21世纪高等学校数字媒体专业系列教材

现代教育技术及其应用

微课视频版

张卫钢 主 编
陈 婷 宫丽娜 王海云 唐 亮 张娓娓 编著

清华大学出版社

北京

内 容 简 介

本书为本、专科基础教育师范类相关专业编写。从理论、技术和应用三方面系统地介绍了现代教育技术。本书共13章,主要包括现代教育技术概述、现代教育理论、计算机技术、互联网技术、现代教育技术应用场景及模式、教学大纲的制定、课程教案的编写、课件的制作、微课的制作、学生信息的管理、社会实践活动的策划、校园海报的制作和个人事务的管理。同时,将工程项目管理思路及方法引入教学案例的执行过程,不但拓展了教师的知识与技能,还规范了教学事务的实施与管理流程。

为了落实教育部关于"课程思政"的方针政策,提升教育工作者的认知水平和思辨能力以及能够更好地理解和掌握知识与技术,本书不但将辩证唯物主义思想、英雄人物形象和中国传统文化等思政元素润物细无声般地融入字里行间,还在各章附加了"哲思慧想"和中外各时期有代表性教育家的"名家名言"小栏目。

本书可作为基础教育师范类相关专业"现代教育技术"课程的教材,也可作为在职教师的参考工具书。

本书封面贴有清华大学出版社防伪标签,无标签者不得销售。
版权所有,侵权必究。举报:010-62782989,beiqinquan@tup.tsinghua.edu.cn。

图书在版编目(CIP)数据

现代教育技术及其应用:微课视频版/张卫钢主编.—北京:清华大学出版社,2023.9
21世纪高等学校数字媒体专业系列教材
ISBN 978-7-302-64391-3

Ⅰ.①现… Ⅱ.①张… Ⅲ.①教育技术学-高等学校-教材 Ⅳ.①G40-057

中国国家版本馆CIP数据核字(2023)第150653号

责任编辑:贾 斌
封面设计:刘 键
责任校对:胡伟民
责任印制:丛怀宇

出版发行:清华大学出版社
网   址:http://www.tup.com.cn,http://www.wqbook.com
地   址:北京清华大学学研大厦A座   邮   编:100084
社 总 机:010-83470000   邮   购:010-62786544
投稿与读者服务:010-62776969,c-service@tup.tsinghua.edu.cn
质量反馈:010-62772015,zhiliang@tup.tsinghua.edu.cn
课件下载:http://www.tup.com.cn,010-83470236

印 装 者:三河市龙大印装有限公司
经   销:全国新华书店
开   本:185mm×260mm   印 张:16.75   字 数:422千字
版   次:2023年11月第1版   印 次:2023年11月第1次印刷
印   数:1~1500
定   价:69.00元

产品编号:096847-01

前言

谈到教育,每个人都不陌生。从呱呱落地到耄耋之年,我们不间断地接受来自家庭、学校、单位和社会的各种教育。而贯穿教育活动始终的教育技术也随着经济与科技的发展不断地提高和完善。从树棍沙土到笔墨纸砚,从粉笔黑板到幻灯白板,从电视投影到手机iPad,技术越来越先进,设备越来越智能化。特别是进入21世纪以来,科学技术的日新月异,使人们的学习、工作和生活发生了翻天覆地的变化,尤其是计算机和互联网等高新技术在教育领域的广泛使用,从根本上改变了几千年的传统教育模式和方法,为教育教学活动注入了新鲜血液,开辟了广阔天地。

1. 写作背景

2021年5月,习近平总书记在两院院士大会上明确指出:当今世界的竞争说到底是人才竞争、教育竞争。2022年10月16日,习近平总书记在中国共产党第二十次全国代表大会的报告中指出:我们要办好人民满意的教育,全面贯彻党的教育方针,落实立德树人根本任务,培养德智体美劳全面发展的社会主义建设者和接班人,加快建设高质量教育体系,发展素质教育,促进教育公平;我们要坚持教育优先发展、科技自立自强、人才引领驱动,加快建设教育强国、科技强国、人才强国,坚持为党育人、为国育才,全面提高人才自主培养质量,着力造就拔尖创新人才,聚天下英才而用之。

2021年7月,教育部等六部门在发布的《关于推进教育新型基础设施建设构建高质量教育支撑体系的指导意见》中提出:要以教育新基建促进线上线下教育融合发展,推动教育数字转型、智能升级、融合创新,支撑教育高质量发展。为我国教育事业指出了明确的前进方向和路线图。

有关专家学者也指出:数字化关键在于"化",教育数字化转型是一项系统工程,必须从"物"的层面和"人"的层面协同推进,才能助力学习者全面发展,实现"由不能变可能、由小能变成大能"。加快教育数字化转型,应着重从如下几方面推进:

(1) 升级改造数字化教育基础设施环境。
(2) 完善国家智慧教育公共服务平台。
(3) 探索数字化条件下的新型教学模式。
(4) 提升教育大数据的治理能力。
(5) 实施信息技术支持的教育评价改革。
(6) 提升师生信息素养和数字技能。
(7) 实施教育数字化试点示范。

在中国这样的人口大国,只有充分利用大数据、人工智能等技术,构建网络化、数字化、个性化、终身化的教育体系,才能实现"人人皆学、处处能学、时时可学"的学习型社会。

加快推进教育数字化转型,是我国教育实现从基本均衡到高位均衡、从教育大国到教育强国的必然选择。建设以数字化为支撑的高质量教育体系,是应对新阶段人才培养挑战的必然选择。

可见,无论是从领袖的指导思想层面,还是专家学者的专业认知层面,无论是从国家的宏伟战略层面,还是从科技与经济的持续发展层面,都对教育工作者在能力上提出了更多、更高的从业要求,需要我们努力学习、掌握并运用现代教育技术办好新时代的教育事业。图 0-1 显示了新时代提高教师数字胜任能力的必要性。

图 0-1　提高教师数字胜任能力的必要性示意图

2016 年 12 月,习近平总书记在"全国高校思想政治工作会议"中强调,"其他各门课都要守好一段渠、种好责任田,使各类课程与思想政治理论课同向同行,形成协同效应"。"要坚持把立德树人作为中心环节,把思想政治工作贯穿教育教学全过程,实现全程育人、全方位育人,努力开创我国高等教育事业发展新局面"。

"课程思政"就是将思想政治教育元素,包括思想政治教育的理论知识、价值理念以及精神追求等融入各门课程中,潜移默化地对学生的思想意识、行为举止产生影响。或者说,课程思政指以构建全员、全程、全课程育人格局的形式将各类课程与思想政治理论课同向同行,形成协同效应,把"立德树人"作为教育的根本任务的一种综合教育理念。

课程思政在本质上是一种教育,目的是实现立德树人。"育人"先"育德",注重传道授业解惑、育人育才的有机统一,一直是我国教育的优良传统。

2020 年 5 月,教育部印发的《高等学校课程思政建设指导纲要》指出,全面推进高校课程思政建设是深入贯彻习近平总书记关于教育的重要论述和全国教育大会精神、落实立德树人根本任务的战略举措,高校要深化教育教学改革,充分挖掘各类课程思想政治资源,发挥好每门课程的育人作用,全面提高人才培养质量。

2022 年 7 月,教育部等十部门印发的《全面推进"大思政课"建设的工作方案》提出:全面推进"大思政课"建设,要坚持以习近平新时代中国特色社会主义思想为指导,聚焦立德树人根本任务,推动用党的创新理论铸魂育人,不断增强针对性、提高有效性,实现入脑入心。坚持开门办思政课,强化问题意识、突出实践导向,充分调动全社会力量和资源,建设"大课堂"、搭建"大平台"、建好"大师资",建设全国高校思政课教研系统,设立一批实践教学基地,推出一批优质教学资源,做优一批品牌示范活动,支持建设综合改革试验区,推动思政小课堂与社会大课堂相结合,推动各类课程与思政课同向同行,教育引导学生坚定"四个自信",成为堪当民族复兴重任的时代新人。

2022年11月,教育部印发的《关于进一步加强新时代中小学思政课建设的意见》指出:加强新时代中小学思政课建设,要以习近平新时代中国特色社会主义思想为指导,深入贯彻落实习近平总书记在学校思想政治理论课教师座谈会上的重要讲话精神和关于思政课建设的重要指示批示精神,加强党对中小学思政课建设的全面领导,全面贯彻党的教育方针,落实立德树人根本任务,积极培育和践行社会主义核心价值观,推进大中小学思想政治教育一体化建设,充分发挥思政课关键课程作用。

2. 写作意义及特色

教育数字化转型的新时代为我们带来了新理念和新技术,而将这些新理念和新技术应用于实践并最大限度地发挥作用,离不开具备新能力的"新型教师"。因此,如何提升教师数字胜任力,如何助力教师运用现代教育技术提高教学质量,从而部分改善甚至全面替代传统教育技术是摆在教育工作者面前亟待解决的问题。作为教育工作者,通过学习掌握现代教育技术原理、内容和技能不仅是提升自身数字胜任能力应该具备的基本素质和从业的必要条件,更是新时代赋予教育工作者的任务和使命。

本书着眼于普通教育领域,根据现代教育技术的本质和内涵,首次提出现代教育技术的"三足鼎模型"概念。以提高教师数字胜任能力或计算机应用能力为目标,通过对"现代教育理论""计算机技术""互联网技术"这"三足"的讲解,帮助教育从业者初步掌握现代教育技术基本知识;通过对现代教育技术的应用场景及模式的分析和讨论,为培养教育从业者的数字胜任能力提供切实可行的实践方法;通过对教学活动中经常出现的实际案例的实施和管理,帮助教育从业者建立项目管理思维,提高其组织及实施能力。同时,在每一章都附有对应的知识思维导图和习题,便于读者梳理和巩固所学知识。另外,还将工程项目管理思路及方法通过 Project 软件引入教学案例的执行过程,不但拓展了教师的知识与技能,还规范了教学事务的实施与管理流程。

需要强调的是,辩证唯物主义是马克思主义哲学的重要组成部分,是一种先进的科学世界观,是我们认识和了解世界的"望远镜""显微镜""透视镜"。为落实教育部关于"课程思政"的相关方针政策,帮助师生用辩证唯物主义观点,博采众长,去粗取精,去伪存真,兼容并蓄,提升认知水平和思辨能力,建立牢固的"四个自信"以及能够更好地理解和掌握知识与技术,本书不但将辩证唯物主义思想、英雄人物形象和中国传统文化等思政元素以润物细无声的方式融入字里行间,还在每一章都附加了"哲思慧想"和古今中外有代表性教育家的"名家名言"小栏目。图 0-2 显示了辩证唯物主义的主要作用和主要观点。

本书以培养"有理想、有道德、有文化、有纪律"并掌握现代教育技术的新时代教师为宗旨,具有政治观点鲜明、思政元素充分、受众群体明确、项目思维新颖、结构编排合理、逻辑清晰明了、案例贴合实际、工具实用多样、语言通俗易懂、插图生动有趣、内容丰富多彩等特点,还配有精心设计并制作的教学课件和教学视频。因此,本书是凝聚集体智慧、能力和心血,符合新时代要求的新型教材。

3. 使用建议

本书参考学时为 32 学时。课时分配见表 0-1。

(a) 辩证唯物主义主要作用类比图

(b) 辩证唯物主义主要观点解释图

图 0-2　辩证唯物主义的主要作用和观点示意图

表 0-1　课时分配表

章号	章　名	课时	方式	章号	章　名	课时	方式
前言	前言		讲授	第7章	课程教案的编写	2	讲授演示操作
第1章	现代教育技术概述	2		第8章	课件的制作	2	
第2章	现代教育理论			第9章	微课的制作	2	
第3章	计算机技术	6		第10章	学生信息的管理	2	
第4章	互联网技术	4		第11章	社会实践活动的策划	2	
第5章	现代教育技术应用场景及模式	4	讲授演示操作	第12章	校园海报的制作	2	
第6章	教学大纲的制定	2		第13章	个人事务的管理	2	

　　本课程与一般课程最大的区别是至少有一半内容需要现场讲解、演示并操作。因此,最好在计算机机房或智慧教室上课。另外,为了让学生可以高质量地完成实践作业并更好地掌握相关技能,建议增加16学时的课程实验。

4. 作者分工及致谢

　　本书由长安大学张卫钢老师担任主编并负责书稿的策划与审定。张卫钢老师在清华大学出版社已经出版了《电路分析》《电路分析教程》《信号与系统教程》《通信原理教程》《通信原理与技术简明教程》《画说通信原理》等多部本科教材,具有丰富的教学、科研和写作经验。

　　本书各章编写分工如下:陈婷编写第 1～4 章;张娓娓编写第 5、8、9 章;宫丽娜编写第 6、7 章;唐亮编写第 10、11 章;王海云编写第 12、13 章。

　　张语诗、汤颖凡也对本书作出了贡献。

　　本书参考、借鉴了国内外诸多专家和学者的著作、论文以及一些网络资源,在此对他们表示衷心感谢。书中难免有不当和疏漏之处,恳请各位专家、同行和读者批评指正。

编　者

2023 年 9 月

目　录

第 1 章　现代教育技术概述 ··· 1
　1.1　教育 ·· 1
　　1.1.1　教育目的 ·· 2
　　1.1.2　教育要素 ·· 3
　　1.1.3　教育属性 ·· 4
　　1.1.4　教育形态 ·· 5
　　1.1.5　教育功能 ·· 6
　1.2　教育技术 ·· 7
　　1.2.1　技术 ··· 7
　　1.2.2　教育技术 ·· 7
　1.3　现代教育技术 ·· 8
　　1.3.1　现代教育技术的概念及特点 ·· 8
　　1.3.2　现代教育技术的内涵及应用 ·· 9
　　1.3.3　现代教育技术的影响及意义 ·· 11
　　1.3.4　现代教育技术的发展历程 ··· 12
　　1.3.5　现代教育技术的发展趋势 ··· 13
　1.4　结语 ·· 15
　1.5　哲思慧想 ·· 15
　1.6　名家名言 ·· 16
　1.7　习题 ·· 16

第 2 章　现代教育理论 ··· 17
　2.1　学习理论 ·· 18
　2.2　教学理论 ·· 19
　2.3　视听与传播理论 ··· 20
　2.4　结语 ·· 23
　2.5　哲思慧想 ·· 24
　2.6　名家名言 ·· 24
　2.7　习题 ·· 24

第 3 章　计算机技术 ·· 25
　3.1　计算机概述 ··· 25
　3.2　计算机与外设的连接及使用 ··· 27

3.3 常见的应用软件 …………………………………………………………………… 33
 3.3.1 文字处理技术 ……………………………………………………………… 34
 3.3.2 表格处理技术 ……………………………………………………………… 34
 3.3.3 幻灯片技术 ………………………………………………………………… 35
 3.3.4 视频制作及剪辑技术 ……………………………………………………… 36
 3.3.5 数据库技术 ………………………………………………………………… 37
 3.3.6 画图技术 …………………………………………………………………… 38
 3.3.7 图片处理技术 ……………………………………………………………… 39
 3.3.8 思维导图技术 ……………………………………………………………… 40
 3.3.9 项目管理技术 ……………………………………………………………… 42
3.4 使用 Project 软件进行项目管理 …………………………………………………… 43
 3.4.1 案例分析 …………………………………………………………………… 43
 3.4.2 编制项目计划 ……………………………………………………………… 44
 3.4.3 优化项目计划 ……………………………………………………………… 47
 3.4.4 设置进度基线 ……………………………………………………………… 49
 3.4.5 监控项目执行 ……………………………………………………………… 49
 3.4.6 评估项目效果 ……………………………………………………………… 51
3.5 结语 ………………………………………………………………………………… 55
3.6 哲思慧想 …………………………………………………………………………… 55
3.7 名家名言 …………………………………………………………………………… 55
3.8 习题 ………………………………………………………………………………… 56

第 4 章 互联网技术 …………………………………………………………………… 57

4.1 计算机网络的基本概念 …………………………………………………………… 57
4.2 网络体系结构 ……………………………………………………………………… 59
4.3 网络协议与层 ……………………………………………………………………… 60
4.4 OSI 参考模型 ……………………………………………………………………… 63
4.5 TCP/IP 参考模型 ………………………………………………………………… 64
4.6 两种模型的关系 …………………………………………………………………… 65
4.7 无线个人接入技术 ………………………………………………………………… 65
 4.7.1 无线个人区域网络概述 …………………………………………………… 65
 4.7.2 蓝牙技术 …………………………………………………………………… 66
 4.7.3 NFC 技术 ………………………………………………………………… 68
 4.7.4 无线路由器 ………………………………………………………………… 69
4.8 计算机网络的发展历程 …………………………………………………………… 71
4.9 结语 ………………………………………………………………………………… 72
4.10 哲思慧想 ………………………………………………………………………… 72
4.11 名家名言 ………………………………………………………………………… 73
4.12 习题 ……………………………………………………………………………… 73

第 5 章 现代教育技术应用场景及模式 … 74

5.1 现代教育技术应用场景 … 74
  - 5.1.1 智慧黑板及智能平板 … 75
  - 5.1.2 应用软件 … 76
  - 5.1.3 元宇宙 … 77

5.2 现代教育技术应用模式 … 79
  - 5.2.1 线下模式 … 80
  - 5.2.2 线上模式 … 81
  - 5.2.3 线上线下混合模式 … 91

5.3 应掌握的现代教育技能 … 91
5.4 结语 … 93
5.5 哲思慧想 … 93
5.6 名家名言 … 93
5.7 习题 … 94

第 6 章 教学大纲的制定 … 95

6.1 什么是教学大纲 … 95
6.2 如何编制教学大纲 … 95
6.3 为什么用 Word … 96
6.4 教学大纲项目的引入 … 96
6.5 教学大纲项目的优化 … 99
6.6 教学大纲项目的实施 … 100
  - 6.6.1 撰写调研报告 … 100
  - 6.6.2 撰写课程教学大纲 … 106
  - 6.6.3 审核教材流程图 … 109

6.7 教学大纲项目的监控及评估 … 109
6.8 结语 … 110
6.9 哲思慧想 … 111
6.10 名家名言 … 111
6.11 习题 … 111

第 7 章 课程教案的编写 … 113

7.1 什么是课程教案 … 113
7.2 如何编写课程教案 … 113
7.3 为什么用 Word 和 Excel … 114
7.4 课程教案项目的引入 … 114
7.5 课程教案项目的优化 … 115
7.6 课程教案项目的实施 … 116
  - 7.6.1 明确教学活动目标 … 116

  7.6.2 梳理教学活动重难点 ·············· 118
  7.6.3 设计教学活动过程 ················ 119
 7.7 课程教案项目的监控及评估 ·············· 121
 7.8 结语 ···························· 122
 7.9 哲思慧想 ························· 123
 7.10 名家名言 ························ 123
 7.11 习题 ··························· 123

第8章　课件的制作 ························· 125

 8.1 什么是课件 ······················· 125
 8.2 如何制作课件 ······················ 125
 8.3 为什么用 PowerPoint ·················· 126
 8.4 平面设计基本知识 ···················· 127
  8.4.1 平面构成 ······················ 127
  8.4.2 色彩构成 ······················ 128
 8.5 课件项目的引入 ···················· 128
 8.6 课件项目的优化 ···················· 129
 8.7 课件项目的实施 ···················· 130
  8.7.1 教案的设计 ····················· 130
  8.7.2 课件的制作 ····················· 131
  8.7.3 课件的评价 ····················· 140
 8.8 课件项目的监控及评估 ················ 140
 8.9 结语 ·························· 143
 8.10 哲思慧想 ······················· 144
 8.11 名家名言 ······················· 144
 8.12 习题 ·························· 144

第9章　微课的制作 ························· 145

 9.1 什么是微课 ······················· 145
 9.2 如何制作微课 ······················ 145
 9.3 为什么用《剪映》 ··················· 146
 9.4 摄影基本知识 ······················ 147
  9.4.1 景深 ························ 147
  9.4.2 景别 ························ 147
  9.4.3 色温 ························ 148
  9.4.4 构图 ························ 149
  9.4.5 曝光 ························ 150
  9.4.6 手段 ························ 150
 9.5 微课项目的引入 ···················· 151
 9.6 微课项目的优化 ···················· 152

9.7	微课项目的实施	153
	9.7.1 编写脚本	153
	9.7.2 前期拍摄和录制	156
	9.7.3 后期剪辑和制作	157
9.8	微课项目的监控及评估	165
9.9	结语	165
9.10	哲思慧想	166
9.11	名家名言	166
9.12	习题	166

第 10 章 学生信息的管理 167

10.1	什么是信息管理	167
10.2	如何开发 MIS	167
10.3	为什么用 Access	168
10.4	MIS 项目的引入	168
10.5	MIS 项目的优化	169
10.6	MIS 项目的实施	170
	10.6.1 制作学生学籍信息管理表	170
	10.6.2 制作学生成绩信息管理表	178
	10.6.3 制作学生社团活动管理表	181
10.7	MIS 项目的监控及评估	186
10.8	结语	187
10.9	哲思慧想	188
10.10	名家名言	188
10.11	习题	188

第 11 章 社会实践活动的策划 190

11.1	什么是社会实践	190
11.2	如何进行社会实践	190
11.3	为什么用 Visio	192
11.4	社会实践项目的引入	192
11.5	社会实践项目的优化	194
11.6	社会实践项目的实施	194
	11.6.1 社会实践活动策划方案	194
	11.6.2 用车申请流程	196
	11.6.3 行程安排	200
	11.6.4 调查流程甘特图	202
	11.6.5 社会实践能力图	202
11.7	社会实践项目的监控及评估	208
11.8	结语	208

11.9 哲思慧想 ………………………………………………………………………… 209
11.10 名家名言 ………………………………………………………………………… 209
11.11 习题 ……………………………………………………………………………… 209

第 12 章 校园海报的制作 ……………………………………………………………… 211

12.1 什么是海报 ……………………………………………………………………… 211
12.2 如何制作海报 …………………………………………………………………… 211
12.3 为什么用 Photoshop …………………………………………………………… 212
    12.3.1 Photoshop 的优点 …………………………………………………… 212
    12.3.2 图像文件基础知识 …………………………………………………… 213
12.4 海报项目的引入 ………………………………………………………………… 216
12.5 海报项目的优化 ………………………………………………………………… 217
12.6 海报项目的实施 ………………………………………………………………… 218
    12.6.1 前期准备 ……………………………………………………………… 218
    12.6.2 中期制作 ……………………………………………………………… 220
    12.6.3 后期印制 ……………………………………………………………… 227
12.7 海报项目的监控及评估 ………………………………………………………… 228
12.8 结语 ……………………………………………………………………………… 229
12.9 哲思慧想 ………………………………………………………………………… 229
12.10 名家名言 ………………………………………………………………………… 229
12.11 习题 ……………………………………………………………………………… 230

第 13 章 个人事务的管理 ……………………………………………………………… 231

13.1 什么是事务管理 ………………………………………………………………… 231
13.2 如何进行事务管理 ……………………………………………………………… 231
13.3 为什么用 Xmind ………………………………………………………………… 232
13.4 事务管理项目的引入 …………………………………………………………… 232
13.5 事务管理项目的优化 …………………………………………………………… 234
13.6 事务管理项目的实施 …………………………………………………………… 235
    13.6.1 批量整理待办事项 …………………………………………………… 235
    13.6.2 拆解和颗粒化任务 …………………………………………………… 239
    13.6.3 调整事件优先级 ……………………………………………………… 240
    13.6.4 总结实现日常事务高效管理的方法 ………………………………… 245
13.7 事务管理项目的监控及评估 …………………………………………………… 246
13.8 结语 ……………………………………………………………………………… 247
13.9 哲思慧想 ………………………………………………………………………… 248
13.10 名人名言 ………………………………………………………………………… 248
13.11 习题 ……………………………………………………………………………… 248

后语 ………………………………………………………………………………………… 250

参考文献 …………………………………………………………………………………… 252

第1章 现代教育技术概述

引子：现代教育技术是时代发展的产物，是科学技术迭代升级、物理设备更新换代以及教育理论不断创新的综合成果，是当代教师应该了解并掌握的基本从业技能。那么，什么是现代教育技术？

当前，随着计算机、网络、数字媒体、大数据和人工智能等高新技术的飞速发展，先进的音/视频信号采集、传输、存储、处理、播放和显示设备层出不穷；新颖的教育思想、理论不断提出；高效便捷的教育、教学手段应运而生；我国的教育事业也步入了从信息化到数字化转型的重要阶段。

第1章
第1讲

第1章
第2讲

基于粉笔、黑板、教鞭的传统教育技术在这场教育变革中面临着基于计算机、网络的现代教育技术的严峻挑战。新时代产生新技术，新技术需要新能力，新能力需要新型教师，而能够掌握并应用现代教育技术的新型教师的培养需要从了解教育基本概念和基础技术开始。传统教学方法和现代教育技术学习路线如图1-1所示。

(a) 传统教学方法　　　　　　　　(b) 现代教育技术学习路线

图1-1　传统教学方法和学习现代教育技术路线

1.1 教　　育

追本溯源，"教育"一词最早出现于《孟子·尽心上》"得天下英才而教育之"的名句中，意为教诲和培育。

东汉经学家、文字学家许慎在其编著的语文工具书《说文解字》中指出：教，指的是"上施而下效"，可见"教"更强调教育者对被教育者知识的灌输以及被教育者对教育者行为的效仿；育，指的是"养子使作善"，可见"育"更强调教育者对被教育者的启发和引导以及被教育者的自我成长与发展。古代教育活动示意图如图1-2所示。

图1-2　古代教育活动示意图

回归当下,"教"和"育"的内涵也有所不同。"教"更强调学校阶段以课程方式呈现的教学组织和教学活动,具有系统化、结构化和层次化的特征;"育"更强调学校阶段非课程方式的器识培养和文化熏陶,具有网格化、非结构化、非层次化的特征。

在我们的日常生活中,"教育"一词通常不分家。从广义的角度看,教育泛指一切有目的地增进人的知识和技能、发展人的智力和体力以及影响人的思想观念的活动。从狭义的角度看,教育主要指学校教育,是教育者根据一定的社会要求,有目的、有计划、有组织、有系统地对受教育者的身心施加影响,促使其朝着期望的方向变化发展的活动。

简言之,我们认为教育就是一种有意影响他人思想和言行的社会活动。

1.1.1　教育目的

作为一种人类社会活动,教育必须有目的,而谈到教育目的就先要了解教育方针。

教育方针是国家教育工作的基本政策和指导思想,是国家根据政治经济的要求,为实现教育目的而规定的教育工作的总方向,包括教育工作的服务方向、教育目的和实现教育目的的途径。与教育方针不同,教育目的是把受教育者培养成社会所需要的人的总要求,是学校教育所要培养的人的质量规格,是教育方针的重要组成部分。由此可见,教育目的是教育方针的下位概念,教育方针比教育目的涵盖的内容更多;教育方针主要是从政策角度规定教育目的及其实现要求,而教育目的主要从学术的角度表达教育的理想。

明确教育目的是有效实施教育活动的前提,正所谓有的放矢才能事半功倍。教育目的在教育活动中占据主导地位,表现有三:其一,它是教育工作的方向,是教育工作者的行动指南,具有导向作用;其二,它贯穿教育活动始终,是教育活动的出发点和归宿,具有基准作用;其三,它是确定教育内容、选择教育方法、进行教育评价的根本依据,具有纲领作用。

在总的教育目的指引下,我国已经形成了层次分明、形式多样、学科门类齐全的教育体系。《中华人民共和国教育法》第十七条规定,国家根据受教育者年龄的不同,将教育阶段划分为以幼儿为主要教育对象的学前教育、以儿童为主要教育对象的初等教育、以少年为主要教育对象的中等教育和以青年为主要教育对象的高等教育四个阶段。显然,教育对象不同,总的教育目的在各教育阶段的具体实施目标也有所不同。例如,学前教育以培养正确的生活习惯和促进身心发展为主要教育目标;初等教育以打下文化知识基础和做好初步生活准备为主要教育目标;中等教育以培养劳动后备力量和为高一级学校输送人才为主要教育目标；高等教育以培养专门人才、进行科学研究、从事社会服务等为主要教育目标。我国教育目的和阶段示意图如图1-3所示。

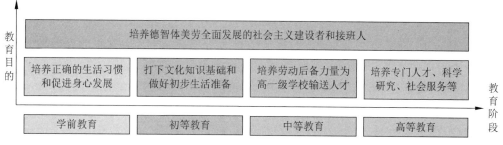

图1-3 我国教育目的和阶段示意图

1.1.2 教育要素

作为一种人类社会活动,教育活动包含教育者(施教者)、被教育者(受教者)以及教育媒介(教育影响)三个基本要素。教育过程及三要素示意图如图1-4所示。

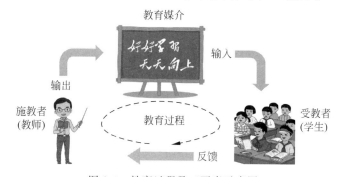

图1-4 教育过程及三要素示意图

教育者,即教师,是教育活动的组织者和实施者,是立教之本、兴教之源。

唐代文学家韩愈在《师说》中写道"师者,所以传道授业解惑也"。可见教师的责任或任务就是传播道理、教授课业和解答疑惑。

教师质量是决定教育质量的第一要素。在教育过程中,教师具有主导作用,是学生思想的明灯、言行的楷模、求知的良师和成长的益友,尤其在基础教育领域,教师对于青少年正确三观的建立、优良品行的养成、人文及科学知识的学习起着举足轻重的作用。显然,在教育过程中,传道、授业、解惑三者缺一不可。因此,对教师在思想、品德、知识和技能等方面都有超出普通人的要求,正如现代著名教育家陶行知所言"学高为师,身正为范"。

在如今要实现中华民族伟大复兴的新时代里,国家对教师的要求有了新内容和新标准。

(1) 牢固树立中国特色社会主义理想信念,牢固树立终身学习理念,牢固树立改革创新意识。

(2) 成为学生锤炼品格的引路人、学生学习知识的引路人、学生创新思维的引路人、学生奉献祖国的引路人。

(3) 成为先进思想文化的传播者、党执政的坚定支持者、学生健康成长的指导者。

(4) 坚持教书和育人相统一,坚持言传和身教相统一,坚持潜心问道和关注社会相统一,坚持学术自由和学术规范相统一。

(5) 有理想信念、道德情操、扎实学识、仁爱之心。

(6) 传播知识,传播思想,传播真理。

(7) 爱国守法、爱岗敬业、关爱学生、教书育人、为人师表、终身学习。

除了上述关于政治思想和道德品行方面的要求外,伴随着科学技术的飞速发展,尤其是计算机技术的日新月异,对教师在基本技能方面也提出了更高要求,用一句话来描述就是,教师要具有较高的"数字胜任能力"。所谓"数字胜任能力",主要指对计算机技术与网络技术的应用能力。

被教育者,即学生,是教育过程中的参与者和学习者。在教育过程中,学生以学习为主要职责,是教育的对象,更是学习的主体。不同阶段的学生具有不同的特点,教育目标、内容和方式方法也会有所不同,需要施教者针对具体问题具体分析,有的放矢,因材施教。但无论在哪个阶段,对学生的基本要求都应该是向善、向上、向真。

教育媒介,即教育影响,是教育者和受教者之间一切媒介(联系)的总和。例如,我们熟悉的粉笔、黑板、声波、实物教具等。当前,因为科学技术的迅猛发展,教育媒介也发生了巨大变化,新技术、新设备层出不穷,例如无线话筒、扬声器、虚拟教具、幻灯片、投影仪、智慧黑板、虚拟实验室、教育资源云平台等,而它们也是现代教育技术的重要组成部分。显然,在教育过程中,教育媒介或技术的多样性、灵活性、针对性、有效性、先进性都在不同程度上影响着教育活动的质量和效率。

由图 1-4 可知,教育过程是循环过程,以"施教者→媒介→受教者→施教者"的闭环形式呈现。结合马克思主义哲学原理可知,这个循环过程符合辩证唯物主义认识论,实际是螺旋式上升的,即每一次循环都比前一次要高一层。也就是说,教育过程通常需要多次反复,而每一次反复都意味着教育活动的发展和教育质量的提高。唯物主义认识论示意图如图 1-5 所示。

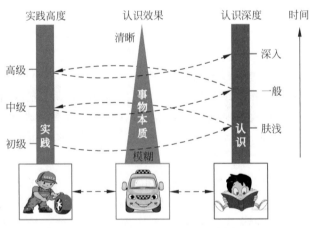

图 1-5 唯物主义认识论示意图

1.1.3 教育属性

作为一种人类社会活动,教育活动也具备自身的属性。属性是事物所具有的不可缺少的性质,它能够帮助我们更清晰地认识事物的本质,并准确地与其他事物进行区分。

毛泽东曾在《改造我们的学习》一文中谈到"实事求是"的三重境界：

第一层，不僵化，要让行动符合逻辑。

第二层，不空谈，要让理论结合实际。

第三层，掌握历史的主动，要让规律指导实践。

简言之，就是告诉我们要学会透过现象看本质，要探寻事物的底层逻辑和规律，并以此来指导我们的工作实践。

那么教育的本质属性是什么呢？根据前面给出的教育内涵、目的和要素，可以归纳出教育具有三个本质属性：

（1）教育的对象是人，教育是针对人类特有的一种活动。

（2）教育是有意识的行为，没有目的或无意识的行为不能称之为教育。

（3）教育是一种社会活动，是用来传递社会经验的活动。

除了本质属性外，教育还有与社会之间产生的五大关联属性：

（1）永恒性。教育与人类社会的存亡密不可分，只要人类社会存在，教育就存在。

（2）历史性。教育与人类所处社会的生产力发展水平和阶级形态有关，不同的社会或同一社会的不同历史阶段，其教育的目的、内容、方法以及手段都各有特点。

（3）相对独立性。教育虽然具有自身的发展规律，但其存在及发展仍然由所处社会的生产力水平和政治经济制度的性质决定，同时受到民族文化的制约。

（4）生产性。教育的对象是人，人在受到教育后参与到社会活动中，就会对生产力的发展产生一定的推动作用。

（5）民族性。教育的内容、方法、手段及采用的语言都与教育者和受教育者的民族密切相关。

教育属性示意图如图 1-6 所示。

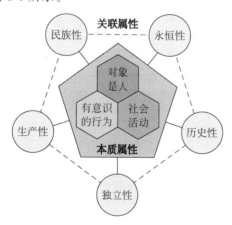

图 1-6　教育属性示意图

1.1.4　教育形态

事物形态是指其存在的样貌或在一定条件下的表现形式。教育形态就是教育这一社会活动的存在和表现形式。根据不同标准，有不同的教育形态。根据教育活动组织和制度化水平的不同，教育可分为以学校教育为代表的有组织化教育和其他非组织化教育两种构成形式。根据教育活动场景的不同,教育可分为家庭教育、社会教育和学校教育三种形式。家庭教育基于内部环境,是对受教育者天赋潜能的挖掘、性格习惯的养成的个性化培育过程,具有先导性、生活性、感染性、针对性和终身性的特点;社会教育基于外部环境,是对受教育者增强社会发展适应能力,提升自我教育能力的综合化培育过程,具有开放性、多样性、群众性、补偿性、融合性的特点;学校教育占主导地位,是对受教育者基于德、智、体、美、劳等多维度的共性化培育过程,具有全面性、稳定性和系统性的特点。

教育形态示意图如图 1-7 所示。

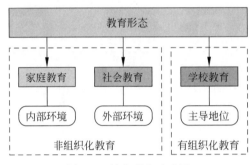

图 1-7　教育形态示意图

1.1.5　教育功能

教育功能是指教育这一社会活动对个体发展和社会发展所产生的各种影响和作用。根据不同标准,教育功能有如下分类:

(1) 按教育功能作用的对象不同,可分为个体功能和社会功能。教育的个体功能是教育对个体发展的影响和作用,表现为教育促进个体的社会化和个性化以及个体的谋生和享用等功能。教育的社会功能是教育的本体功能在社会结构中的衍生,是教育的派生功能,主要体现在教育能推动社会发展变迁和促进社会流动两方面。

(2) 按教育作用的性质不同,可分为正向功能和负向功能。教育的正向功能指教育对促进社会进步和个体发展的积极影响和作用。教育的负向功能指教育阻碍社会进步和个体发展的消极影响和作用。

(3) 按教育功能呈现形式的不同,可分为显性功能和隐性功能。教育的显性功能指教育依照教育目的在实践过程中产生的与之相吻合的教育结果。教育的隐性功能指伴随着显性功能出现的非预期且具有较大隐蔽性的功能。

从教书育人和具体操作的角度看,对被教育者而言,教育的主要功能可用"传授、激发、引导、规范"八个字概括。

传授:向被教育者传授前人的思想、经验、技能和已有的社会及自然科学知识。

激发:想方设法激发被教育者的学习兴趣和主观能动性,使其尽量自主思考与学习。

引导:用前人的模范言行和生活及工作实例引导被教育者向正确的方向发展成长。

规范:用已有的行为和道德规范及法律约束并规范被教育者的言行。

教育功能示意图如图 1-8 所示。

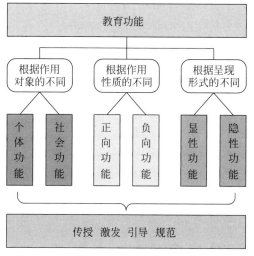

图 1-8　教育功能示意图

1.2　教育技术

1.2.1　技术

希腊哲学家亚里士多德曾将"技术"描述为"人类活动的技能";1986年上海教育出版社出版的《教育大辞典》(顾明远主编)将"技能"定义为"主体在已有知识经验的基础上,经过练习形成的对待某种任务的活动方式";1989年江苏教育出版社出版的《教育词典》(张焕庭主编)将"技能"定义为"通过学习重复和反省而习得的体能、心能和社会能力"。

基于上述说法,可以认为技术是人类在生产活动中所采用的手段和方法的总和。

教育技术是科学技术和教育活动相结合的产物,其最终价值是优化教育教学过程,提升教育教学质量和效率。

英国生物学家和教育学家埃里克曾指出:教育技术的产生和发展伴随着四次教育革命。第一次革命确定了教师这一职业;第二次革命产生了书写文字;第三次革命普及了印刷术;第四次革命产生了教学设计理论。

那么,到底什么是教育技术呢?

1.2.2　教育技术

1994年,美国教育传播与技术协会(Association for Educational Communications and Technology,AECT)将教育技术定义为教育技术是为了促进学习,对有关的过程与资源进行设计、开发、利用、管理和评价的理论与实践。

根据上述理论和定义,可以认为教育技术是一个以过程和资源为研究对象,以教学过程各环节的组织实施为主要内容,以促进学习为最终目标,理论联系实践、系统且完整的教育领域和学科。

这一结论也成为指导我国教育技术发展的重要理论基础。尤其是在我国教育部决定全面实施教育数字化战略行动的大背景下,以信息化、数字化为主要技术手段的现代教育技术,也已成为现代教学活动不可或缺的重要组成部分。

所谓"信息化",可以认为是利用 ICT 技术打通各行各业、各个部门之间的信息通道,消除"信息孤岛",形成无处不通的数据传输网络的过程或社会生产实践。信息化的目的是让生活和生产实践中产生的各种信息数据可以广泛、便捷地流通。

所谓"数字化",可以认为是基于网络平台、以数据为要素、利用计算机处理生活与生产相关领域中各项工作和业务的过程或社会生产实践。数字化的目的是更好地利用信息数据,让其在生活和生产实践中发挥更高的价值。

简言之,信息化让数据无处不通,数字化让数据无所不能。

显然,网络平台是数字化建设或转型的基础,计算机技术是数字化建设或转型的钥匙。数字化建设或转型可以改善生产关系、提高生产力、降低成本、节能减排、提高劳动生产率、创造更多的社会财富、提升各行各业的社会价值。

1.3 现代教育技术

1.3.1 现代教育技术的概念及特点

20 世纪 70 年代,教育技术开始与学习理论、系统论、信息论和传播学深度融合,使得教育技术的创新及应用呈现出多元化发展态势,主要表现在学习者的中心地位逐渐树立,资源开发利用率逐渐提升,系统方法选择度逐渐开放等方面。

20 世纪 90 年代,在 AECT'94 定义的基础上,结合教育技术在我国教育领域的实践经验,我国教育工作者提出了以现代教育思想和理论为指导的"现代教育技术"新概念。

现代教育技术是指以 19 世纪末发展起来的现代电子技术、现代信息技术等作为主要技术手段,实施教育、教学活动的实践技能或方法。其外在特点是应用了具有电、光、声、影特性的教学设备;内在特点是应用了现代教育理论、计算机技术和互联网技术。现代教育技术特点表现形式示意图如图 1-9 所示。

图 1-9 现代教育技术特点表现形式示意图

根据教育教学流程,可以将现代教育技术分为教师端、云端、学生端和传输管道四大模块。现代教育技术构成模块示意图如图 1-10 所示。

(1) 教师端的主要功能是将教师准备的教学素材(文字、图片、动画、音频、视频)转化为数字教学资源,然后上传到云端服务器供学生线上或线下学习。通常,教师端主要包括个人计算机、扫描仪、打印机、摄像机(头)、话筒以及路由器等设备。

(2) 云端的主要功能是负责存储教师上传的数字教学资源和学生上传的作业、论文等文件;负责为学生提供数字教学资源;负责实现教师与学生的线上或线下交流;负责对所有教学资源和文件进行管理。云端主要由高性能服务器和大容量存储器及网络设备等构成。

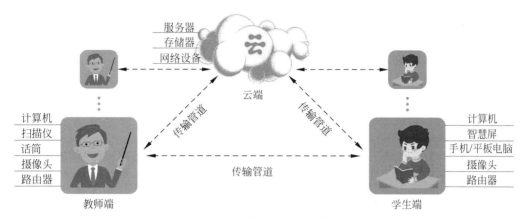

图 1-10 现代教育技术构成模块示意图

（3）学生端的主要功能是将来自云端或教师端的教学资源通过声、光、影呈现出来,同时能够实现与云端和教师端的交互通信。学生端也包括教室通常由网络设备、个人计算机（平板电脑或智能手机）、摄像头和智能多媒体显示屏等构成。

（4）传输管道的功能就是完成三者之间的信息传输。其实质就是通信平台,主要由互联网和无线接入设备构成。

显然,对于施教者(教师)而言,现代教育技术的主要作用就是将其教学思想、教学内容、教学设计和教学方法通过计算机等数字设备转化为具有易懂、易学、易存、易管理、易推广、易交流、易获取等特点的数字教学资源;其次,还可以与其他教师或学生进行线上交流并查询及获取教学资源。对于受教者(学生)而言,现代教育技术的主要作用就是提供了一块具有交互功能的可移动音像显示屏,使其能够随时、随地、随意、随性地进行学习以及与老师和同学进行交流,从而大大提高了其学习兴趣、主动性和效率。因此,从教育功能上看,现代教育技术的作用主要体现在"传授"和"激发"两方面。

伴随着计算机、网络、通信、微电子、人工智能、大数据、区块链等技术的不断发展与迭代,企事业单位的数字化转型已在全球范围内全面展开。尤其是在教育领域,受新型冠状病毒感染的影响,线上、线下多元化教学模式已有了常态化趋势,这为现代教育技术定义了更加明确的应用场景,即线上平台将是其大展拳脚的主战场。

与传统教育技术相比,现代教育技术具有理论新颖、手段先进、受众广泛、使用便捷、方法灵活、范围巨大等特点,而其最重要的特征在于"新"。新技术引领新时代,新时代需要新教育,新教育需要新教师,新教师需要掌握新理论、新思想和新技术。宏观上看,这个"新"在教育教学活动中的作用主要体现在更快速、更广泛、更准确、更高效、更便捷、更易教、更易学、更易懂、更易会等方面。可见,通过学习和掌握现代教育技术,提高数字胜任能力是新时代每一位教师通向成功的必由之路。

1.3.2 现代教育技术的内涵及应用

传统教育技术主要指基于传统教具、实物、实验室和教学方法的教育手段,而现代教育技术的内涵主要体现在以下四方面。

（1）以现代教育理论为指导。

（2）以信息技术为手段。

(3) 以教与学的过程和资源利用为对象。
(4) 以系统方法为核心思想。

显然,现代教育技术是运用科学的系统方法,将以计算机和互联网为核心的信息技术与现代教育理论及思想有机结合形成的产物。其内涵更宽泛,不仅包含了新兴的教育技术,也涵盖了传统的教育技术。另外,现代教育技术的应用也更广泛,例如,在教学过程和资源的设计、开发、实施、管理和评价等各方面。现代教育技术应用领域如图1-11所示。

图1-11 现代教育技术应用领域

具体内容说明如下:

(1) 教与学的资源设计。在明确教学目标和教学对象的前提下,对教与学双边活动所涉及的资源进行设计,包括教学目标的细化、教学内容的分析、教学媒体的选用、教学环境的设计等。通过资源设计,可对教学目标和学生能力转化所需的知识及技能进行多维度剖析,有利于创造优质教学模式,提高教学质量和效率。

(2) 教与学的资源开发。教与学的资源是指教学设计、实施和评价等整个过程中可利用的资源总和,是对音像技术、电子出版技术、计算机辅助教学技术以及多种技术综合集成应用于教育教学过程的开发与研究。教师应在了解资源内涵的基础上,掌握资源开发的原则和方法。通常,教学资源可由专门的公司进行开发和配置,例如教学云平台。

(3) 教与学的资源利用。如今的信息化教学环境将数字化教学内容与资源、媒体播放设备、学习终端、网络通信技术、虚拟仿真技术等进行合理、有效的集成,为教学过程提供稳定可靠的技术支持和设备保障。教师可以在掌握信息化教学资源获取、加工、制作、传播技术的基础上,激发学生的学习兴趣,培养学生的学习情感,树立正确的媒体观。

(4) 教与学的资源管理。通过对教学信息、内容、设备的科学、有效管理,实现对所有教学资源的计划、组织、指挥、协调和控制。教师应在管理教学资源的过程中,培养锻炼自身的课堂设计、课堂组织、说课、导课、提问和板书等多项技能。

(5) 教与学的资源评价。以人才培养计划为基准、以教学大纲为依据、以授课进度为参考,对教育教学系统作阶段性和总结性评估,及时纠偏并提供有效解决策略和方案,及时解决教育教学过程中存在的问题,完善管理评价体系,从而达到人才培养计划设定的目标。

1.3.3 现代教育技术的影响及意义

现代教育技术是现代科技、文化、经济的产物,对我国教育事业有一定的影响和意义。现代教育技术的影响及意义如图 1-12 所示。

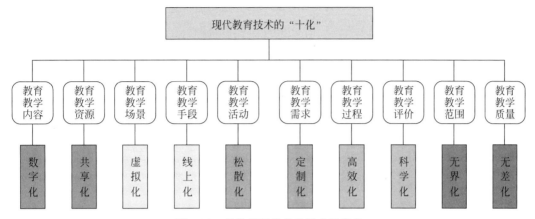

图 1-12 现代教育技术的影响及意义

(1) 教育教学内容数字化。教学内容不再仅仅通过黑板、纸质书籍来呈现,而是广泛运用由文字、图片、音频、动画、视频等多媒体元素构成的教学课件来体现。

(2) 教育教学资源共享化。教学资源不再局限在某个地区、某个学校、某位教师,而是依托互联网技术与计算机技术实现多渠道、多元化、多样化的教育资源共享。

(3) 教育教学场景虚拟化。虚拟现实、增强现实、混合现实、AI(人工智能)和脑机接口等技术的发展与应用,将会带来更加生动逼真的教学体验。

(4) 教育教学手段线上化。借助网络教学平台开展线上直播授课、录播授课、慕课授课等多种教学方式,轻松完成线上教学、线上讨论、线上考核等教学工作。

(5) 教育教学活动松散化。组织教学活动不再受时空的限制,借助网络平台和网络资源可实现跨地域、分时段的灵活组织和高效协同。

(6) 教育教学需求定制化。依托网络平台和网络资源,本着因材施教的教育理念,激发不同学生群体的内驱力,引导学生获取感兴趣的学习资源,鼓励学生个性化发展。

(7) 教育教学过程高效化。依托网络平台和网络资源,最大限度发挥学生的主体性和创造性,让学生积极参与到课前预习、课中学习、课后复习等全过程,高质量地完成教学任务,提升学生学习效果。

(8) 教育教学评价科学化。利用网络平台和大数据技术,在系统、科学、全面地搜集、处理和分析教学各环节的信息的基础上,作出更准确、更科学的教学质量评估。

(9) 教育教学范围无界化。教学范围突破时间和空间的限制,通过大数据、人工智能等技术手段,使用翻转课堂、慕课等形式实现更高效、更个性化的教学。

(10) 教育教学质量无差化。依托互联网技术和计算机技术,有效缓解教育区域发展、教育城乡发展、教育群体发展的不平衡困境,实现教学资源共享化、教学质量无差化。

当前,我国已步入信息化 2.0 时代,而教育行业的数字化转型是信息化进程的高级阶段。通过构建数字驱动模式,挖掘数据潜在价值,将其抽象为知识,并结合人工智能、大数据、云计算、区块链等技术将知识提升为智慧,创造出新的应用领域和社会价值是数字化的终极目标。可见,伴随着数字化进程,现代教育技术的广泛应用必将有效地促进教师数字胜任力的提升、学生科学思维能力的培育以及教学方法和过程的优化、升级和创新。

当今世界,虽然国与国之间的竞争是军事、经济、科技、文化、人才等多维度的竞争,但根本的竞争是人才的竞争,是教育的竞争。因此,学习和掌握现代教育技术是培养信息时代国家发展和国际竞争所需人才的关键环节,也是提高国家核心竞争力的重要基础,对推动我国新时代伟大征程具有重大的现实价值和历史意义。

1.3.4 现代教育技术的发展历程

要研究一项技术的发展过程,需要对其长期的发展脉络和已经产生的成果进行全面、多维、细致的分析。我国的现代教育技术概念提出时间相对较晚,该领域的技术研究又深受国外学者(如布鲁姆、加涅、乔纳森等)和学术组织(如 AECT)的影响,因此,梳理国外教育技术发展历程并结合中国教育技术自身特点进行分析思考,对于把握中国教育技术未来的发展方向有一定的启示作用。

1. 国外教育技术发展历程

国外教育技术发展历程大致分为以下三个阶段:

(1) 17—19 世纪末,以直观教学为代表的初始阶段。

(2) 20 世纪初—20 世纪 60 年代,以视听教学和传播理论为代表的发展阶段。

(3) 20 世纪 60 年代末至今,以个别化教学和计算机辅助教学为代表的形成阶段。

国外教育技术发展历程如表 1-1 所示。

表 1-1 国外教育技术发展历程

序号	发展阶段	里程碑事件
1	初始阶段 (17—19 世纪末)	1. 捷克教育家约翰·夸美纽斯编写儿童启蒙读物《世界图解》 2. 瑞士教育家约翰·裴斯泰洛齐倡导和实践直观教学法 3. 地图、地球仪及科学仪器称为西方学校的标配设备 4. 黑板作为一种多用途新媒体被广泛应用于教学活动中 5. 直观教学法在欧美迅速推广,成为施教者有意识的教育行为
2	发展阶段 (20 世纪初—20 世纪 60 年代)	1. 视觉教学和视听教学出现 2. 传播理论对视听教学产生影响 3. 出现了早期的个别化教学 4. 程序教学得以发展
3	形成阶段 (20 世纪 60 年代末至今)	体现现代教育思想的个别化教学 1. 心理学家凯勒首创个别化教学系统(PSI) 2. 布鲁姆及其学生共创掌握学习法 3. 波斯尔思设计了录音指导法 计算机辅助教学的发展 1. 伊利诺伊大学开发出自动操作的"程序逻辑系统" 2. 杨百翰大学开发出 TICCIT 系统 3. 形成以学习者为中心的个别化教学模式

2. 国内教育技术发展历程

现代教育技术作为一个新兴的实践和研究领域,在美国开始于视听教育运动,而在我国则是以电化教育的萌芽、起步、发展为标志。因此,国内教育技术的发展历程可归纳为萌芽、起步、发展三阶段。国内教育技术发展历程如表1-2所示。

表1-2 国内教育技术发展历程

序号	发 展 阶 段	里程碑事件
1	萌芽阶段 (20世纪20年代起)	1. 商务印书馆出版我国第一部教育技术专著《有声电影教育》 2. 教育家陶行知使用幻灯机教学 3. 金陵大学是第一个应用视听媒体进行教学的学校
2	起步阶段 (20世纪30年代起)	1. 中国教育电影协会在南京成立 2. 成立播音教育委员会 3. 成立电化教育委员会 4. 派遣留学生赴美学习电化教育 5. 文化部科学普及局成立电化教育处 6. 辅仁大学、西北大学开设电化教育课程 7. 创立天津市广播函授大学 8. 中小学逐步开展电化教育活动 9. 北京、沈阳、上海电化教育馆相继成立 10. 上海、北京、沈阳、哈尔滨、广州先后开办电视大学 11. 华南师范大学开设第一个电化教育本科专业 12. 全国25所高校开设电化教育专业或教育传播专业 13. 全国各地相继建立教育电视台和卫星地面站 14. 全国近千所中小学开展计算机教育
3	发展阶段 (20世纪90年代后)	全国普通高校电化教育专业逐步更名为教育技术专业

1.3.5 现代教育技术的发展趋势

在信息化2.0时代,无论是以教学平台搭建、教学内容选取为代表的教学层面,还是以教育设施建设和教育融合驱动为代表的基础设施建设层面;无论是以课程管理和流程决策为代表的管理层面,还是以科研建设和人力资源管理为代表的外延层面,都将是现代教育技术大展拳脚的舞台。现代教育技术发展趋势如图1-13所示。

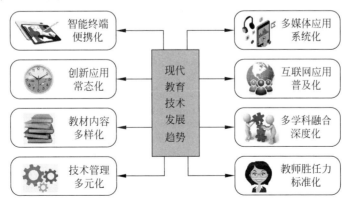

图1-13 现代教育技术发展趋势

(1)智能终端便携化。智能终端学习设备是现代教育系统的标配。为了做到无时不学、无处不学,要求智能终端功能更全、体积更小、重量更轻、携带更方便。

(2) 创新应用常态化。早在3600多年前，商汤将警词"苟日新，日日新，又日新"刻在澡盆上，旨在激励自己自强不息，创新不已，也许这就是创新概念的萌芽。1964年，毛泽东主席指出："我们不能走世界各国技术发展的老路，跟在别人后面一步一步地爬行，我们必须打破常规，尽量采用先进技术，在一个不太长的历史时期内，把我国建设成为一个社会主义现代化的强国。"2016年5月30日，习近平总书记在全国科技创新大会、两院院士大会、中国科协第九次全国代表大会上指出："实现两个一百年奋斗目标，实现中华民族伟大复兴的中国梦，必须坚持走中国特色自主创新道路，面向世界科技前沿、面向经济主战场、面向国家重大需求，加快各领域科技创新，掌握全球科技竞争先机。这是我们提出建设世界科技强国的出发点。"可见，创新是推动人类社会向前发展的重要力量；创新是民族进步的灵魂，是一个国家兴旺发达的不竭动力。因此，在教育领域，需要常态化注重理论、方法和技术创新，将创新意识牢牢根植在学生心中。

(3) 教材内容多样化。作为课程的载体，教材对课程教学的质量有重要影响。它不仅是教师开展现代教育技术教学的重要依据，更是学生获取知识的主要来源。随着信息技术与教育技术的深度融合，未来教材编写将在描述现代教育技术知识的基础上，加强教材内容与社会生活的联系，丰富教材的活动设计，拓展学习评价环节，并在构建多元化学习评价体系的基础上不断完善更新。

(4) 技术管理多元化。随着教育技术创新应用呈现常态化发展趋势，其管理方法也需要同步发展。有需求就有市场，有市场就有发展驱动力。因为教育对象的需求具有多元化特征，所以教育技术管理也必然具备同样特征，并在未来的发展中逐渐显现。

(5) 多媒体应用系统化。从工业技术1.0时代进入信息技术2.0时代，全球现代教育技术正在以前所未有的发展速度迅速走向多媒体化。多媒体技术是指通过计算机对文字、数据、图形、图像、动画、音频等多种媒体信息进行综合处理后，使用户可以通过多种感官和计算机实现信息交互的技术。因其具有传输信息量大、信息种类多、速度快、质量高、应用广等优点，未来将会全面、系统地应用于各类教育过程，成为现代教育技术中的主流技术。

(6) 互联网应用普及化。《中国互联网发展报告(2021)》显示，截至2020年底，中国网民规模为9.89亿人，互联网普及率达到了70.4%，特别是移动互联网用户总数超过16亿；5G网络用户数超过1.6亿，约占全球5G总用户数的89%。这些数据表明我国互联网行业进入了快速且持续的发展时期，互联网的普及率持续走高，居全球前列。现代教育技术依托成熟的互联网平台，利用信息技术可实现图文、音频、视频的实时传输和交互以及教学场景的建构及切换等工作，从而可完成不受时空限制的教学活动。显然，互联网应用的普及为现代教育技术的发展提供了坚实的基础。

(7) 多学科融合深度化。现代教育技术的理论基础来源于教育理论、学习理论、传播学、心理学、系统理论等多个学科，而具体技术也涉及计算机、通信、微电子、光电、自动控制、人工智能等多领域，显然，只有这些自成体系的独立学科与相互关联的多种技术深度交叉融合，才能共同推动现代教育技术的向前发展。

(8) 教师胜任力标准化。现代教育技术多领域、多学科交叉融合的特点对教师的专业胜任力提出了更高的要求。2018年，联合国教科文组织的《教师信息通信技术能力框架》提出了知识获取、知识深化和知识创造的连续性教师胜任力发展阶段，其中明确指出教师应从掌握信息技术使用知识发展到创建以学生为中心的合作性学习环境,再到鼓励学生创造新知识,从而实现更和谐充实的学习。2022 年 6 月 29 日,教育部部长怀进鹏在 2030 年教育高级别指导委员会领导小组会议上指出:"坚持适变应变与共同发展的教育观,应推动教育变革,提高数字化与绿色转型能力。大力推动教育数字化转型,改变教育生态、学校形态、教学方式,帮助人们适应数字化时代。"可见,为了正确、健康、稳定、持续、快速地推动我国教育事业的发展,实现教育数字化转型将是未来一段时间我国乃至全球教育领域的首要任务,而作为教育活动主导者的教师,其数字胜任能力是教育数字化转型的基本保证。

显然,现代教育技术在教育数字化转型过程中占据极其重要的地位,是数字化教育的基础。现代教育技术的作用如图 1-14 所示。

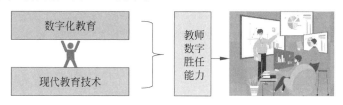

图 1-14　现代教育技术的作用

1.4　结　　语

综上所述,可以得出如下结论:
(1) 教育是人类可持续发展的重要基础,是立国之本。
(2) 教育活动围绕着施教者、受教者和教育媒介三要素展开。
(3) 教育数字化转型是新时代教育的发展方向。
(4) 实现教育数字化转型需要教师具有较高的数字胜任能力。
(5) 现代教育技术课程的主要目的是培养和提高教师数字胜任能力。
(6) 本章知识思维导图如图 1-15 所示。

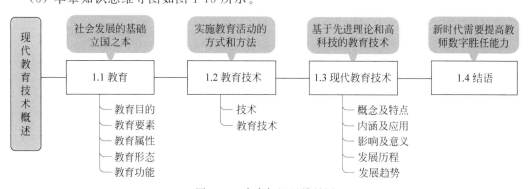

图 1-15　本章知识思维导图

1.5　哲思慧想

人的认识,主要地依赖于物质的生产活动,逐渐地了解自然的现象、自然的性质、自然的规律性、人和自然的关系;而且经过生产活动,也在各种不同程度上逐渐地认识了人和人的一定的相互关系。一切这些知识,离开生产活动是不能得到的。

人的社会实践,不限于生产活动一种形式,还有多种其他的形式,阶级斗争、政治生活、科学和艺术的活动,总之社会实际生活的一切领域都是社会的人所参加的。

1.6 名家名言

老子,姓李名耳,字聃,一字伯阳,或曰谥伯阳,春秋末期人,中国古代思想家、哲学家、文学家、史学家、教育家,道家学派创始人。

老子曰:

(1) 天下难事,必作于易;天下大事,必作于细。

(2) 知人者智,自知者明。胜人者有力,自胜者强,知足者富,强行者有志。

1.7 习　　题

1. 用最简单的一句话说明教育的本质是什么? 教育技术是什么?
2. 现代教育技术最基本的内容是什么?
3. 你认为教育过程中有哪些矛盾?
4. 如果说教育数字化的好处是可以提高教学质量和学习效率,那么,其弊端是什么?

第2章 现代教育理论

引子：通常，技术要以理论为基础，理论要靠技术去实践和验证。两者只有相互结合，才能相辅相成，共同发展。显然，现代教育技术的出现及发展离不开教育理论的指导和支撑，学习现代教育技术必须先学习现代教育理论。

第2章
第1讲

几千年延续不断的教育活动在今天这个科技与经济高度发达的新时代，被赋予了更多的现代思想、理论、方法和技术，从而为传统教育贴上了"现代"的标签。因此，在技术上可以把现代教育分为现代支撑基础、现代教育技术和现代教育活动三个层面。现代教育体系技术模型如图2-1(a)所示。可见，基于高科技的现代教育理论、无所不能的计算机技术和无处不在的互联网技术为传统教育注入了方便、快速、高效、直观、易懂等新特性。若把现代教育技术看作一只鼎，那么，现代教育理论、计算机技术和互联网技术就是支撑这只鼎的三足，形成现代教育技术的"三足鼎模型"。现代教育技术模型如图2-1(b)所示。

显然，培养教育工作者数字胜任能力必须从学习现代教育理论、计算机技术和互联网技术的基础知识开始。

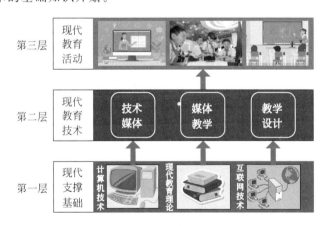

(a) 现代教育体系技术模型

(b) 现代教育技术模型

图 2-1　现代教育体系技术模型及现代教育技术模型

前面讲过，教育活动包含教育者(施教者)、被教育者(受教者)和教育媒介(教育影响)三个基本要素；教育的过程是一个"教育者→教育媒介→被教育者→教育者"的闭环，且这个闭环以不断循环、螺旋上升的方式呈现；而教育活动和教育质量正是在教育过程迭代升级的过程中得以发展和提高的。因此，人们的认识，不论对于自然界方面，对于社会方面，也都是一步又一步地由低级向高级发展，即由浅入深，由片面到更多的方面。

因此，作为新时代的教育工作者，我们不能停留在认识的感性阶段，要学会透过现象看本质,要分析是什么理论在支撑这样的教育过程实践,要让认识上升到理性阶段,只有这样才能找到实践的理论依据,才能更好地提高认识,从而让认识更好地指导实践。

下面围绕教育活动三要素,介绍支撑现代教育技术的现代教育理论。

2.1 学 习 理 论

被教育者,即学生,是教育过程中的学习主体,是教育的对象。那么,学习是如何发生的?学习是怎样的一个过程?学习的最终结果是什么?这一系列的问题都是学习理论要研究的内容。纵观学习理论的发展,具有代表性的理论主要有行为主义学习理论、认知主义学习理论和构建主义学习理论三种。三大学习基础理论如图 2-2 所示。

图 2-2 三大学习基础理论

1. 行为主义学习理论

行为主义学习理论是 20 世纪上半叶占主导地位的学习理论,其各学派的支持者在对学习的解释上虽有所差别,但在宏观层面对学习的看法基本上是一致的。例如,美国心理学家桑代克(1874—1949 年)通过研究动物的学习行为得出以下结论:动物的学习是经过多次尝试,由刺激情境与正确反应之间形成的联结所构成的。

同时期,美国的另一位心理学家华生(1878—1958 年)则认为学习的实质就在于形成、强化刺激与反应之间的习惯性联结。

理论发展的后期,作为新行为主义学习理论的创始人,美国心理学家斯金纳(1904—1990 年)借助学习装置"斯金纳箱"进行反复试验,得出以下结论:学习就是"刺激—反应—强化"的过程。

由此可见,该理论认为学习的发生主要依赖于外部环境的刺激,而并非学习者本身的主观意愿驱动;学习的过程是不断接受外部刺激,不断调节自身反应,从而累加"刺激—反应"之间联结的过程;学习的结果就是形成了应对外部刺激强化反应的行为经验。

2. 认知主义学习理论

认知主义学习理论是 20 世纪中后期主流的学习理论,起源于早期的格式塔学派的认知主义学习论,其基本观点与行为主义学习理论基本观点相对立。例如,瑞士心理学家皮亚杰(1896—1980 年)认为只有学习者把外来刺激同化到原有的认知结构中,人类学习才会发生。

美国著名的认知心理学家布鲁纳(1915—2016 年)则认为学习的结果就是形成认知结构。

美国认知教育心理学家奥苏伯尔(1918—2008 年)在深入剖析机械学习与有意义学习

的关联之后,得出以下结论:学生的学习主要是有意义地接受学习,是通过同化使知识结构不断发展的过程。

由此可见,该理论认为学习的发生主要依赖于学习者的内部动机和主动性,而并非外部环境的刺激;学习的过程是积极主动进行复杂信息加工活动的过程;学习的结果就是形成反映整体联系与关系的认知结构。

3. 构建主义学习理论

构建主义学习理论是在行为主义学习理论和认知主义学习理论的基础上发展起来的,它不同于行为主义学习理论过多强调学习的产生是依赖外部环境,也不同于认知主义学习理论过多强调学习的产生是依赖学习者的内部动机,它更多地强调学习是内外因素共同作用,新旧知识经验的双向构建。

由此可见,该理论认为学习的发生不仅依赖学习者的内部知识经验,同时也会受到外部真实情景等因素的影响;学习的过程是认知结构的改变,是个体主动构建内部心理表征的过程;学习的结果就是学习者形成自己独特的认知结构。

通过上述分析梳理,"学习理论"的发展脉络清晰可见。初期的行为主义学习理论和认知学习理论观点过于片面,过分夸大外部因素或内部因素对事物发展的影响,存在一定的局限性;后期的构建主义学习理论虽然在这两种理论的基础上有了发展和进步,强调了内部因素和外部因素共同作用的重要性,却未明确指出两者间的联系,存在一定的不彻底性。那么,作为中国新时代的教师该如何与时俱进地将上述"学习理论"合理应用于我们的教育教学实践中呢?

毛泽东在《矛盾论》中指出:"研究问题,忌带主观性、片面性和表面性。"这就告诉我们,在研究和学习"学习理论"时,要客观地看待外部因素和内部动机对学习主体的影响,要全面地认识外部因素和内部动机之间的联系,要深入地剖析外部因素和内部动机之间的相互作用。只有在肯定客观事物的基础上加以主观的认知判断和合理推理,才能更好地掌握"学习理论"的本质并应用于自己的教学实践中。

2.2 教学理论

教育者,即教师,是教育过程中教育活动的组织者和实施者,是教育的主体,是立教之本、兴教之源。那么,教师在教育教学的过程中,应该用怎样的观点来分析和研究教育教学问题?如何调节和控制教育过程中的各个要素实现教育过程的优化?如何分析和处理教育教学过程中信息传播的特点和规律?这一系列问题分别是系统科学理论中系统论、控制论和信息论要研究的内容,并由此形成针对施教者的现代教学理论。三大教学基础理论如图2-3所示。

1. 系统论

系统论由奥地利生物学家贝特朗菲(1901—1972年)创立,该理论认为系统是相互依存、相互作用的,并与环境进行能量和信息交换的各个部分组成的具有一定功能的有机整体。因此,将系统论运用于教育教学活动中,可以促使教育者用整体、综合的观点分析和研究问题,能够更好地处理教育活动中各要素之间、要素和整体之间、整体和外部环境之间相互依存和制约的关系,从而更好地解决和优化问题。

图 2-3　三大教学基础理论

2. 控制论

控制论由美国数学家维纳(1894—1964年)创立,该理论认为控制的核心是反馈,无反馈不能实现控制。将控制论运用于教育教学中,可有效调节和控制教育活动中的各元素,从而优化教育过程,能够通过教育反馈信息控制和协调教师、学生、媒体的行为,从而保证教学目标的实现。

3. 信息论

信息论由美国学者香农(1916—2001年)创立,该理论认为信息是物质运动状态和规律的表征,是自然界和人类社会的一种普遍现象,消息、情报、数据等都是信息。将信息论运用于教育教学中,可以为分析处理信息传播的特点和规律等问题提供思路和方法,能够引导教师关注教育信息的获取、存储、传输、呈现及反馈等一系列问题。

通过上述对系统论、控制论和信息论进行的介绍及梳理,我们可以初步了解关于施教者的现代教学理论。那么,与学习理论一样,新时代的教师该如何切实有效地将教学理论应用于教学实践中呢?

通过分析,我们认为上述三种教学理论有一个通病,那就是没有运用唯物辩证法观点把教育教学活动这个事物当作一个矛盾体进行分析、研究和处理。毛泽东在《矛盾论》中指出:"一切事物中包含的矛盾方面的相互依赖和相互斗争,决定一切事物的生命,推动一切事物的发展。"因此,在研究和学习"教学理论"时,要充分认识教育教学活动这一矛盾体存在的相互联系和相互制约,既要用整体、综合的观点分析和研究问题,还要对教育信息的获取、存储、传输、呈现及反馈等过程高度关注,更要通过教育反馈信息来控制和协调教师、学生和媒体的行为,从而保证教学目标的最终实现。

2.3　视听与传播理论

教育媒介,即教育影响,是施教者与受教者之间一切媒介(联系)的总和。随着科学技术的迅猛发展,新技术、新设备不断出现,教育媒介也表现出更多样、更灵活、更有效、更先进和更有针对性等特点。那么,在教育教学过程中,如何加深教育教学活动参与者对教学媒体的认识?如何帮助教师更好地设计和使用多媒体进行教学?如何指导学生更好地理解和运用多媒体进行学习?这一系列问题都能在与教和学的多媒体相关的教育传播理论、视听教育理论及多媒体学习理论中找到答案。三大传播基础理论如图2-4所示。

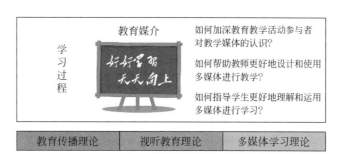

图 2-4　三大传播基础理论

1. 教育传播理论

传播有交流、沟通、传递之意，教育传播是传播在教育教学活动中的应用。教师和学生作为教育教学活动的参与者，若能借助教育传播理论来探索多媒体在教学中的工作原理，并将其应用于教师与学生之间的信息交流及共享，则一方面有助于教师依据教学目标利用多媒体将教学内容有针对性地传递给对应的学生；另一方面也有助于学生对信息进行回应和反馈，从而达到提升思想意识、获取知识、掌握技能的目标。

在教育技术发展过程中，产生了一些有代表意义的教育传播理论。

（1）美国两位数学家香农和韦弗共同提出的香农-韦弗传播模式。该模式在描述教育传播过程时，对教育基本要素进行了抽象。将教师视为信源、将学生视为信宿、将传播媒体视为信道、将教师传递的内容视为信息、将教师借助信道传递信息前的信息加工视为编码、将学生借助信道接收信息后的信息解读视为译码、将学生对信息理解后作出的反应视为对信源的反馈、将信息整个传播过程中受到的影响视为干扰。香农－韦弗传播模式如图 2-5 所示。这种模式对加深教育教学活动参与者对教学媒体的认识起到了一定的积极作用，特别是在基于通信平台的现代教育技术高度发达的今天，用香农-韦弗传播模式描述、解释、学习教育教学过程以及参与者的作用有着更加直观、形象、易懂的效果。

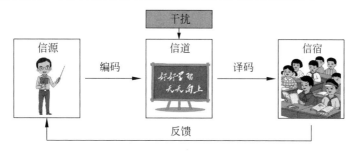

图 2-5　香农-韦弗传播模式

（2）美国传播学者拉斯韦尔提出的 5W 直线模式。该模式在描述教育传播过程时，将信息传播者、信息本身、信息传播媒介、信息接收者、信息反馈抽象为 5W 直线模式的五个结点，表明了教育传播过程中各要素不可或缺的重要性。拉斯韦尔传播模式如图 2-6 所示。

在该模式中，教师是信息的传播者，用于确定 5W 直线模式的第一个 W 结点 Who；传播的内容是信息本身，用于确定 5W 直线模式的第二个 W 结点 Say What；传播的通道是信息的传播媒介，用于确定 5W 直线模式的第三个 W 结点 in Which Channel；学生是信息的接收者，用于确定 5W 直线模式的第四个 W 结点 to Who；效果是学生对所接收信息的反馈，用于确定 5W 直线模式的第五个 W 结点 with What Effect。这种模式同样对加深教育

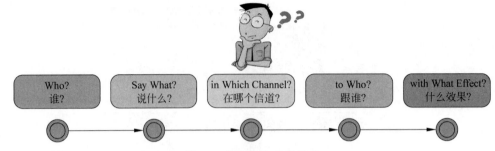

图 2-6　拉斯韦尔传播模式

教学参与者对教学媒体的认识起到了一定的积极作用。

(3) 贝罗提出的 SMCR 传播模式。该模式在描述教育传播过程时，重点强调传播效果是由传播过程的四个基本要素共同作用的结果，其基本要素分别是字母 S 代表的信源(Source)、字母 M 代表的信息(Message)、字母 C 代表的通道(Channel)、字母 R 代表的信宿(Receiver)，因此称之为 SMCR 传播模式。

该模式的特点在于不仅分析了教育传播的基本要素，而且还强调了传播过程中各要素的相互联系及相互制约的关系，从而更有利于加深教育教学活动参与者对教学媒体的认识。

2. 视听教育理论

视听教育兴起于美国 20 世纪 20 年代后期，简单地讲，就是将人的视觉和听觉的感性认识应用于指导教育教学活动。教师在充分了解学生的学习渠道和获取经验途径的基础上，有的放矢地选择和运用媒体进行教学，从而更好地优化教育过程。在这一点上，戴尔提出的"经验之塔"理论值得学习，它将人们通过学习获取经验的渠道划分为实践经验、观察经验和抽象经验三类，并在此基础上对经验再进行分层。该理论对帮助教师设计和使用多媒体进行教学具有积极作用。戴尔经验之塔示意图如图 2-7 所示。

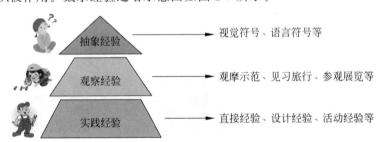

图 2-7　戴尔经验之塔示意图

3. 多媒体学习理论

多媒体学习是指如何通过语词和图像进行学习，而多媒体学习理论是基于人类信息加工系统的三个相关原则构建起来的认知理论。这三个原则如下：

(1) 人类拥有独立加工处理视觉信息和听觉信息的双通道。

(2) 人类加工处理信息的数量是存在上限的。

(3) 人类主动进行认知加工的学习，才是有意义的学习。

由此可见，学习者在把握人类信息加工的基本原则前提下，进一步深入了解多媒体学习发挥作用的根本原因，才能更好地借助多媒体进行学习。

美国当代教育心理学家梅耶提出的"多媒体学习认知模型"以听觉通道和视觉通道为多媒体呈现方式,以感觉记忆存储、工作记忆存储、长时记忆存储为记忆存储模块,结合学习者学习过程中的词语筛选、图像筛选、词语组织、图像组织及内容整合等五个认知过程对教育教学活动进行了描述,为学习者的多媒体学习提供了理论依据。多媒体学习认知模型如图2-8所示。

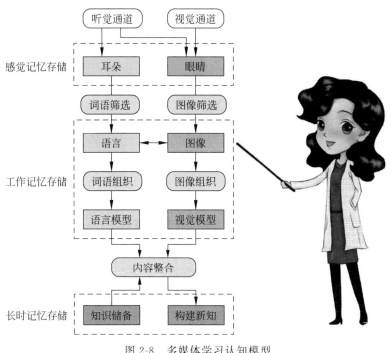

图2-8 多媒体学习认知模型

通过以上对教育传播理论、视听教育理论和多媒体学习理论的介绍,我们可以初步了解视听与传播理论对施教者和受教者的影响力及重要性。那么,教师和学生该如何将这些理论合理有效地运用于教与学实践中呢?

我们要在掌握一定的教育教学理论知识的基础上,结合教育教学过程的实际需求,运用现代教育技术,通过教与学的不断实践和对理论认识的迭代更新,达到更深入、更透彻地理解现代教育理论,更准确、更有效地运用现代教育技术,更快、更好地发展现代教育理论和现代教育技术,进而提高教育教学质量的目的。

2.4 结　　语

综上所述,可以得出如下结论:
(1) 现代教育技术是科技与经济高度发达的产物。
(2) "三足鼎模型"是本书的核心内容。
(3) 现代教学理论、现代传播理论和现代学习理论是教师必须掌握的基础理论。
(4) 理论来源于实践,又反过来指导实践。
(5) 本章知识思维导图如图2-9所示。

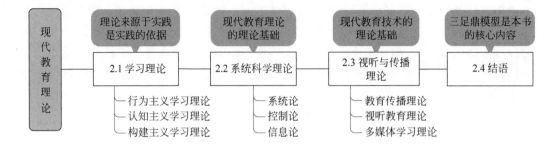

图 2-9 本章知识思维导图

2.5 哲思慧想

马克思主义者认为人类社会的生产活动,是一步又一步地由低级向高级发展,因此,人们的认识,不论对于自然界方面,对于社会方面,也都是一步又一步地由低级向高级发展,即由浅入深,由片面到更多的方面。

人在实践过程中,开始只是看到过程中各个事物的现象方面,看到各个事物的片面,看到各个事物之间的外部联系。这叫作认识的感性阶段,就是感觉和印象的阶段。在这个阶段中,人们还不能造成深刻的概念,作出合乎伦理(即合乎逻辑)的结论。

2.6 名家名言

孔子(公元前551年9月28日—公元前479年4月11日),姓孔,名丘,字仲尼,春秋时期鲁国陬邑(今山东省曲阜市)人,祖籍宋国栗邑(今河南省夏邑县),中国古代伟大的思想家、政治家、教育家,儒家学派创始人。

孔子曰:

(1) 志于道,据于德,依于仁,游于艺。

(2) 学而不思则罔,思而不学则殆。

2.7 习 题

1. 系统科学的基础理论包含哪些基本内容?
2. 香农-韦弗传播模式的特点是什么?
3. 简单描述你对戴尔"经验之塔"理论的理解。
4. 结合梅耶多媒体学习认知模型分析多媒体学习是如何起作用的?

第3章　计算机技术

引子：现代教育技术与传统教育技术的主要区别就是将计算机技术应用于教育教学活动中。可见，学习和掌握计算机技术基础知识是提高数字胜任能力的基础，也是掌握现代教育技术的基本环节。

第3章
第1讲

除现代教育理论外，计算机技术和互联网技术是支撑现代教育技术的"两条腿"，而互联网技术的本质也是基于计算机技术的通信网技术。因此，计算机技术就是继现代教育理论之后首先需要学习和掌握的重要内容。计算机技术的学习路径如图3-1所示。

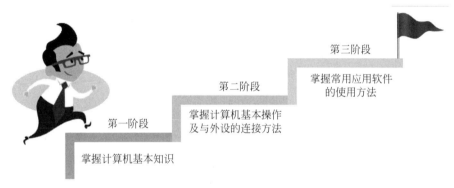

图3-1　计算机技术的学习路径

3.1　计算机概述

1. 计算机的概念

计算机是一种由电子器件构成的、具有记忆能力、计算能力、逻辑判断能力和自动控制能力的数据处理设备或装置，是人类历史上迄今为止最有效、最有力的数据处理工具，在一定程度上可以取代人类脑力及体力劳动。简言之，计算机就是一种数据处理机。

2. 计算机的发展

自1946年世界上第一台计算机ENIAC在美国加利福尼亚州诞生起，计算机发展至今已有70余年的历史，其发展过程大致经历了四个阶段。计算机发展历程如图3-2所示。

(1) 电子管时代(1946—1958年)。硬件：逻辑元件采用真空电子管；内存储器以水银延迟线磁鼓为主；外存储器以磁带为主。软件：以机器语言、汇编语言为主。应用领域：军事、科学计算。

(2) 晶体管时代(1958—1964年)。硬件：逻辑元件采用晶体管；内存储器以磁芯为主；外存储器以磁带、磁盘为主。软件：以高级语言、管理程序为主。应用领域：科学计算、

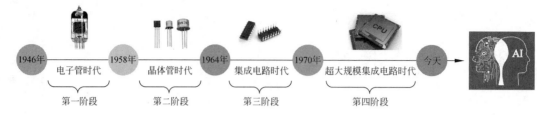

图 3-2　计算机发展历程

事务处理。

(3) 集成电路时代(1964—1970年)。硬件：逻辑元件采用中小集成电路；内存储器以半导体存储器为主；外存储器以磁盘为主。软件：以操作系统、诊断程序为主。应用领域：文字处理、图形图像处理。

(4) 超大规模集成电路时代(1970至今)。硬件：逻辑元件采用超大规模集成电路；内存储器以半导体存储器为主；外存储器以磁盘、光盘为主。软件：高级语言、数据库管理系统、网络管理系统。应用领域：人类生产、生活各个领域。

就目前技术水平而言，计算机还不具备成熟的自适应、自学习和自优化能力，也缺乏社会常识和专业知识，只能被动地按照人类预设的程序工作。但在信息化2.0时代，人工智能技术(AI)应运而生并蓬勃发展，智能化将是继机械化、电气化、信息化之后，人类社会的又一次工业革命，因此，具有更高智力的智能计算机必将是计算机的发展目标。

3. 计算机的功能

(1) 科学计算。主要用于科学研究和工程技术领域，其特点是计算公式复杂、计算工作量大和数值变化范围大。因此，处理这类问题对计算机的运算速度、存储能力和数据处理精度都有较高要求。

(2) 数据处理。广泛应用于各领域的信息管理、信息通信、数据交换等方面，主要实现对数值、文字、图表等信息的记录、整理、检索、分类、统计、综合和传递，为决策者提供有价值的数据参考，其特点是数据量大、时间性强、计算公式较简单。

(3) 实时控制。主要用于生产、生活和国防领域中的数据采集、过程检测、自动控制/执行、武器制导、交通控制、自动驾驶、航天发射等方面，完成在确定时间内执行计算或处理事务并对外部事件作出响应等任务，其特点是对计算机的准确性和可靠性要求较高。

(4) 人工智能。广泛应用于计算机科学、金融贸易、医药、重工业、远程通信等多个领域，通过模仿人类思维，利用知识库完成一些危险、繁重的体力劳动和一定难度的脑力工作，例如机器人、语言翻译、计算机推理等。

(5) 辅助工程。作为一种数值模拟分析机，可实现辅助设计、辅助制造、辅助测试、辅助教学等功能，广泛应用于电子、造船、航空、航天、机械、建筑、汽车、教育等领域。

4. 计算机的组成

计算机由硬件子系统和软件子系统两大部分构成。计算机系统组成示意图如图3-3所示。

(1) 硬件系统。硬件是由电子、机械和光电元件构成的部件和设备的总称，是计算机完成各项工作的物质基础，主要包括以下五部分。

运算器：由算数逻辑单元、累加器、状态寄存器、通用寄存器组等组成，其基本功能是实

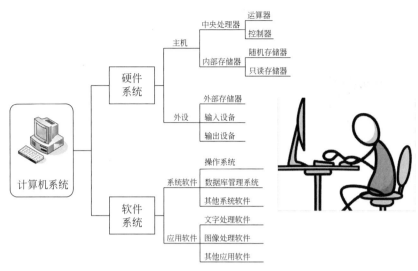

图 3-3　计算机系统组成示意图

现加、减、乘、除四则运算和与、或、非等逻辑运算以及移位、求补等操作。

控制器：是整个计算机系统的控制中心，其基本功能是指挥计算机各部分协调地工作，保证计算机按照预先规定的目标和步骤有条不紊地进行操作及处理。

存储器：是整个计算机系统中的数据仓库，用来存放程序和数据。计算机中的全部信息，包括输入的原始数据、计算机程序、中间运行结果和最终运行结果都保存在存储器中。

输入设备：是向计算机系统输入数据（信息）的设备，是连接计算机与用户或其他设备的桥梁或纽带。常见的输入设备有鼠标、键盘、数码相机、扫描仪、光学标记阅读机等。

输出设备：将计算机处理的中间结果或最终结果以人能够识别的各种形式显示并输出的设备。常见的有显示器、打印机、绘图仪、影像输出系统、语音输出系统、磁记录设备等。

（2）软件系统。软件是指挥并保障计算机运行的程序（代码）、算法和相关资料（文档）的集合，是计算机完成各项工作的必备条件，主要包括以下两部分。

系统软件：控制和协调计算机及外部设备，支持应用软件开发和运行的、无须用户干预的各种程序的集合。常见的系统软件有操作系统、数据库管理系统、程序设计语言等。

应用软件：用户可使用的各种程序设计语言及用其编制的满足不同领域、不同需求的应用程序的集合。常见的应用软件有文字处理软件、图片处理软件、多媒体处理软件等。

显然，计算机硬件与软件相辅相成，缺一不可。没有软件的计算机就像一堆废料，无法实现任何功能；而没有硬件的支持，软件也没有存在价值。

说明：①这里的软件主要指各种应用软件；②操作系统在通用计算机中是必不可少的，但在专用计算机中，可以没有操作系统。

3.2　计算机与外设的连接及使用

在实际生活、学习及工作中，根据不同的应用场景，计算机需要配备不同类型的专用外围设备。与常见的个人计算机（Personal Computer，PC）配合工作的外围设备（以下简称外设）比较多，大致分为输入设备、输出设备、存储设备和其他扩展设备。下面给出 PC 与常用外设的连接方法。

1. 与输入设备的连接

键盘和鼠标是基本输入设备,都有专用 PS/2(Personal System 2,个人系统 2)接口和通用 USB 接口两种形式。用 PS/2 接口连接时,必须将它们的插头插入 PC 相应的插座;用 USB 接口连接时,它们的插头可以插入 PC 中任一个 USB 插座。其他输入设备,例如扫描仪、摄像头、数位板等也都是 USB 接口,因此,连接方法也是将插头插入 PC 的任一个 USB 插座。

扫描仪是一种类似复印机、利用光电技术和数字处理技术、以光扫描方式将纸质版文字、图形和照片等信息转换为数字信号并送入计算机存储或处理图形的输入设备。主要用于书籍、照片、杂志、宣传画、纸质广告等信息的保存和处理。扫描仪通常以分辨率、灰度级、色彩位数、扫描速度、扫描幅面及接口方式等作为技术指标。

摄像头是一种使用最为普遍的图像输入设备,可摄取人像、景物等生活和工作场景。在监控、视频会议、线上课堂、导航、人工智能等方面具有广泛应用。其主要参数指标有分辨率、照度、光圈、CCD 尺寸、对焦方式等。

数位板,又称绘图板、绘画板、手绘板等,通常由一块板子和一支压感笔组成。其功能与手写板相似,可供使用者画图或画画。其使用者主要是设计或美术相关专业师生、广告公司、设计工作室以及动画制作者。

常见输入设备接口如图 3-4 所示。

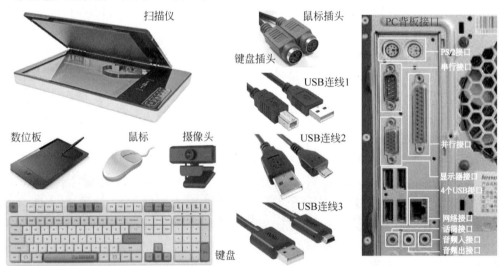

图 3-4 常见输入设备接口

2. 显示设备的连接

显示设备是一种输出设备,主要有计算机标配的显示器和扩展的显示屏或投影仪。

标配显示器通常用 VGA(Video Graphics Array,视频图形阵列)接口与计算机连接,即将显示器的 VGA 插头插入图 3-4 的计算机显示器接口。早期的投影仪也是采用 VGA 接口连接,连接方法同显示器。

目前,不少显示设备采用 HDMI(High Definition Multimedia Interface,高清多媒体接口)。这是一种全数字化图像和声音发送接口,可用于机顶盒、DVD 播放机、个人计算机、电视、游戏主机、综合扩大机、数字音响与电视机等设备。HDMI 的最大特点是可以在同一条线缆上同时发送未压缩的音频及视频信号,大大提高了显示质量并简化了线路连接难度。因此,台式计算机和笔记本电脑也都配置了相应的接口,尤其是很多笔记本已经取消了 VGA 接口。常见的 HDMI 接口是 Type A 接头,共有 19 个针脚,可支持 1080p 画质每秒 60 帧的画面刷新。对于没有 HDMI 接口的计算机或显示设备,可采用 VGA-HDMI 转换器进行连接。

显示设备的连接接口如图 3-5 所示。

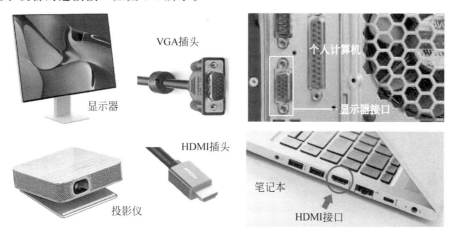

图 3-5　显示设备的连接接口

3. 打印设备的连接

常见的打印设备主要是针式打印机、喷墨式打印机和激光打印机。

针式打印机采用机打工作方式,主要应用于一些特殊行业用户,例如银行、商场、机场、车站的票据、单据、凭证、报表等多采用针式打印机。

喷墨式打印机采用非机打工作方式,其最大优点是能以较低的成本进行彩色打印。彩色喷墨打印机的主要用途是彩色图片或照片的打印,应用广泛。判断一个喷墨式打印机的优劣,通常以分辨率、墨滴大小、打印幅面、打印速度和色彩合成技术等为技术指标。在使用过程中,打印效果和成本是重要的考虑因素,因此,也需要对墨盒、相纸等耗材有一定了解。

激光打印机是在照相技术基础上,运用激光扫描技术研发出的一种光、机、电一体化的办公自动化设备。与其他打印机相比,其优点主要是速度快、噪声低、分辨率高。黑白激光打印机是大多数家庭和办公室的标配,而彩色激光打印机则是高端、专业用户的必备之物。

早期针式打印机与个人计算机连接的并行接口现在已经基本绝迹。目前,三种打印机与计算机的连接大都采用 USB 接口,连接方法同键盘和鼠标。

打印机的连接接口如图 3-6 所示。

4. 存储设备的连接

(1) U 盘。U 盘是基于 USB 接口、以闪存芯片为存储介质的无驱动器存储设备,具有体积小、易携带、即插即用等优点。通常以存储容量、数据传输率、写入数据传输率、支持接口类型、加密功能等作为技术指标。在使用 U 盘时,应注意保持清洁、安全插拔。

(2) 移动硬盘。移动硬盘是以硬盘作为存储介质,可随时插入或拔出计算机,采用 USB 或 IEEE1394 接口实现大容量数据存储的便携存储设备,具有体积小、容量大、传输速度快、

图 3-6 打印机的连接接口

使用方便、可靠性高等优点。USB 1.1 接口传输速率为 12Mbps，USB 2.0 接口传输速率是 60Mbps，USB 3.0 接口传输速率是 625Mbps，IEEE1394 接口传输速率是 50～100Mbps。

目前市场上能提供 320GB、500GB、600G、640GB、900GB、1TB、1.5TB、2TB、2.5TB、3TB、3.5TB、4TB 等容量的移动硬盘，最高容量可达 12TB。选购移动硬盘，通常以其存储容量、转速、缓存、数据传输率、发热量和噪声等作为技术指标。在使用移动硬盘时，应注意避免摔、撞等外力作用。

(3) 光盘刻录机。也称为 CD 刻录机，是利用激光将数据写入空白光盘上实现数据存储的设备，通常有只读 CD-R(CD-Recordable) 和读写 CD-RW(CD-ReWritable) 两种。CD-R 采用一次写入技术，刻入数据时，利用高功率的激光束反射到 CD-R 盘片，使盘片上的介质层发生化学变化，模拟出二进制数据 0 和 1 的差别，把数据正确存储在光盘上。由于化学变化产生的质变，盘片数据不能再释放空间重复写入；CD-RW 则采用先进的相变技术，刻录数据时，高功率的激光束反射到 CD-RW 盘片的特殊介质，产生结晶和非结晶两种状态，并通过激光束的照射，介质层可以在这两种状态中转换，达到多次重复写入的目的。

光盘刻录机多为内置式，预装在计算机上，通过 SATA 接口与主板相连，无须用户安装。而外置式也是通过 USB 接口连接到主机上。目前，CD 刻录机基本上被 DVD 刻录机取代，但光盘介质和接口没有改变。

外部存储设备连接接口如图 3-7 所示。

图 3-7 外部存储设备连接接口

5. 其他设备的连接

（1）话筒。也叫麦克风（microphone），是计算机声音输入设备。其原理是将振动的声波转化为变化的电流，本质上是一个换能器。常见的话筒有动圈式、驻极体、电容式三种。

话筒的主要技术指标如下：

灵敏度：衡量话筒声－电能量转换效率的指标，单位为毫伏/帕（mV/Pa）。动圈式话筒一般为1～4（mV/Pa），电容式话筒为20（mV/Pa）。通常，灵敏度越高，效率越高，可以采集微弱声音，但也更容易产生干扰和失真。

频率响应：话筒可以无失真采集的声音频率范围。最好的情况是全音频范围20Hz～20kHz。

指向性：话筒灵敏度随声波入射方向变化而变化的特性，常用指向图表示。常见的有全向型、心型、超心型、锐心型、8字型。

信噪比：最大不失真声音信号强度与同时发出的噪声强度之比，单位为分贝（dB）。信噪比越大越好。

（2）音箱。音箱又称为扬声器系统，由接口、放大器、音箱本体组成。其原理是声卡输出的音频信号通过接口导入放大器，放大器将微弱音频信号放大后，推动扬声器发声。

音箱的主要参数为功率、频率范围、失真度、灵敏度、信噪比、阻抗等。功率越大声音越大，频率范围越大声音越丰富（全音频范围为20Hz～20kHz），失真度越小越好（通常小于1%），信噪比越大越好（通常大于80dB）。

通常，音箱系统由左右两个声道音箱组成。连接电线一头是两个莲花插头，用于连接左右两个音箱，另一头是一个3.5mm插头，用于连接PC。目前，市场上出现了很多采用蓝牙技术进行无线连接的音箱，这类音箱需要根据说明书通过配对软件连接到计算机或手机。话筒和音箱连接接口如图3-8所示。

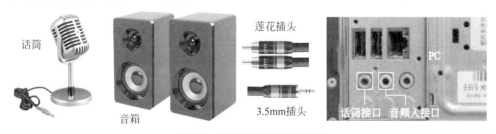

图3-8 话筒和音箱连接接口

（3）网络接口。台式机都配有网络接口，即RJ-45接口。大多数笔记本电脑除了RJ-45有线网络接口外，还配有Wi-Fi接口。

RJ-45接口由置于计算机的插座和连接网线的插头（水晶头，modular plug）组成。水晶头要按标准和连接对象的不同接入8根双绞线形成网络传输线。网络传输线分为直通线、交叉线和全反线。直通线用于异种网络设备之间的互连，例如计算机与交换机；交叉线用于同种网络设备之间的互连，例如计算机与计算机；全反线用于超级终端与网络设备的控制物理接口之间的连接。两种网络接口标准如图3-9所示。

常用的网线在形成直通线时，两端的水晶头均按568B线序连接。计算机网络接口如图3-10所示。笔记本电脑的网络无线连接或接有外置式无线网卡台式机的网络无线连接，都需要通过软件配置才可以使用，这里不再赘述。

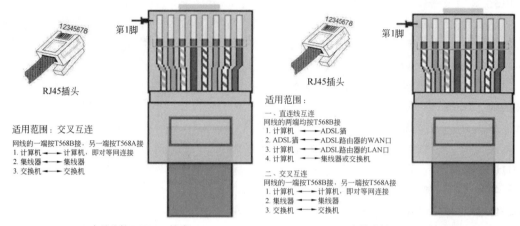

图 3-9　两种网络接口标准

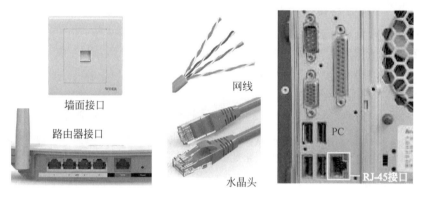

图 3-10　计算机网络接口

（4）不间断电源（Uninterruptible Power Supply,UPS）。不间断电源是一种将交流电转换为直流电并存储再逆变为交流电输出的供电设备,主要保证电网断电期间（短期内）计算机及其他设备的正常使用,一般由整流器、蓄电池、逆变器和静态开关等组成。

依照其工作原理,分为后备式 UPS 系统、在线互动式 UPS 系统、在线式 UPS 系统三种。判断一个 UPS 的优劣,通常以输入电压允许范围、输入功率因数、输入电流谐波成分、转换效率、过载能力及保护功能等作为技术指标。UPS 实物图如图 3-11 所示。

图 3-11　UPS 实物图

6. USB 接口

在上述各种接口中,USB 接口是目前应用最广泛、最常见的一种接口技术或标准。现在，几乎所有的外部设备都有 USB 接口。

USB(Universal Serial Bus)意为通用串行总线，是一种新兴的并将取代其他接口标准的数据通信方式，由 Intel、Compaq、Digital、IBM、Microsoft、NEC 及 Northern Telecom 等计算机公司和通信公司于 1995 年联合制定，并逐渐形成了行业标准。

USB 具有传输速度快、使用方便、支持热插拔、连接灵活、独立供电等优点，除了可以连接多种计算机外部设备外，也被广泛应用于智能手机中。现已发展到 USB 4.0 版本。

USB 1.0 是在 1996 年出现的，速度只有 1.5Mbps；1998 年升级为 USB 1.1，速度提升到 12Mbps。

USB 2.0 规范是从 USB 1.1 规范演变而来的。其传输速率达到了 480Mbps，足以满足大多数外设的速率要求。

USB 3.0 由 Intel、Microsoft、HP、TI、NEC、ST-NXP 等业界巨头组成的 Promoter Group 制定并完成。其理论速率为 5.0Gbps，目前可达到理论值的一半，接近于 USB 2.0 的 10 倍。USB 3.1 Gen2 是最新的 USB 规范，由 Inter 等公司发起，传输速率可达 10Gbps。

USB 接口如图 3-12 所示。接线的排列方式是从左到右，红白绿黑。

红色——USB 电源：标有—VCC、Power、5V、5VSB 字样。

白色——USB 数据线：（负）—DATA−、USBD−、PD−、USBDT−。

绿色——USB 数据线：（正）—DATA+、USBD+、PD+、USBDT+。

黑色——地线：GND、Ground。

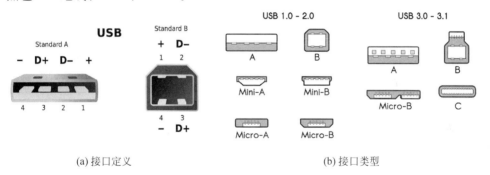

(a) 接口定义　　　　　　　　　　　　(b) 接口类型

图 3-12　USB 接口

综上所述，目前大多数外设与计算机均可通过 USB 接口连接且可即插即用。但也有部分外设还需要安装驱动程序，例如一些打印机、扫描仪、光驱等。有些驱动程序在设备附带的光盘中，有些可直接从网上下载。安装时，按照程序提示逐步进行即可。

3.3　常见的应用软件

第 1 章告诉我们，现代教育技术的内涵主要体现在以现代教育理论为指导、以信息技术为手段、以教与学的过程和资源利用为对象、以系统方法为核心思想这四方面。可见，信息技术应用能力是衡量新时代教师数字胜任力的重要指标。而信息技术应用能力主要包括文字处理、表格处理、幻灯片制作、视频制作剪辑、数据库管理、图形绘制、图片处理、思维导图绘制、项目管理等内容。幸运的是，借助计算机软件，这些工作都可轻而易举地完成。

3.3.1 文字处理技术

日常的工作和生活离不开对文字的处理。常用的文字处理软件有微软公司 Office 办公系列软件组件之一的 Word、金山公司的 WPS、永中 Office 和以开源为准则的 openoffice 等。

下面以 Word 为例简要说明其主要功能和主要知识/技能点。Word 主要功能如图 3-13 所示。

图 3-13　Word 主要功能

（1）学术论文排版。需掌握应用样式、添加目录、添加页眉和页脚、插入域、制作论文模板等功能。

（2）求职简历制作。需掌握字符及段落格式的设置、表格的制作、图片的插入、制表位的使用、页面边框的设置、节的应用、打印输出的设置等功能。

（3）宣传海报设计。需掌握版面及素材的规划和分类，以及运用表格、文本框、分栏、图文混排、艺术字等进行排版设计等功能。

（4）准考证批量制作。需掌握"邮件合并"功能，针对重复率高且工作量大的任务进行高效的批量处理。

Word 工作界面如图 3-14 所示。

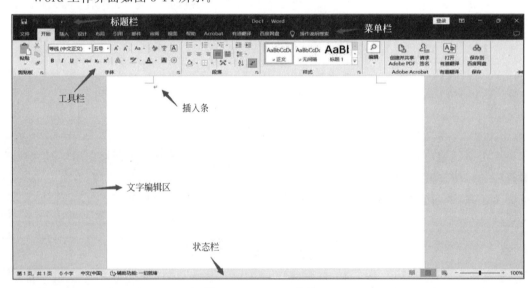

图 3-14　Word 工作界面

3.3.2 表格处理技术

常用的电子表格处理软件是微软公司 Office 办公系列软件组件之一的 Excel，它具备出色的计算功能和丰富的图表工具，是一款强大的表格制作、数据处理、分析运算和图表生成软件，广泛应用于商务办公、市场销售、财务工作、教学管理和项目预算等各个领域。

下面以 Excel 为例简要说明其主要功能和主要知识/技能点。Excel 主要功能如图 3-15 所示。

图 3-15　Excel 主要功能

（1）成绩表单制作。需掌握数据录入、单元格设置、公式和函数应用、多工作表操作、数据排序、数据筛选等功能。

（2）考试成绩统计。需掌握统计类函数 COUNT、COUNTA、COUNTIF 和逻辑判断函数 IF 的应用、条件格式设置、图表生成等功能。

（3）销售数据分析。需掌握查找与引用类函数 VLOOPUP、SUMIF、SUMIFS 的应用、数据有效性应用、分类汇总、数据透视表生成等功能。

Excel 工作界面如图 3-16 所示。

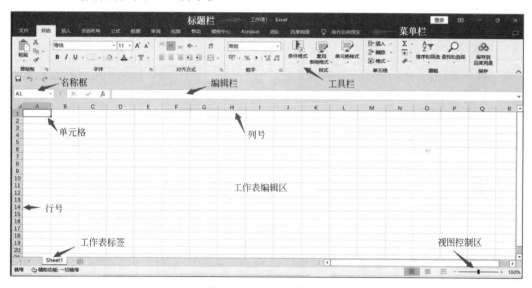

图 3-16　Excel 工作界面

3.3.3　幻灯片技术

幻灯片广泛应用于课堂教学、工作汇报、学术交流、产品发布、广告宣传、商业路演、生活记录等方面，不仅能为学习和工作带来便利，也可以为生活增添趣味。

常用的幻灯片制作软件有微软公司 Office 办公系列软件的组件之一 PowerPoint、金山公司的 WPS、SoftMaker 公司的 SoftMaker Office 以及苹果公司的 Keynote。

下面以 PowerPoint 为例简要说明其主要功能和主要知识/技能点。PowerPoint 主要功能如图 3-17 所示。

（1）文稿大纲制作。需掌握幻灯片创建、插入、导入、分节设置等功能。

图 3-17　PowerPoint 主要功能

（2）演示内容丰富。需掌握图片、表格、SmartArt 图形及图表的添加及美化，幻灯片页眉页脚设置等功能。

（3）主题外观美化。需掌握主题选用、背景样式设置、母版制作及应用等功能。

（4）放映效果设置。需掌握幻灯片切换设置、对象动画效果设置、超链接添加、背景音乐添加等功能。

PowerPoint 工作界面如图 3-18 所示。

图 3-18　PowerPoint 工作界面

3.3.4　视频制作及剪辑技术

信息化 2.0 时代，数字化环境下的教学模式呈现出百花齐放的景象。无论是网络课程教学模式、翻转课堂教学模式，还是面向协同的学习模式，或是基于微信的学习支持系统，都少不了视频教材的参与。因此，学习并掌握一些影视制作基础知识和技能有助于教师获取更丰富的教学素材、制作更优质的教学资源，达到提高教学质量的目的。

常用的视频剪辑软件有爱剪辑、Camtasia、剪映、快影等。

下面以美国 TechSmith 公司的 Camtasia 为例简要说明其主要功能和主要知识/技能点。Camtasia 主要功能如图 3-19 所示。

（1）屏幕录制。需掌握录制屏幕、录制鼠标声、录制 PPT 演示等功能。

（2）视频剪辑。需掌握导入文件、基本剪辑、字幕特效、动画标题、转场特效、变焦缩放、动画倒计时等功能。

（3）视频导出。需掌握输出视频、自定义格式、播放器特效等功能。

图 3-19　Camtasia 主要功能．

Camtasia 工作界面如图 3-20 所示。

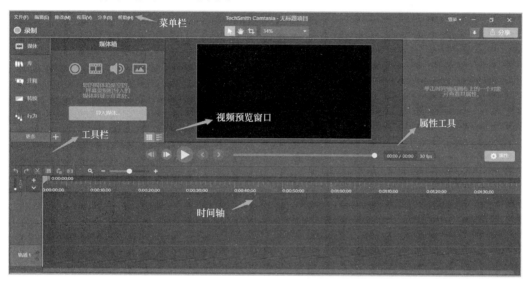

图 3-20　Camtasia 工作界面

3.3.5　数据库技术

从信息时代开始，人们的日常学习、工作和生活就离不开数据库技术。数据的采集和存储、通信和检索、统计和分析等数据管理方法深刻影响并改变着人们的生产和生活方式。

数据管理技术从 20 世纪 50 年代发展至今，先后经历了人工管理、文件系统、数据库系统、高级数据库四阶段。最早的人工管理阶段，主要以纸带、卡片、磁带等作为外存设备，由人工完成数据处理；自文件系统阶段发展至今，主要以磁盘作为外存储器进行数据存储，所不同的是数据库系统阶段主要使用集中式关系型数据库来管理数据，而高级数据库阶段采用了更先进的分布式数据库、面向对象数据库以及知识数据库来管理数据。

依据数据库设计中采用的数据模型的不同，可将数据库划分为层次数据库、网状数据库和关系数据库三种。我们常用的数据库主要是关系数据库。

目前常用的关系数据库管理软件有甲骨文公司的 Oracle、微软公司的 SQL Server、开放源码的 MySQL 以及微软公司 Office 办公系列软件之一的 Access。

下面以 Access 为例简要说明其主要功能和主要知识/技能点。Access 主要功能如图 3-21 所示。

(1) 数据库管理。需掌握数据库创建、修改、删除、附加与分离等功能。

(2) 数据表结构管理。需掌握数据表创建、修改、删除；字段的添加、删除；字段属性的设置及修改；各类约束的设置等功能。

图 3-21　Access 主要功能

（3）数据表内容管理。需掌握数据表中记录的添加、修改、删除等功能。

（4）数据检索与共享。需掌握数据表单表及多表查询；数据的排序、分组、分类汇总等功能。

Access 工作界面如图 3-22 所示。

图 3-22　Access 工作界面

3.3.6　画图技术

在学习和工作中，我们常常会借助各种简单直观的示意图呈现对客观事物的理解或表达各种需求，不仅便于学习、宣传、交流、管理，还能起到指导实际操作的作用。常用的画图工具有微软公司的 Visio 以及国内深圳亿图软件公司推出的 EDraw Max。

下面以 Visio 为例简要说明其主要功能和主要知识/技能点。Visio 主要功能如图 3-23 所示。

图 3-23　Visio 主要功能

（1）框图绘制。可使用 Visio 内置的"常规"模板类型中的形状，创建简单实用的图表，演示数据的整体结构和各个元素之间的关系。

（2）流程图绘制。可使用 Visio 内置的"流程图"模板类型中的形状，创建专业化较强的图表，演示数据的处理工序及流程。

（3）组织结构图绘制。可使用 Visio 内置的"商务"模板类型中的形状，创建清晰直观的图表，演示企事业单位的组织结构、部门构成、人员组成的层次关系。

（4）网络图绘制。可使用 Visio 内置的"网络图"模板类型中的形状，创建准确专业的图表，演示计算机和网络设备的布局和连接。

Visio 工作界面如图 3-24 所示。

图 3-24　Visio 工作界面

3.3.7　图片处理技术

为了进行图像处理、影像创意、平面设计、后期修饰、广告摄影、界面设计，需要掌握一定的图片处理技术。这样不仅能使得绘图效果多样化、工作流程高效化，还能达到操控变形精准化、内容填充感知化、镜头矫正自动化等效果。常用的图片处理软件有 Photoshop、美图秀秀、光影魔术手、海报工厂、PhotoPos 等。

下面以 Adobe 公司的 Photoshop 为例简要说明其主要功能和主要知识/技能点。Photoshop 主要功能如图 3-25 所示。

图 3-25　Photoshop 主要功能

（1）图片基础操作。需掌握图片尺寸调整、图片裁剪、图片变换与变形、图片格式转换等功能。

（2）图片抠图处理。需掌握矩形选框、椭圆选框、套索、多边形套索、磁性套索、魔棒、快速选择、钢笔等工具的使用方法。

（3）图片文字添加。需掌握横排文字、直排文字的添加；水平文字与垂直文字的转换；将文字转换为选区范围；将文字转换为路径等功能。

（4）图片色调处理。需掌握自动色调、自动对比度、自动颜色、亮度/对比度、自然饱和度、色相/饱和度、色彩平衡、照片滤镜等功能。

Photoshop 工作界面如图 3-26 所示。

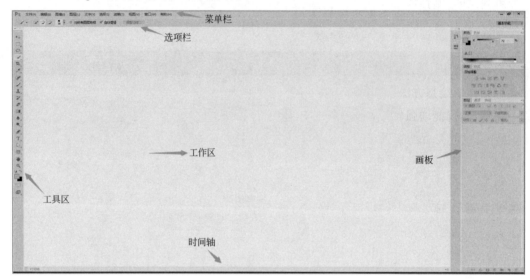

图 3-26　Photoshop 工作界面

3.3.8　思维导图技术

思维导图又称为心智导图或脑图，是表达思维方式的有效图形思维工具。由于其具有简单、高效的特点，已成为信息时代常见的全脑式思维工具。思维导图运用图文并重的技巧，把各级主题的关系用相互隶属与相关的层级图表现出来，使主题关键词与图像、颜色等建立起记忆链接。思维导图利用记忆、阅读、思维的规律，协助人们在科学与艺术、逻辑与想象之间平衡发展，从而开启人类大脑的无限潜能。思维导图可以应用在学习、生活、工作的任何领域中。常用的思维导图工具有 MindMaster、Xmind、坚果云等。

下面以 Xmind 为例简要说明其主要功能和主要知识/技能点。Xmind 主要功能如图 3-27 所示。

图 3-27　Xmind 主要功能

（1）教学辅助。常规的教学模式已无法满足当前多元化的教学需求，因此，教师需掌握思维导图绘制方法并将其用于教学大纲的制定、教案的撰写、活动方案的策划等一系列教学环节中,以提高教师备课效率和学生学习兴趣、激发并培养学生思考力和创造力,最终达到提高教学质量和学习效果的目的。

(2)项目管理。项目经理在负责一个项目时,要全面考虑项目的范围、进度、成本、质量、沟通、风险等方面的问题。项目经理要掌握思维导图绘制方法并将其用于需求梳理、任务拆解和分配、流程优化、成本控制等环节,以提高其工作效率及与项目相关人员的交流能力,最终达到项目预期的绩效。

(3)制订计划。凡事预则立,不预则废。"制订计划"存在于每个社会角色的工作生活的多个场景之中。无论是工作计划、学习计划、还是旅游计划等,思维导图都有用武之地。掌握思维导图绘制方法并将其用于日程的管理、预算的控制、年度目标的确定、目的地的规划等场景,不仅能增强管理者在计划实施过程的掌控感,更有利于规避不确定因素带来的风险,从而最终确保计划的有效实施。

(4)创意思考。创意是一种创造性的思想,好的创意可以启发思考,传递理念,引发共鸣。如何将自己工作生活中的灵感及时记录和准确表达出来,并且为受众所接受,这是创意思考的关键。掌握思维导图绘制方法并将其用于案例收集、灵感捕捉、写作构思、内容梳理等场景,不仅有利于记录观点,更有利于和他人分享最终达到拓宽思路的效果。

(5)汇报工作。工作总结是对一段时间内的工作成果做阶段性的总结、分析和研究,是一个肯定成绩、找出不足、得出经验、吸取教训的过程。为了更好地指导下一阶段工作,我们常常需要向上级部门汇报工作。掌握思维导图绘制方法并将其用于成果展示、优劣势分析、年终总结、数据呈现等场景,不仅有利于工作的直观呈现,更有利于上级对各项工作的整体把握和宏观调控。

(6)会议纪要。会议纪要是在会议记录基础上经过加工、整理出来的一种记叙性和介绍性的文件。它包括会议的基本情况、主要精神及中心内容,便于向上级汇报或向有关人员传达及分发。掌握思维导图绘制方法并将其用于会议要点梳理、成员观点记录、会议成果展示等场景,不仅有利于明确会议的主要议题,更有利于会议精神的准确传达和形成共识。

(7)梳理思路。当面对多项需要处理的任务时,若没有清晰的思路,往往会显得手忙脚乱。这时,我们可以通过厘清任务间的紧前紧后关系,明确任务紧要程度,确定时间节点以及创建任务清单等工作来梳理思路。掌握思维导图绘制方法并将其用于逻辑梳理、进度安排、思维可视化等场景,不仅有利于厘清任务的先后顺序和主次关系,更有利于对任务处理的进度控制和整体管理。

(8)分析决策。日常工作生活中,当我们确定一个目标并拟定出多个可行方案后,往往需要通过分析评估来作出选择。掌握思维导图绘制方法并将其用于鱼骨图分析、任务逾期分析、优劣势分析、SWOT分析等场景,不仅有利于作出合理的决策,更有利于剖析问题背后的原理和梳理问题的底层逻辑。

Xmind 工作界面如图 3-28 所示。

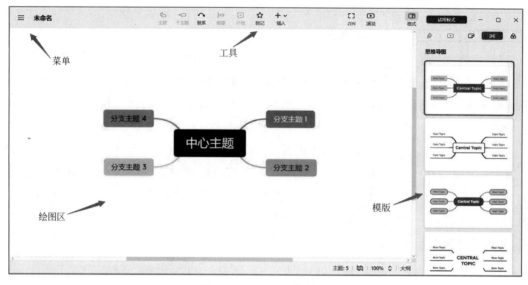

图 3-28　Xmind 工作界面

3.3.9　项目管理技术

"项目",是我们在学习、工作中经常听到一个词语。IT 公司为客户开发应用软件可以是项目,师范生备考教师资格考试可以是项目,班主任组织召开一次家长会可以是项目,工作人员布置会议现场也可以是项目。因此,可以认为项目就是为创造一个独特产品、服务或者输出(结果)而进行的临时性工作。项目管理就是在项目活动中运用专门的知识、工具和方法,使项目能够在有限的资源限定条件下,实现预定目标的过程。

好的项目管理离不开功能完备、界面友好的项目管理软件。常见的项目管理软件有腾讯公司的 TAPD、北京易成星光科技有限公司的 Worktile、深圳扣钉网络科技有限公司的 Coding 和北京易成时代科技有限公司的 PingCode 及微软公司 Office 办公软件的组件之一的 Project。

下面以 Project 为例简要说明其主要功能和主要知识/技能点。Project 主要功能如图 3-29 所示。

图 3-29　Project 主要功能

(1) 进度管理。掌握使用创建 WBS、设置关键路径、设置日历、设置甘特图、创建进度基准、进度跟踪等功能实现进度管理。

(2) 资源管理。掌握使用资源类型确认、资源分段计费、资源分类处理、资源冲突预警、查看资源负荷、资源调整优化等功能实现资源管理。

(3) 成本管理。掌握使用进度融合、资源融合、估算成本、制定预算、成本监控、挣值分析等功能实现成本管理。

Project 工作界面如图 3-30 所示。

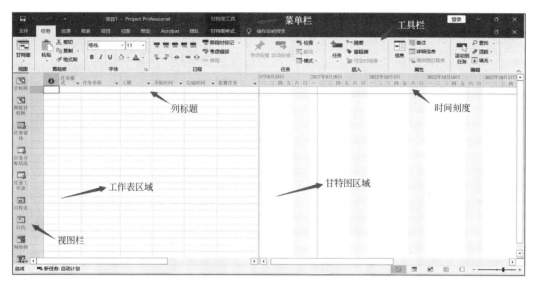

图 3-30　Project 工作界面

3.4　使用 Project 软件进行项目管理

信息时代,我们被浩瀚的数据所包围,每项工作,甚至一举一动都离不开对信息或数据的有效管理。因此,在第 6~13 章中,我们将针对几个常见的教学案例,运用项目管理软件 Project 及多媒体软件,带领大家从项目初期的背景分析、团队组建、任务分解、工期估算、工具选用到项目中期的进度变更和控制,再到项目末期的成果评估和审核,完成项目实施的全过程。希望以此帮助大家建立起工程化、项目化的管理思维,培养大家从事教学工作的基本技能、工作思路、教学方法和各种活动的组织及实施能力。

Project 基本特点如图 3-31 所示。

图 3-31　Project 基本特点

下面以制定教学大纲为例,仅从运用 Project 软件实现项目进度管理的功能出发,给出具体流程。项目进度管理流程如图 3-32 所示。

3.4.1　案例分析

教育部发布的《义务教育课程方案和课程标准(2022 年版)》已于 2022 年 9 月正式实施。一方面,新课标明确指出要坚持零起点教学,严格依据新课标开展教学,着力培养学生的核心素养,要培养有理想、有本领、有担当的新时代人才;另一方面,将科学综合实践活动课程的开设提前至一年级,把信息技术所占的课时从综合实践活动课程中独立出来,并对一至九年级的中小学生提出了明确的计算机编程能力的要求。

某小学结合新课标精神，计划对小学阶段《信息技术》课程的教学大纲进行修订。为此，《信息技术》课程负责人张老师组织本校信息技术教研组的五位教师，将修订教学大纲工作命名为"大纲项目"，计划30天内共同完成此项目。

1. 项目包含的内容

（1）对课程、教师的基本信息进行收集统计并对课程进度进行安排。

（2）绘制教学进度表和课程教学师资情况表。

（3）汇总信息并完成教学大纲的制定。

2. 项目采用的软件

计划采用的工具为 Word 和 Excel。

3. 项目提交的成果

（1）"信息技术"课程教学大纲。

（2）"信息技术"课程教学进度表。

（3）"信息技术"课程教学师资情况表。

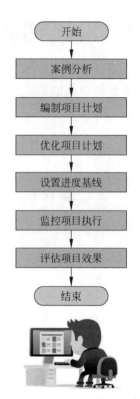

图 3-32 项目进度管理流程

3.4.2 编制项目计划

1. 设置项目信息

创建项目要先设置项目信息。打开 Project 软件，在【项目】菜单【属性】功能组中，通过使用【项目信息】功能，可完成项目信息设置。其中，【日程排定方法】决定了项目计划的排定方式，选择【项目开始日期】表示项目计划为正排计划；选择【项目结束日期】表示项目计划为倒排计划。【日历】决定了项目的工作时间和休息时间，可在【标准】、【夜班】、【24 小时】三种默认日历中选择，也可以自定义项目日历。本案例中设置开始日期为 2022 年 10 月 1 日；设置日历为标准；其他内容保持默认设置。设置项目信息如图 3-33 所示。

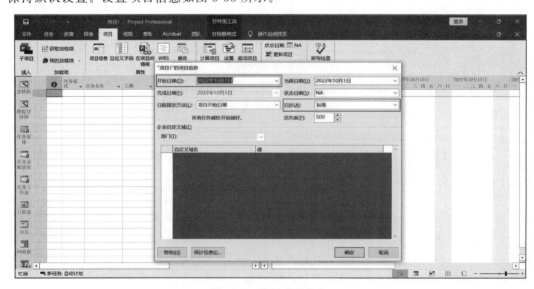

图 3-33 设置项目信息

2. 创建工作分解结构 WBS

根据项目计划完成的主要工作内容进行任务分解,即创建项目工作分解结构。因 Project 软件只是一个工具软件,并不能智能定制项目的工作分解结构。因此,该过程需要管理员根据以往的经验,结合当下的需求共同制定。创建工作分解结构 WBS 如图 3-34 所示。

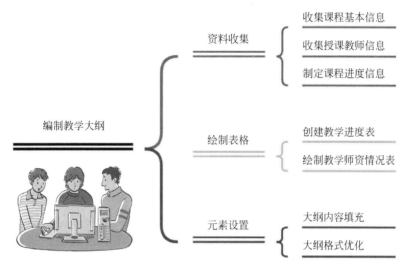

图 3-34 创建工作分解结构 WBS

按照图 3-34 所示的工作分解结构,在 Project 软件中手动录入 WBS。打开 Project 软件,在【甘特图格式】菜单【显示/隐藏】功能组中,勾选【大纲数字】选项,可以对任务进行编号;同时,在【任务】菜单【日程】功能组中,使用【升级任务】和【降级任务】按钮,可以对任务的层级结构进行设置。

注意:

(1)【任务模式】选择默认的【自动模式】,如图 3-35 所示。

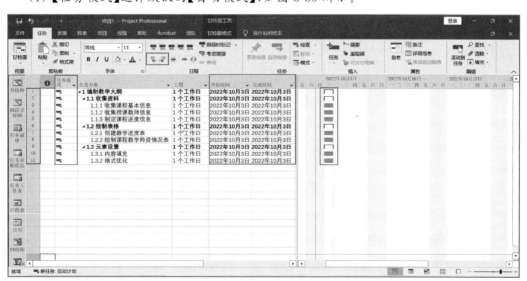

图 3-35 在 Project 软件中手动录入 WBS

(2) 工作区任务的【开始时间】和【完成时间】是从10月3日开始,而不是图3-22设置项目信息中显示的10月1日。原因在于设置的【日历】是标准模式,该模式默认周一至周五为工作日,周六周日为非工作日;而该项目中2022年10月1日为周六,2022年10月1日为周日,因此,该项目中任务实际开始的第一天是2022年10月3日,如图3-35所示。

3. 设置任务依赖关系

在项目中,每一个看似独立的任务并非没有关联,而是存在前置与后置的依赖关系。例如,对于任务5"制定课程进度信息",只有完成任务3"收集课程基本信息"和任务4"收集课程进度信息"之后才能开始。因此,对于任务7而言,任务3和任务4就是它的前置任务;同理,对于任务5"制定课程进度信息",只有该任务完成之后,任务7"创建教学进度表"才能开始。对于任务5而言,任务7就是它的后置任务。通过在Project中设置任务之间的依赖关系,可以将各个独立任务整合为有机的整体。各个相关联的任务之间能够实现联动,一旦某一个任务出现提前或延迟的情况,那么与其存在依赖关系的任务就会自动调整开始时间和结束时间,从而达到对项目整体进度进行有效管理的目的。

打开Project软件,在工作区预置的【前置任务】列中填入各任务的前置任务的编号,即可完成任务依赖关系的设置,如图3-36所示。

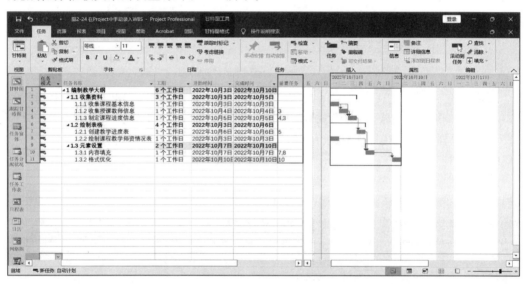

图3-36 设置任务依赖关系

4. 估算任务工期

在Project中,任务工期以工作日为最小单位进行估算。但Project软件只是一个工具软件,不能智能估算任务工期,故该过程需要管理员根据以往经验,采用三点估算法、类比估算、专家判断或者根据预设的工作量进行估算,然后将其手动录入到Project软件中。

注意:估算工期时由于【摘要任务】工期是自动计算的,因此只需要估算【子任务】工期,如图3-37所示。

操作结果显示:

(1)"大纲项目"的总工期为30个工作日,与之前案例分析预估总工期相符。

(2)任务工期设置完成后,Project软件会依据之前关于项目开始时间、项目日历、任务

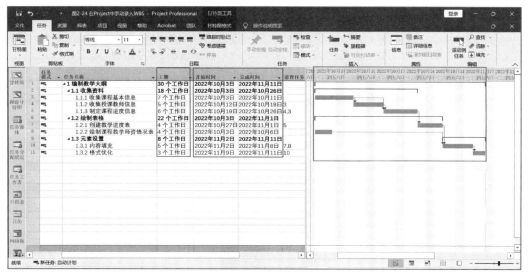

图 3-37 估算任务工期

依赖关系等信息的设置,自动生成任务的【完成时间】。

3.4.3 优化项目计划

1. 显示优化设置

经过前两个阶段,基本完成了项目的初步设置。接下来可以根据实际需要,对甘特图显示及项目工期进行优化。首先看如何对甘特图的显示进行优化。打开 Project 软件,在【甘特图格式】菜单【甘特图样式】功能组中,可以对甘特图的样式、形状、颜色、显示文本进行设置。同时,当鼠标选中某一个任务时,可以在甘特图区域显示该任务的详细信息,包括任务的名称、开始时间、完成时间及工期等,如图 3-38 所示。

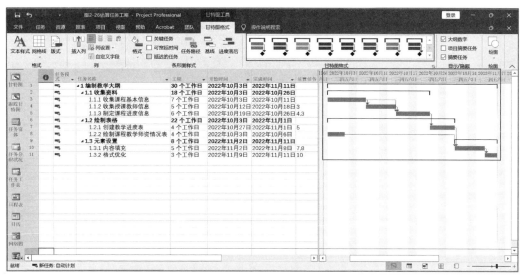

图 3-38 甘特图的显示优化

2. 工期优化设置

接着,我们通过查找关键路径并压缩关键路径上的关键任务工期,来实现项目总工期的优化设置。关键路径是指一条路径的总浮动时间为零或负数的路径。而所谓的"总浮动时间",美国的项目管理知识体系(PMBOK)给出的定义是在不影响项目完工时间的前提下,任务可拖延的最大时间长度。可简单理解为可灵活调配的机动时间。查找出关键路径,一方面可以计算出项目最短工期,另一方面可识别出影响项目进度的关键任务,从而有利于整体把控项目进度。

Project 会根据前期对项目所做的基础设置,自动规划出关键路径。因此,我们只需要在理解关键路径含义的前提下学会查找关键路径即可。查找关键路径的方法较多,在此仅介绍两种常用的查找方式,有兴趣的读者可以参考相关内容深入学习。

方法1:打开 Project 软件,在【甘特图格式】菜单【条形图样式】功能组中,勾选【关键任务】,则右侧甘特图区域的关键任务将显示为红色线条,如图3-39所示。

方法2:打开 Project 软件,在工作区添加预置列【关键】,则关键任务显示为"是",非关键任务显示为"否",如图3-39所示。

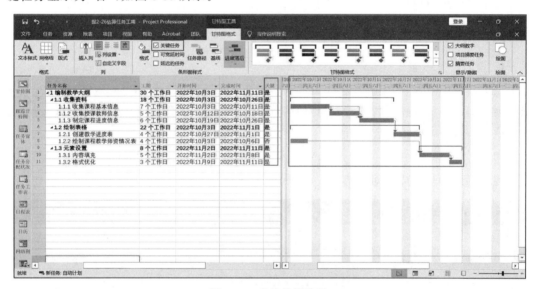

图 3-39 查找关键路径

若项目由于多种客观原因需要提前3天完成,即项目总工期需要从30天调整至27天。这时需要对项目总工期进行压缩。常用的方法有赶工、任务并行、更改任务日历等。下面对比说明如何通过压缩关键任务工期来实现压缩项目总工期,如图3-40和图3-41所示。

操作结果显示:

(1) 压缩关键路径中的关键任务3,将其工期从7个工作日调整为4个工作日,则项目总工期自动从30个工作日调整为27个工作日,达到了压缩项目总工期的目的,如图3-40所示。

(2) 压缩非关键路径中的非关键任务8,将其工期从4个工作日调整为1个工作日,但项目总工期仍然是30个工作日,并未达到压缩项目总工期的目的,如图3-41所示。

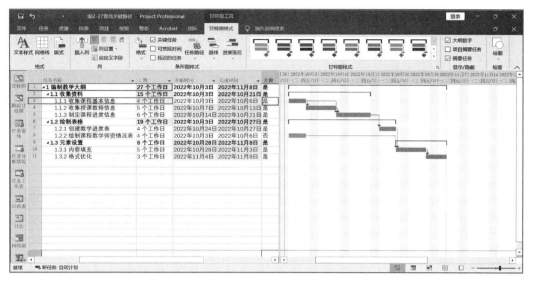

图 3-40 压缩关键任务工期

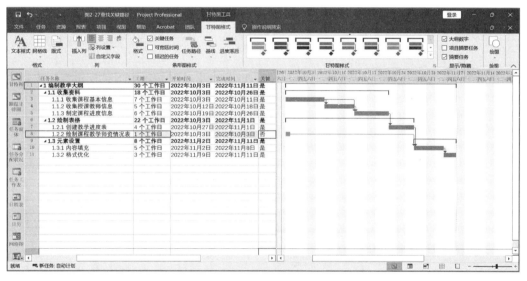

图 3-41 压缩非关键任务工期

3.4.4 设置进度基线

进度基线是衡量进度绩效的依据,一般是通过负责部门批准且得到项目相关关系人认可的,非必要不变更;若必须变更,则要走正规的变更程序。设置进度基线方法很简单,如图 3-42 所示。首先,打开 Project 软件,在【项目】菜单【日常安排】功能组中,单击【设置基线】,在弹出的窗口中单击【确定】按钮;其次,将左侧视图由【甘特图】切换为【跟踪甘特图】;最后,观察右侧甘特图区域的变化,灰色条形图显示的就是设置好的进度基线。

3.4.5 监控项目执行

项目在执行过程中,需要实时掌握项目进度并动态调整计划,因此,需要根据项目总工

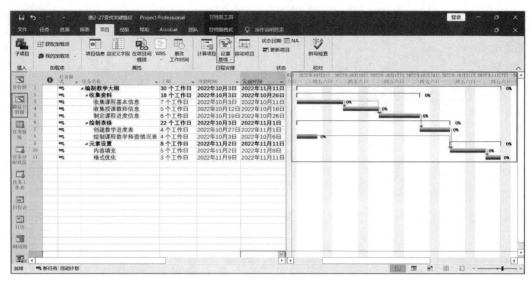

图 3-42 设置进度基线

期设置合适的更新频率。在本案例中,项目总工期为 30 个工作日,则可设置更新频率为每 5 个工作日更新一次。下面简单介绍更新计划及监控计划执行的基本操作流程。

1. 设置状态日期

进行项目计划更新的第一步就是设置状态日期,因本案例设置的项目日历为标准日历,故周六和周日为非工作日;设置项目的开始时间为 2022 年 10 月 1 日(周六),但项目实际任务开始执行的第一天是 2022 年 10 月 3 日(周一),设置第一次项目更新的状态日期是 5 个工作日后,即 2022 年 10 月 10 日(周一)。打开 Project 软件,在【项目】菜单【状态】功能组中,单击【状态日期】,在弹出的窗口中设置 2022 年 10 月 10 日为状态日期,单击【确定】,如图 3-43 所示。

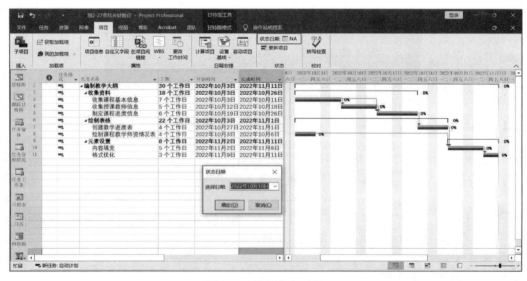

图 3-43 设置状态日期

2. 手动录入项目的实际状态信息

项目的当前计划可通过预置列【开始时间】和【完成时间】来体现；项目的实际状态可通过预置列【实际开始时间】、【实际完成时间】来体现，如图 3-44 所示。操作如下：

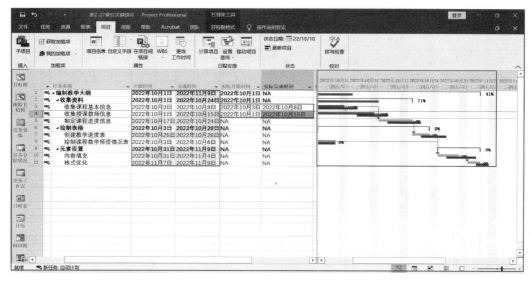

图 3-44　录入项目实际状态信息

（1）打开 Project 软件，在工作区添加预置列【实际开始时间】、【实际完成时间】。

（2）手动录入截止状态日期（2022 年 10 月 10 日）、项目各任务实际开始时间及实际完成时间。

（3）观察在录入时对体现当前计划的预置列【开始时间】和【完成时间】的影响。

结论：在录入任务 4 的【实际开始时间】和【实际完成时间】后，Project 会自动调整其后置任务的当前计划的【开始时间】和【完成时间】。工作区受到影响的任务的【开始时间】和【完成时间】背景呈现浅蓝色，如图 3-44 所示。

3. 对比当前计划和基准之间的差异

打开 Project 软件，在工作区添加 3 个预置列【开始时间差异】、【完成时间差异】、【工期差异】，如图 3-45 所示。根据公式：

（1）开始时间差异＝当前计划开始时间－基准开始时间；

（2）完成时间差异＝当前计划完成时间－基准完成时间；

（3）工期时间差异＝当前计划工期－基准工期。

结论：若差异＞0，表示进度滞后；若差异＜0，表示进度超前。

3.4.6　评估项目效果

在 Project 中可以通过制作各种报表记录项目阶段执行情况或终期结果。此处，以制作自定义的任务工期报表为例进行说明。

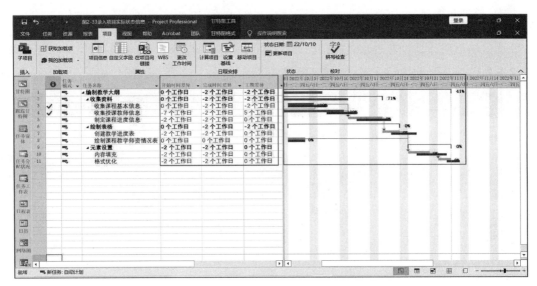

图 3-45 对比当前计划和基准之间的差异

首先,打开 Project 软件,在【报表】菜单【查看报表】功能组中,单击【新建报表】,选择【空白】,接着在弹出的【报表名称】窗体中录入自定义的报表名称,单击【确认】按钮,如图 3-46 所示。

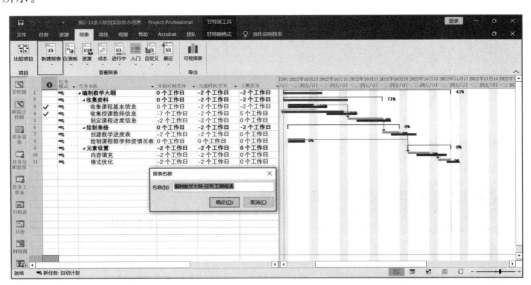

图 3-46 自定义任务工期报表

接着,在【报表设计】菜单【插入】功能组中,单击【图表】,则在弹出的【所有图表】中选择合适的图表,单击【确认】按钮,如图 3-47 所示。

接着,按照图 3-48~图 3-51 的操作步骤,依次进行报表默认显示字段的删除和自定义显示字段的添加,最终制作出编制教学大纲-任务工期报表,直观显示计划工期和基线估计工期之间的差异,如图 3-52 所示。

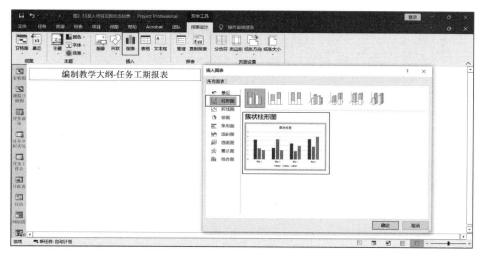

图 3-47　在报表中插入图表

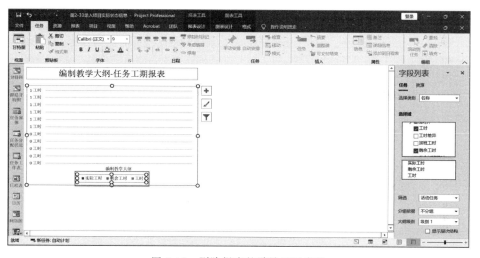

图 3-48　删除报表的默认显示字段

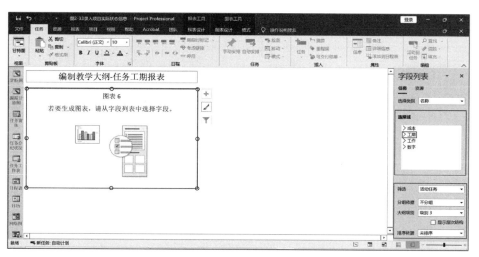

图 3-49　自定义设置报表显示字段

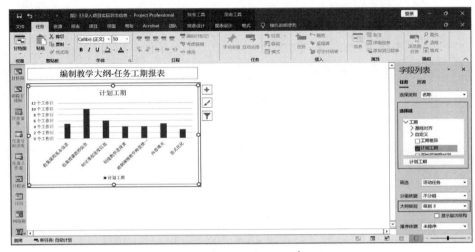

图 3-50　设置报表字段显示计划工期

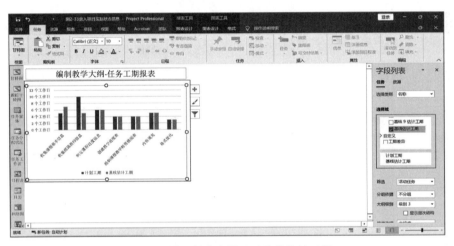

图 3-51　设置报表字段显示基线估计工期

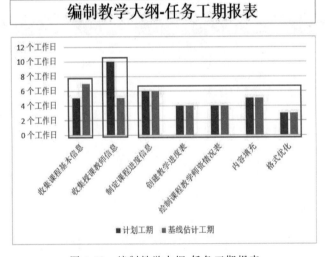

图 3-52　编制教学大纲-任务工期报表

3.5 结　　语

综上所述，可以得出如下结论：

(1) 计算机是一种数据处理机。

(2) 计算机技术是现代教育技术的应用工具。

(3) 教师的数字胜任能力体现在对文字处理、表格处理、幻灯片制作、数据库管理、图形绘制、图片处理、视频制作剪辑、项目管理、思维导图绘制等技能的掌握程度上。

(4) 将工程项目管理的思路和方法应用于一些教学事务或工作是本教材的一大亮点。

(5) 本章知识思维导图如图 3-53 所示。

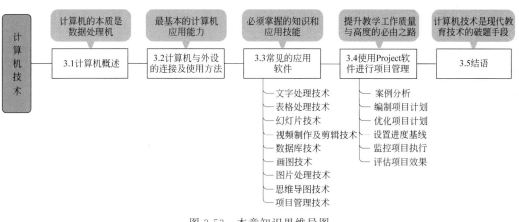

图 3-53　本章知识思维导图

3.6 哲 思 慧 想

社会实践的继续，使人们在实践中引起感觉和印象的东西反复了多次，于是在人们的脑子里生起了一个认识过程中的突变(即飞跃)，产生了概念。概念这种东西已经不是事物的现象，不是事物的各个片面，不是它们的外部联系，而是抓住了事物的本质、事物的全体、事物的内部联系。

认识的过程，第一步，是开始接触外界事情，属于感觉的阶段。第二步，是综合感觉的材料加以整理和改造，属于概念、判断和推理的阶段。只有感觉的材料十分丰富(不是零碎不全)和合于实际(不是错觉)，才能根据这样的材料造出正确的概念和论理来。

3.7 名 家 名 言

亚里士多德(Aristotle，公元前 384 年—公元前 322 年)，古希腊哲学家、科学家、教育家，是希腊古典文化的集大成者，与苏格拉底、柏拉图一起被认为是西方哲学的奠基者以及西方思想的源泉。

亚里士多德说：
(1) 教育应由法律规定，并且应是国家的事务。
(2) 吾爱吾师，吾更爱真理。

3.8 习　　题

1. 计算机的外围设备有哪些？
2. 常用的计算机应用软件涉及哪些技术？
3. 数据管理经历了哪几个阶段？
4. Project 软件的功能和应用场景有哪些？

第4章 互联网技术

引子：现代科学技术发展到今天，被认为有三次科技浪潮，分别是个人计算机的发明、互联网的出现、物联网的诞生，而物联网是基于互联网的泛在网。因此，学习和掌握互联网技术不但是跟上时代发展脚步之必需，更是教育工作者的立身之术。

根据前面给出的现代教育技术"三足鼎模型"，我们已经介绍了其中的"两足"——现代教育理论和计算机技术，本章将讲述"第三只足"——互联网技术。互联网技术的学习路径如图4-1所示。

图 4-1 互联网技术的学习路径

4.1 计算机网络的基本概念

1. 互联网的概念

互联网是指由很多计算机网络通过 TCP/IP 协议互连而成覆盖全球的通信巨系统。显然，互联网（Internet）的本质是计算机网络，学习互联网也就是学习计算机网络。互联网概念示意图如图 4-2 所示。

2. 计算机网络的定义

计算机网络是将分布在不同地理位置上的具有独立工作能力的计算机、终端及各种附属设备通过通信线路互连、遵循统一协议、可实现信息资源交互和共享的通信系统。计算机网络的本质是数据通信网。

3. 计算机网络的构成

从成分上看，计算机网络是计算机（终端设备）与通信设备及传输介质的集合。从功能上看，可分为两层，内层为通信子网，外层是资源子网。计算机网络逻辑结构如图 4-3 所示。

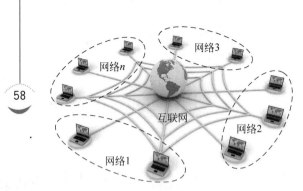

图 4-2 互联网概念示意图

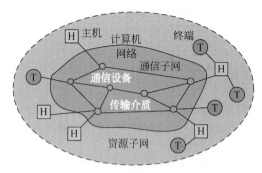

图 4-3 计算机网络逻辑结构

4. 计算机网络的功能

计算机网络的功能可概括为资源共享、信息交流。

5. 计算机网络的分类

可以从网络拓扑结构、覆盖范围、数据传输方式、通信传输介质、使用对象等多维角度划分计算机网络。

(1) 网络拓扑结构是指计算机网络的物理连接方式。按照这一标准可将计算机网络分为总线形网络、星形网络、环形网络、树形网络、网状网络等。

(2) 按照覆盖范围这一标准,可将网络划分为广域网(WAN)、城域网(MAN)、局域网(LAN)、个域网(PAN)四种。

(3) 按照数据传输方式这一标准,可以将计算机网络分为以单播、组播、广播这三种方式为代表的"广播网络"和以两节点多链路为特点的"点对点网络"。

(4) 按照通信传输介质这一标准,可以将计算机网络分为以双绞线、同轴电缆、光纤为代表的有线网络和以微波、红外线等为代表的无线网络。

(5) 按照使用对象这一标准,可以将计算机网络分为由单位组建、限定内部范围使用的专用网和由电信部门组建、允许任何部门和单位使用的公用网。

当然,根据不同标准,网络还有其他分类。计算机网络的分类如图 4-4 所示。

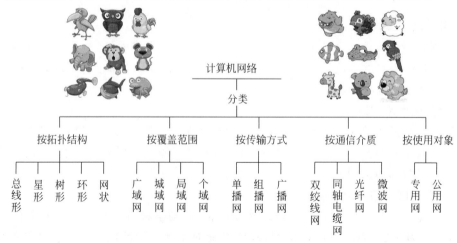

图 4-4 计算机网络的分类

6. 计算机网络的性能指标

性能指标是对研究对象功能特质的一种量化描述。计算机网络的性能可以通过速率、带宽、吞吐量和时延这四个主要指标来描述。

（1）速率。网络技术中的速率是指处于网络中的主机在数字信道上传送数据的速率，是计算机网络的最重要的性能指标。其单位是比特每秒（bit/s 或 bps）。当数据率较高时可以采用 Kbit/s、Mbit/s、Gbit/s、Tbit/s 等单位来描述。但要注意，通常所说的速率往往是指额定速率，而非实际速率。

（2）带宽。网络技术中的带宽是指网络通信线路传送数据的能力，即单位时间内从网络中的某一个点到另一点所能通过的最高数据率。带宽与最高数据率呈正比例对应关系，带宽的单位也是比特每秒（bit/s）。当然，带宽值较大时也可采用 Kbit/s、Mbit/s、Gbit/s、Tbit/s 等单位来描述。需要说明的是，生活中人们常用网络带宽描述网络信息传输速率，例如宽带网（高速网）、窄带网（低速网）。

（3）吞吐量。网络技术中的吞吐量是指单位时间内通过某个网络、通信线路或者接口的实际数据量。其数值通常受到网络速率和带宽的制约，网络额定速率往往就是网络吞吐量的上限值，因此可以看出网络吞吐量单位和网络速率、带宽是一致的，不同在于有时吞吐量还可以每秒传送的字节数或帧数来表示。

（4）时延。网络技术中的时延是指数据从网络的一端传送到另一端所需的时间。因此时延这一指标的单位是秒（s）。当然，时延很短时也可采用毫秒（ms）、纳秒（ns）、皮秒（ps）等单位来描述。计算时延的具体数值时，需要考虑四个时间：①数据源端发送数据帧所需的发送时间；②电磁波在信道中传一定距离所需的传播时间；③主机对数据帧进行加工处理的处理时间；④数据在等待被处理队列中的排队时间。以上四个时间之和就是数据从一端传送到另一端的总时延。

4.2 网络体系结构

早在 20 世纪 60 年代，有人就提出了计算机网络体系结构的概念，即从整个计算机网络系统的角度研究网络的结构特征，包括网络的逻辑结构和功能的分配。其目的是使计算机网络系统能够在统一的原则下进行设计、建造、互连、使用和发展。它的研究并不是针对具体网络产品或部件，也不涉及具体的网络以及具体技术上的实现细节，而仅仅从概念上和功能上抽象和概括计算机网络的结构框架。因为它从全局的观点研究计算机网络，所以对促进网络的合理化、标准化、通用化、高性能化产生了重要的影响和作用。

由于不同体系结构的网络互不兼容，例如 IBM 公司的 SNA（Systems Network Architecture），DEC 公司的 DNA（Digital Network Architecture），美国国防部的 TCP/IP 等，使得各种结构的计算机网络不能互连，这给计算机网络的发展带来了很多困难。

这一问题受到国际标准化组织（International Standard Organization，ISO）的重视，在 1977 年 3 月成立了一个新的技术委员分会 ISO/TC97/SC16 专门研究此课题。1983 年，ISO/TC97/SC16 提出了开放系统互连参考模型 OSI-RM（Open System Interconnect-Reference Mode），即著名的 ISO7498 国际标准。它采用抽象化、虚拟化和分层化的方法研究计算机网络的各层功能、接口及协议。采用抽象化方法给出了 OSI 的参考模型、服务定义和协议规范；基于虚拟化方法提出了逻辑通道、虚拟电路、虚拟终端等高度概括与理想的产物,而并未具体到某一器件、装置、程序和组件,这为研究网络体系结构找到了目标和对象;用分层化方法定义了 OSI 的七层模型,为进一步开发 OSI 标准提供了共同的框架。

狭义地讲,网络体系结构就是计算机网络的各层及其协议的集合,网络上的每一层功能都是由该层的协议和服务来实现的。具体地说,就是为完成计算机之间的通信任务,把每个计算机互连的功能划分成定义明确的层次,规定出同等层进程间通信协议和相邻层之间的接口及服务,将这些分层模型、同等层进程通信协议规范和相邻层接口服务规范等的集合统称为计算网络体系结构。

需要强调的是,因为网络体系结构只是精确定义了计算机网络中的逻辑构成及所应完成的功能,至于这些功能究竟是用何种硬件或软件实现并未说明,这样做是为了促进网络互连技术的发展。所以,体系结构是抽象的,而实现则是具体的,是需要硬件和软件来完成的。

4.3 网络协议与层

在计算机网络中,要完成计算机之间的信息传输,就必须遵循事先约定好的网络协议。网络协议指计算机网络中为进行信息(数据)交换而建立的一系列规则、标准或约定。通常,网络协议包括语法、语义和同步三要素。其中,语法约定了数据和控制信息的格式或结构、编码及信号电平等;语义是为协调完成某种动作或操作而规定的控制和应答信息;同步是对事件实现顺序的详细说明,指出事件发生的顺序以及速度匹配。

为了减少网络协议的复杂性,网络设计者并不是为所有形式的通信业务设计一个单一、巨大的协议,而是采用对协议分层的方法设计网络协议。所谓协议分层就是按照信息的流动过程将网络通信的整体功能分解为一个个子功能层,位于不同系统上的同等功能层之间按相同的协议进行通信,而同一系统中上下相邻的功能层之间通过接口进行信息传递。

从形式上看,两台计算机之间就是靠一根连接电缆(暂不考虑无线信道)进行信息传输,而通信过程就是发送端发送电信号,接收端通过电缆接收电信号的过程。在这个过程中如何理解对等层之间的通信概念呢?

要搞明白这个问题,首先要清楚什么是"层"。我们知道,任何一个通信过程都需要若干步骤或功能的实现才能完成。例如普通电话的通信双方,都必须经过声-电(电-声)转换、电信号放大、电信号发送(接收)等步骤。由于这些功能或步骤大多是互逆的,且在通信双方往往成对出现,所以,为了便于研究(尤其是对数据通信过程),人们定义层是指通信过程中比较重要的、在通信各方都会出现的若干对等功能或步骤。将各层根据执行顺序(或信流程)编上层号,就形成了通信系统的分层体系结构。

分层是一种结构化技术,以这种技术搭建的系统从逻辑上看是一些连续层次的组合。每一层的功能都建筑在其下层功能之上,是下层功能的增强或提高。层与层之间通过接口进行服务提供与服务调用。将通信过程分层,可以把信源到信宿的信息流传递(也就是通信过程)理解为通信双方对等层之间的通信,尽管实际上并不存在这样的层间通信。分层可以把一个复杂的问题分解成若干比较简单的问题,从而有利于问题的研究与解决,这是我们的主要目的。分层的另一个目的就是保持层次之间的相对独立性,也就是说,上层不管下层的具体运行方法,只要保证提供相同的服务即可。例如,在你与家人打电话的通信过程中,只要双方可以进行语音交流(上层的功能),你不会去追究语音信号在底层到底是通过电缆、光纤还是无线电波进行传输的。

现在回到开始的问题,两台计算机之间在物理上确实只是通过电缆进行电脉冲串的传输(即有形的、看得见的信号传输),但这些脉冲信号所表示的具体意义(即信息)却是在无形的层次之间的通信中完成的。

可以用一个生活实例解释多层通信的概念。通信协议分层示意图如图4-5所示。

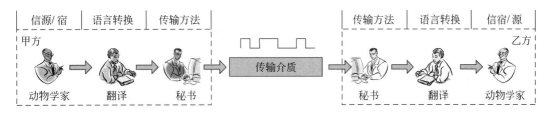

(a) 动物学家通信交流过程示意图

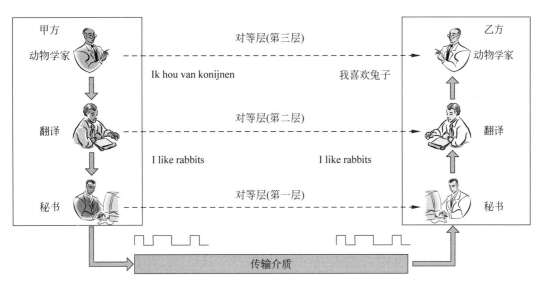

(b) 动物学家-翻译-秘书通信分层示意图

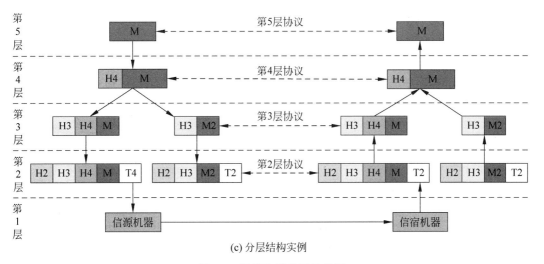

(c) 分层结构实例

图 4-5　通信协议分层示意图

假设有两位身居异国相距千里的动物学家希望进行学术交流,因为语言不通且不会通信方法,他们分别雇用了翻译和秘书,通信过程如图 4-5(a)所示。在这个通信过程中,双方学者、翻译和秘书虽然不在一地,但他们的工作或功能是一样的。因此,把这个过程以传输介质为中心两边竖起来,就形成了图 4-5(b)的分层示意图,使得动物学家、翻译和秘书三对通信"模块"能够被分别对待、考虑或设计。

具体通信流程如下:

(1) 两个动物学家(学者)希望进行"拯救濒危动物"专题的学术交流(第 3 层中的对等进程),一位说荷兰语,另一位说汉语。

(2) 每人都请了一位翻译,翻译们通过英语进行交谈(第 2 层中的对等进程)。

(3) 每个翻译又必须请一位秘书,由秘书们通过电报完成具体通信任务(第 1 层中的对等进程)。

(4) 学者甲根据第 3 层交流协议,向学者乙表达自己对兔子的感情,他把这一信息用荷兰语 Ik hou van konijnen 通过第 3 层与第 2 层之间的接口传给翻译甲。

(5) 翻译甲根据第 2 层翻译协议,将该信息转换为英语 I like rabbits(对语言的选择是第 2 层协议的事,与对等进程无关),然后把该信息交给秘书甲(为学者甲提供服务)。

(6) 秘书甲根据第 1 层通信协议,发电报将信息传递给秘书乙(为翻译甲提供服务)。

至此,甲方完成了从上到下的信息发送过程。

(7) 秘书乙将收到的电脉冲还原成信息 I like rabbits,并通过第 1 层与第 2 层的接口送给翻译乙,翻译乙将英语译为汉语"我喜欢兔子",再通过第 2 层与第 3 层之间的接口传给学者乙,完成了从下到上的信息接收过程。

至此,从甲方到乙方(从左至右)的全部通信过程就完成了。

在该例中,动物学家之间交流的内容范围要事先定义清楚(要有"交流范围"的协议),否则就会鸡同鸭讲,失去通信的意义;翻译之间要有"语言选择"协议,保证彼此能够听懂对方的语言;而秘书之间则需要制定一个"通信手段"协议,保证彼此采用相同的手段(方法)进行通信,例如,利用传真机、E-mail 或电话等。

应注意到每层的协议与其他层的协议完全无关,只要接口保持不变就不影响通信。例如,只要两位翻译愿意,他们可以随意将英文换成德文或其他语种,完全不必改变他们和第 1 层或第 3 层之间的接口。同样,秘书把传真换成电子邮件也不会影响到其他层。

再看一个更有技术特点的例子:如何向图 4-5(c)中 5 层网络的顶层提供通信服务。

第 5 层运行的某应用程序进程产生了消息 M,并将其交给第 4 层进行传输。第 4 层在消息的前面加上一个报头(header)以识别该消息,并把结果下传给第 3 层。报头包括控制信息,例如序号,以使目标机器上的第 4 层能在下层未保持信息顺序时按正确的顺序递交。在某些层中,报头还包括长度、时间和其他控制字段。

在许多网络中,对于第 4 层传输的消息长度没有限制,但在第 3 层却常常被限制。因此,第 3 层必须把上层来的消息分成较小的单元(分组),在每个分组前加上第 3 层报头。在本例中,M 被分成了两部分,M1 和 M2。

第 3 层决定使用哪一条输出线路,并把分组传递给第 2 层。第 2 层不仅给每段信息加上报头信息而且还加上尾部信息,然后把结果交给第 1 层进行实际传送。在接收方,报文向上传递 1 层,该层的报头就被剥掉。在 OSI 模型中,报头在第 6、5、4、3、2 层加入,报尾只在第 2 层加入。

理解图 4-5(b)的关键是要理解虚拟通信和实际通信之间的关系,以及协议和接口之间的区别。例如,第 4 层中的对等进程,概念上认为它们的通信是水平方向地使用第 4 层协议。每一方都好像有一个叫作"发送到另一方去"和"从另一方接收"的过程调用,尽管这些调用实际上是跨过第 3 层与第 4 层间的接口与下层通信,而不是直接与另一方通信。

抽象出对等进程这一概念,对网络设计至关重要。有了这种技术,就可以把设计完整网络这种难以处理的问题划分为 n 个小的、易于处理的问题,即各层的设计。

显然,采用协议分层结构的突出特点如下:

(1) 层具有独立性和封装性。由于每一层都是相对独立的功能模块,只要相邻层间的接口所提供的服务不变,那么,各层模块如何实现以及发生变化或修改,都不会影响其他各层。它不仅将整个系统设计的复杂程度降低了,而且为系统的维护和管理提供了便利,同时也为在硬件和软件方面适应新技术的发展和更新提供了灵活性。

(2) 便于标准化。因为各层的功能都有精确定义和说明,所以可规范设计与使用。

4.4　OSI 参考模型

1977 年国际标准化组织提出了开放系统互联(Open System Interconnection, OSI)参考模型,定义了异构系统互联的标准框架,也就是说,只要两个系统都遵循 OSI 标准,那么无论两者的距离有多远,都可以进行连接并实现数据通信。

该模型由七层构成,自下而上分别是物理层、数据链路层、网络层、传输层、会话层、表示层和应用层。OSI 七层网络模型如图 4-6 所示。

图 4-6　OSI 七层网络模型

OSI 模型各层的功能如下:

(1) 物理层。位于 OSI 模型的底层,它建立在物理介质上,提供的接口是机械和电器接口,直接面向原始的比特流传输。

(2) 数据链路层。位于物理层之上,在物理层提供比特流传输服务的基础上,传输以帧为单位的数据,同时在传输过程中提供了确认、差错控制和流量控制等机制。实现了将不可靠的物理链路改造成对网络层无差错的数据链路。

(3) 网络层。位于数据链路层之上,主要功能就是实现了路径优化选择,在通信子网中选择一条最合适的路径进行数据传输,同时还要负责传输过程中的流量控制和拥堵控制,避免形成网络瓶颈。

(4) 传输层。位于七层中的中间层,传输层以下的三层主要面向网络通信,目标是确保信息被准确有效的传输,传输层向下可以弥补网络层服务质量的不足;传输层以上的三层主要面向用户主机,目标是为用户提供各种服务,传输层向上可以为会话层提供端到端的可靠数据传输。可以说该层在七层模型中起到了承上启下的作用。

(5) 会话层。位于传输层之上,主要功能是实现在两个结点之间建立、维护和释放连接,以及确定全双工或半双工的通信方式。

(6) 表示层。位于会话层之上,其下五层关注的是数据在网络中传输的准确性,而表示层关注的是数据在网络中传输内容的准确性,也就是说表示层的功能是进行不同数据格式之间的转换操作,以实现不同计算机之间的信息交换。

(7) 应用层。位于 OSI 模型的顶层,是直接面对用户的功能层,其主要功能是为用户的应用程序提供网络服务。应用层协议和服务主要有文件传输协议 FTP,超文本传输协议 HTTP,以及域名解析服务 DNS 等。

4.5 TCP/IP 参考模型

OSI 模型在具有概念清晰优势的同时,也具备了复杂性高的劣势。因此 OSI 只适用于教学研究,其市场化应用缺口实际上是由 TCP/IP 参考模型来弥补的。TCP/IP 模型是由美国国防部创建的,被用于构筑目前应用最广的互联网络系统 Internet。其实 TCP/IP 是指一组特定的通信协议。其中最重要的就是名称中所指的传输控制协议 TCP 和网际协议 IP。TCP/IP 模型分为四层,自下而上分别是网络接口层、网络层、传输层和应用层,如图 4-7 所示。

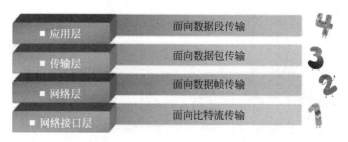

图 4-7　TCP/IP 四层网络模型

TCP/IP 模型的功能如下:

(1) 网络接口层。网络接口层位于 TCP/IP 模型的底层,它是距离底层物理网络最近的一层,可以在接收来自物理网络的物理帧之后进行 IP 数据报的抽取并向上传递给网络层;同时,也可以接收来自网络层的数据报并将其传递给底层物理网络。

(2) 网络层。网络层位于网络接口层之上,其功能类似 OSI 模型中的网络层,主要职责一方面是检查网络拓扑结构,以决定传输报文的最佳路由;另一方面是实现数据传输过程中的流量控制,避免形成网络瓶颈。

(3) 传输层。传输层位于网络层之上,主要功能是实现源结点和目标结点间可靠的数据通信。传输层可以接收应用层发来的数据,并将其分成较小的单元传递给网络层,确保到达对方的各段信息的准确性。

(4) 应用层。应用层位于 TCP/IP 模型的顶层,相对于 OSI 模型,该应用层承担了所有与应用相关的内容。不仅要处理 OSI 模型中应用层对应的高层协议任务,还要处理 OSI 模型中表示层对应的数据表达任务和 OSI 模型中对话层对应的对话控制任务。

4.6 两种模型的关系

TCP/IP 协议分层与 OSI 协议分层的明显区别有两点:

(1) 无表示层和会话层,这是因为在实际应用中所涉及的表示层和会话层功能较弱,所以,将其内容归并到应用层。

(2) 无数据链路层和物理层,但有网络接口层,这是因为 TCP/IP 模型建立的首要目标是实现异构网的互连,所以,在该模型中并未涉及底层网络技术,而是通过网络接口层屏蔽底层网络之间的差异,向上层提供统一的 IP 报文格式,以支持不同物理网络之间的互连、互通。

OSI 模型与 TCP/IP 模型的关系如图 4-8 所示。

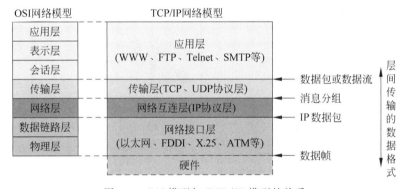

图 4-8 OSI 模型与 TCP/IP 模型的关系

4.7 无线个人接入技术

4.7.1 无线个人区域网络概述

随着通信、微电子、计算机、网络等技术的飞速发展,近距离无线通信网络渐渐走进了人们的日常生活。根据覆盖面积的不同,无线通信组网技术大致可归纳为四类:

(1) 通信距离 10m 左右的无线个人区域网络(WPAN)。
(2) 通信距离 100m 左右的无线区域网络(WLAN)。
(3) 通信距离大于 100m 的无线社区区域网络(WMAN)。
(4) 通信距离大于 1000m 的无线广域网络(WWAN)。

无线个人区域网络(简称无线个域网)通信距离一般不超过 10m,主要用于取代实体传输线,让不同的通信系统能够近距离联系的网络。换句话说,无线个域网负责通信网最后

10米的接入或通信任务。因为无线个域网的终端设备大都小巧，且工作频率在微波频段，所以相关通信技术也就属于微波通信范畴。

下面简要介绍个域网中的蓝牙技术、NFC技术和无线路由器技术。

4.7.2 蓝牙技术

1. 蓝牙技术的概念

公元10世纪的北欧正值动荡年代，各国之间战争频发。丹麦国王哈拉德二世经过不懈努力，终于使四分五裂的挪威和丹麦通过谈判得以统一。关于这位国王的名字有两种说法：一种是其全名为Harald Blatand，而Blatand在英语中意思为"蓝牙"(Bluetooth)；另一种是这位英雄酷爱吃蓝莓，以至于牙齿都被染成了蓝色，因此"蓝牙"成了他的绰号。

1994年瑞典的爱立信公司成立了一个科研小组，研究移动电话及其附件之间的低能耗、低费用无线连接技术，目标是建立一个小范围无线通信网并将此项技术命名为"蓝牙"。蓝牙标志及模块如图4-9所示。

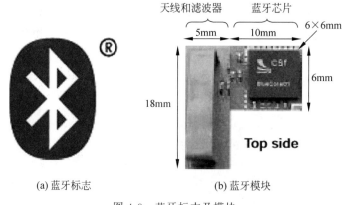

(a) 蓝牙标志　　　　　　(b) 蓝牙模块

图4-9　蓝牙标志及模块

蓝牙技术是一个以无线局域网IEEE802.11标准为基础的开放性无线通信标准。标志如图4-9(a)所示。设计者的初衷是用隐形天线代替线缆，通过统一的短程无线链路，在各通信设备之间实现可以穿透墙壁和公文包、方便快捷、灵活安全、低成本、小功耗的话音和数据通信，从而扩大无线通信的应用范围，使网络中的各种数据和语音设备，例如手机、笔记本、打印机、键盘、PDA、鼠标、照相机、游戏操纵杆等能够互连互通。其特性可概括为保持联系，不靠电缆，拒绝插头，服务个人。

在技术层面，蓝牙技术为设备之间的通信建立一个特别连接，以小功率完成数据的短程无线传输。其目的是要建立通用无线电空中接口RAI及控制软件标准，使通信与计算机进一步结合，让不同厂家的便携式设备通过无线方式能够在近距离范围内具有互用和互操作性能。具体地说，就是去除小型网络设备(笔记本电脑、手机等)之间以及这些设备与互联网之间的电线、电缆和连接器并简化通信过程。此外，还为已存在的网络和外设提供通用接口，以组建一个脱离固定网络的个人特别连接设备群。

蓝牙技术使用全球通行且无须申请的2.45GHz ISM(工业Industry、科学Science、医学Medicine)频段。若以2.45GHz为中心频率，则在该频段上最多可设立79个1MHz带宽的信道。其收、发信机采用跳频扩谱FHSS技术，在2.45GHz频段上以1600跳/秒的速率进行跳频通信。在发射带宽为1MHz时,有效数据速率为721kb/s,最高数据速度可达1Mb/s。由于采用低功率时分复用技术,发射有效传输距离约为10m,加上功率放大器后,距离可扩大到100m。数据包在某个载频上的某个时隙内传递,不同类型的数据(包括链路管理和控制消息)占用不同信道,并通过查询和寻呼过程来同步跳频频率和不同蓝牙设备的时钟。除采用跳频扩谱的低功率传输技术外,蓝牙还采用鉴权和加密等措施提高通信的安全性。

蓝牙技术支持"点到点"和"点到多点"连接,可将若干蓝牙设备组成一个微微网,多个微微网又可互连成分散网,形成灵活的多重微微网拓扑结构,从而实现各类设备之间的快速通信。一个微微网可连接8个设备,其中1个为主设备,7个为从设备。

蓝牙是一种低功耗的无线技术,当通信距离小于10m时,接受设备可动态调节功率。当业务量减小或停止时,蓝牙设备可进入低功率工作模式,以降低功耗。

蓝牙模块如图4-9(b)所示。结构简单、成本低廉、容易实现和推广,有很强的可移植性。可随时随地应用于多种通信场合,例如,移动电话、笔记本电脑、打印机、PDA、传真机、键盘、照相机、游戏操纵杆等数字设备。

蓝牙应用了Plonk and play的概念,即任一蓝牙设备一旦搜寻到另一个蓝牙设备,马上就可以建立联系,而无须用户进行任何设置,因此可以理解为"即连即用"。

注意:2016年12月,蓝牙标准5.0版本发布,其主要特点是速率更高、距离更长。

2. 蓝牙技术特点及应用

蓝牙技术具有以下特点:

(1) 成本低。

(2) 功耗低、体积小。蓝牙产品输出功率一般只有1mW。

(3) 近距离通信。通常,通信距离为10m,若需要的话,可用放大器扩展到100m。

(4) 安全性好。蓝牙协议提供了认证和加密服务,以保证链路级的安全。除此之外,跳频技术的保密性和蓝牙有限的传输范围也使窃听变得困难。同时,蓝牙协议定义了三种安全模式,模式1不提供安全保障,模式2提供业务级安全,模式3则提供链路级安全。

根据SIG的规范,蓝牙技术的主要应用如下:

(1) 对讲机。可集移动电话、无绳电话、对讲机三种设备于一身。

(2) 耳机。能够接收和发送AT命令使用户不用动手就能完成摘、挂机等操作。

(3) 拨号网络。具有蓝牙的手机可作为无线Modem供计算机连接互联网。

(4) 传真。具有蓝牙的手机或Modem可用作计算机传真Modem。

(5) 局域网和互联网接入。蓝牙AP设备可使多个数据终端以无线接入方式上网。

(6) 文件传输。蓝牙设备之间可以传送各种文件。

(7) 目标上传。使用目标上传功能的设备主要是笔记本电脑、PDA和手机。

(8) 数据同步。蓝牙设备可以发送信息到处于关机状态或工作在休眠模式下的另一个蓝牙设备。蓝牙技术还可进行不同设备间数据同步,以保证用户在任何时间、选择任何设备都能得到最新的信息。还可保持不同设备之间电话本、日历、消息以及备忘录等PIM信息的同步。此外,当手机或PDA靠近笔记本电脑时,可自动与笔记本电脑同步。

(9) 物联网功能。在2017年兴起的共享单车应用中,蓝牙用于辅助开车锁。

总之,蓝牙技术的应用非常广泛且极具潜力,是推动移动信息时代前进的关键技术之一。常见的蓝牙技术应用场景(朋友圈)如图 4-10 所示。

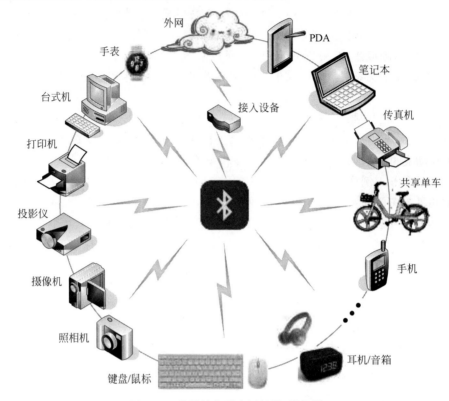

图 4-10　常见的蓝牙应用场景(朋友圈)

4.7.3　NFC 技术

1. NFC 技术的概念

近场通信(Near Field Communication,NFC)是一种非常短距离的无线通信技术,通信距离小于 10cm,适合于各种装置之间无须使用者事先设定的一种简便与安全的通信方式。

NFC 是由 Philips 公司发起,现在由 Philips、Nokia 和 Sony 等公司联合主推的一项无线通信技术,采用了双向连接和识别,工作频率为 13.56MHz。

NFC 能自动地建立无线连接,无须发现,无须配对,其短距离交互特性大大简化了认证识别过程。例如,通过 NFC,计算机(台式计算机、笔记本电脑)、数码相机、手机、PDA 等多个设备之间可以方便快捷地进行无线连接,进而实现数据交换和服务。

NFC 能在有源和无源操作模式下,以 106Kbps、212Kbps 和 424Kbps 的传输速率实现超短距离的数据传输。

NFC 在应用上可分为三种类型:

(1) 设备连接。NFC 可以为无线局域网(WLAN)或蓝牙等设备提供无线连接。可将两个具有 NFC 的装置相连接,以进行点对点的数据传输,例如下载音乐、交换影像与同步处理通讯录等。

(2) 实时预定。这类应用如门禁管制或车票及门票等,使用者只需利用含有 NFC 芯片的装置靠近读取装置即可,它还可用于资料的撷取,方便、实时地获取各种信息,必要时还可以联机使用信用卡服务。

（3）移动商务。主要用于大型的交通和金融机构,例如 Visa 卡、非接触智能卡或 NFC 手机等,这是 NFC 的主要应用领域。

2. NFC 技术的应用

NFC 设备可作为非接触智慧卡的读写器及设备对设备的数据传输链路,主要应用于：

（1）服务启动。例如门禁和打开或关闭设备电源等。

（2）智能媒体。

（3）移动支付。例如付款等。

（4）电子票务。例如机票、车票、演出票的购票和验票等。

（5）共享单车的开锁及类似场合。

NFC 主要弥补了蓝牙技术协同工作能力差的不足。但它的目标并非是完全取代蓝牙、Wi-Fi 等其他无线技术,而是在不同场合、不同领域起到相互补充的作用。虽然,NFC 是以 RFID 为基础发展起来的,应用也很相似,但它本质是一种强调双向数据传输的通信技术,而 RFID 是一种用于读取标签数据的标签技术。

NFC 技术的应用之门已由手机开启,以后会在各种消费电子装置中出现。几种常见的 NFC 技术的主要应用场景如图 4-11 所示。

图 4-11　NFC 技术的主要应用场景

3. NFC 技术与蓝牙技术的比较

（1）NFC 比蓝牙更高效。蓝牙设备之间正常的配对操作需花费 5～6s(拥挤条件下可达 30s),而改进的 NFC 单任务协议,完成同样的任务只需要 100～200ms。

（2）蓝牙通信距离长。蓝牙弥补了 NFC 通信距离不足的缺点,适用于较长距离的数据传输。NFC 主要针对近距离的交互应用,适用于交换财务信息或敏感的个人信息。

（3）互补共存。NFC 协议可用于引导两台设备之间的蓝牙配对过程,并促进蓝牙的使用,因此,NFC 和蓝牙可长期互补共存。

4.7.4　无线路由器

无线路由器(Wireless Router)是目前广泛使用的一种无线数据通信设备。其主要功能是将移动数据终端(手机、笔记本电脑等)与互联网(Internet)连通,实现终端设备的"上网"。从功能上看,无线路由器也可认为是一种"无线个人接入技术"。

从原理上看,无线路由器就像无线 AP 和宽带路由器的结合体,具有如下主要功能：

（1）无线 AP。使带有无线网卡的计算机接入无线局域网。如家里的计算机和手机都可通过无线 AP 功能接入互联网。这样的无线网结构称为带无线 AP 的基础结构。

（2）上网路由器。具有一个 WAN 接口和至少一个 LAN 接口。LAN 接口一是用来连接计算机,二是用来对无线路由器本身进行设置。

通常,路由器有一个地址,如192.168.1.1。在进行路由器设置时,把LAN口和PC网卡连接,通过浏览器输入这个地址,就可对这台路由器进行初始设置。这个地址又称为网关地址,无线局域网上的计算机都是通过这个"关口"访问互联网,或者说,通过这道"门"进入互联网。这个地址一般没有必要改变。

所谓WAN接口是连接互联网的接口。因为连入互联网时,都是通过电信部门的广域网(WAN)进行连接,所以称为WAN口。对于家庭或办公室用户,WAN口有两种连接方式,一是通过小区或大楼的城域网,一般称为FTTX方式;二是通过电话线宽带拨号,一般为ADSL。如果墙上有RJ-45插口,那就是FTTX方式。否则,要通过电话宽带拨号,就是ADSL方式或称为PPPOE方式。

了解了上述原理,也就容易理解无线路由器的设置了。其实,只要按照路由器提供的设置向导进行设置即可。例如,上网模式可以选择PPPOE或自动识别模式,这时,向导要进行WAN口设置,包括电信服务商给我们提供的上网账号和密码的输入等;然后是有关网络安全的设置,例如选择SSID、信道号(自动),还有加密模式WPA-PSK/WPA2-PSK,以及AES加密方式等,都是必设项目。否则,你的无线网就会被别人"蹭网",将变得不安全。实际上,这些设置就是要产生一个只由用户掌握的密钥,可以理解为一个密码。

(3) 防火墙。防火墙是一种保障网络安全和进行网络控制的机制。该功能一般都要选用,以便使自己的网络更加安全。

(4) DHCP服务器。对由路由器构成的局域网设备自动进行IP地址分配,免去网管(也就是你自己)的设置负担。我们完全可以自己手动分配IP地址,但是,如果计算机数量增多,则应该用DHCP进行自动分配。该功能是系统默认的,在用向导进行设置时,自动有效,除非你不用这个功能,可以自行设置取消。

(5) 局域网连接设备。在无线路由器公用的情况下或者室内有多台计算机的情况下,例如,办公室有多台计算机都打算通过这台路由上网,那么,就构成了一个无线局域网。另外,如果计算机没有无线网卡,则路由器还提供了4个LAN接口,可以通过网线连接4台计算机。这样,路由器实际上又相当于一台局域网交换机或HUB。无线路由器连接示意图如图4-12所示。

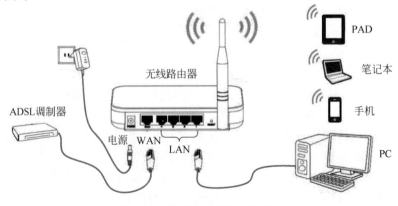

图4-12 无线路由器连接示意图

最后说明一下 Wi-Fi 与无线路由器的区别。Wi-Fi 的字面意思是"无线保真",是一个无线网络通信技术的品牌。它可以指一种将手机、计算机等数据终端连接起来的技术,也可理解为一种能够传输数据的微波信号,简单的理解就是无线连网信号。无线路由器是一个转发设备,可以发送并接收 Wi-Fi 信号,实现数据终端与局域网或互联网的连接。通常,我们说的"有无 Wi-Fi 信号"实际上指的是"有无无线路由器发出的连网信号"。

常见的 Wi-Fi 标志如图 4-13 所示。在有这些标志的地方,手机、iPad 等数据终端都可以通过无线方式"上网"。

图 4-13 常见的 Wi-Fi 标志

4.8 计算机网络的发展历程

计算机网络是通信技术与计算机技术紧密结合、相互促进、共同发展的产物,其形成与发展可分为以下四阶段。

(1) 基于终端通信的网络萌芽期。20 世纪 50 年代出现的计算机网络雏形,实现了将大量地理分散的终端通过通信线路与一台中心计算机相连。终端负责数据输入/输出,主机负责通信和数据处理。这种集中控制的网络组织形式的劣势在于主机负载大、可靠性低。

20 世纪 60 年代随着前端处理器的引入,分担了主机通信部分的工作,有效提高了主机工作效率。

(2) 基于资源共享的网络形成期。20 世纪 60 年代,美国建成的 ARPANET 奠定了计算机网络的基础,实现了面向资源共享,以通信子网为中心,多主机多终端的计算机网络。网络体系结构由主机-终端,发展为主机-主机,实现了多终端联机互联向多主机互联网络的转变。不仅有效降低了通信成本,而且大大提高了网络可靠性。

(3) 基于体系标准的网络发展期。20 世纪 80 年代,微型计算机的普及应用,有效推动了计算机局域网的发展,随之而来的问题是不同网络设备的兼容性和互操作性较差,难以满足计算机之间的资源共享需求。

鉴于这种情况,构建网络体系结构标准化,设计标准网络体系模型势在必行。1984 年 ISO 颁布了"开放系统互联基本参考模型",标志着计算机网络进入了体系标准化的发展期。

(4) 基于高速智能的网络成熟期。随着信息 2.0 时代的到来,计算机网络已经在人类生产生活的各个领域得到了深度应用。2021 年工信部统计数据显示:中国所有地市级城区、超过 97% 的县城城区和 40% 的乡镇镇区实现了 5G 网络覆盖;5G 终端用户达到 4.5 亿户,占全球 80% 以上。显然,计算机网络技术的进一步发展离不开智能技术的引入,智能化网络将是未来发展的方向。计算机网络发展历程如图 4-14 所示。

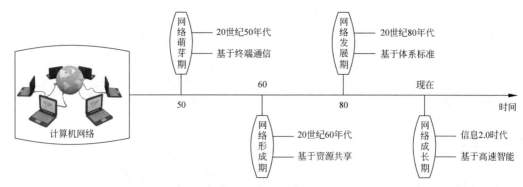

图 4-14　计算机网络发展历程

4.9　结　　语

综上所述,可以得出如下结论:
(1) 互联网的本质是计算机网络,学习互联网就是学习计算机网络。
(2) 计算机网络是通信技术与计算机技术相结合的产物,其本质是数据通信网。
(3) 计算机网络或互联网的主要功能是资源共享和信息交流。
(4) 互联网是现代教育技术的物理基础,是信息流通的平台。
(5) 无线个人接入技术是现代教育技术不可或缺的组成部分。
(6) 本章知识思维导图如图 4-15 所示。

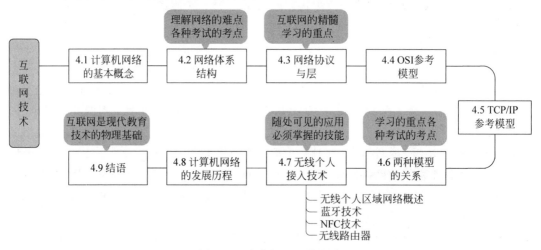

图 4-15　本章知识思维导图

4.10　哲思慧想

任何过程,不论是属于自然界的和属于社会的,由于内部的矛盾和斗争,都是向前推移向前发展的,人们的认识运动也应跟着推移和发展。

唯心论和机械唯物论,机会主义和冒险主义,都是以主观和客观相分裂,以认识和实践相脱离为特征的。以科学的社会实践为特征的马克思列宁主义的认识论,不能不坚决反对这些错误思想。

4.11　名 家 名 言

　　孟子(公元前372年—公元前289年),名轲,字子舆,战国中期邹(今山东邹城市)人。孟子是战国时期著名的思想家、先秦儒家的代表人物,与孔子齐名,世称"孔孟",后世尊称他为"亚圣"。

　　孟子曰:
　　(1) 富贵不能淫,贫贱不能移,威武不能屈。
　　(2) 天将降大任于斯人也,必先苦其心志,劳其筋骨,饿其体肤,空乏其身,行拂乱其所为,所以动心忍性,曾益其所不能。

4.12　习　　题

　　1. 计算机网络的发展经历了哪四个阶段?
　　2. 计算机网络的性能指标有哪些?
　　3. 简单描述OSI模型和TCP/IP模型的关系。
　　4. 举例说明NFC技术的应用领域。

第5章 现代教育技术应用场景及模式

引子:教育技术是为教育教学活动服务的。在初步掌握现代教育技术基本知识的基础上,如何将其应用于实际的教育教学活动?或者说,现代教育技术有哪些应用场景及模式?

按照第2章提出的"三足鼎模型",我们依次学习了支撑现代教育技术的现代教育理论、计算机技术和互联网技术基础知识。本章介绍"三足"之上的"鼎",即现代教育技术在数字化教育背景下的应用场景及模式,为培养教育从业者的数字胜任能力提供切实可行的实践方法,现代教育技术应用示意图如图5-1所示。

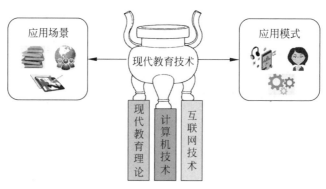

图 5-1 现代教育技术应用示意图

5.1 现代教育技术应用场景

第1章开门见山地点明了现代教育技术的本质是"实现教学优化的理论和实践"。由此可见,仅仅掌握现代教育技术理论还远远不够,还要能够将理论应用于具体的实践中,将实践落实于具体的场域中,从而最终实现数字化效能,这才是推进我国教育领域数字化转型的关键。现代教育技术应用场景主要体现在以下四个层面。现代教育技术应用场景如图5-2所示。

图 5-2 现代教育技术应用场景

(1)以教学平台搭建、教学内容选取为代表的教学层面。
(2)以教育设施建设、教育融合驱动为代表的基础设施建设层面。

（3）以课程管理、流程决策为代表的管理层面。
（4）以科研建设、人力资源管理为代表的外延层面。

本章将重点围绕教学层面展开讨论。目前，比较先进的数字教学系统主要由教学资源云平台、智慧黑板、学生智能平板和教师计算机组成。如果把教师、学生和黑板作为一个终端单元，那么数字化教学云系统拓扑图如图5-3所示。

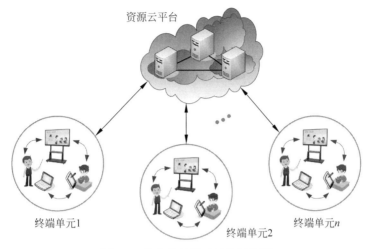

图5-3　数字化教学云系统拓扑图

教学资源云平台是基于服务器和网络的后台数据中心，可为数以千万计的终端智慧黑板、学生平板电脑和教师计算机提供多门课程的文字、图片、视频等形式的教学资源，极大地丰富了教学内容，极大地提高了教学资源的共享性、实效性和更迭速度，极大地提高了师生之间、生生之间、师师之间教学信息和资料的交换速率和效率，极大地提高了知识的趣味性、专业性、广泛性、易教性和易学性。

5.1.1　智慧黑板及智能平板

1. 智慧黑板

智慧黑板是教学系统中位于教室的一种数字终端设备，其作用与传统黑板相似，但功能不可相提并论，除了可以像传统黑板一样供教师和学生书写、画图外，还可以显示教师的数字课件，可以与云端进行信息交互，下载并显示多媒体教学资料或上传、存储、显示教室实况，还可以接收并显示手机或平板电脑投射的视频。智慧黑板如图5-4所示。

图5-4　智慧黑板

需要说明的是，图5-4中的智慧黑板还在两边配置了两块传统黑板，不但增加了板书面积，也方便了教学内容的安排和调配。

2. 交互智能平板电脑

交互智能平板电脑，是面向学生的智能终端学习设备。它主要用于课堂内外的自学模式以及与教师和同学们的信息交互，例如在课堂上通过投射功能，将自己的平板内容与大家共享。另外，利用物联网技术通过专用软件可以提高智能平板电脑在教室内的信息交互能力，为课堂提供更加优质的视听和互动教学体验。交互式智能平板应用实景如图 5-5 所示。

3. 教师计算机

教师计算机虽然是数字化教学系统中必不可少的一个组成元素，但它更多地应用于教学活动的幕后工作，例如查找教学资料、写教案、制作课件及线上教学资料、批改学生作业、线上授课等。可以用"线上一分钟，线下十年功"描述教师线下的付出。教师计算机应用实景如图 5-6 所示。

图 5-5　交互式智能平板应用实景

图 5-6　教师计算机应用实景

5.1.2　应用软件

数字化教学除了上述必需的硬件资源外，还需要软件的加持才可以落地实施。目前，比较成熟且常见的专用软件主要有以下五种。

（1）备授课软件。它是一种针对教学的备授课工具，具有易用、高效、互动、有趣等特点。搭配周边产品后，可提升学生学习兴趣，帮助教师实时掌握进度，提升授课效率。可实现课件一键上传下载、校园资源库、学科工具、课堂活动、在线课件库等功能。

（2）综合评价软件。它是一种学生综合评价系统，通常包含课前班级信息编辑配置、课中与学生互动并发送点评、课后查看评价三大板块。可实现多样化评价维度、一键发送评价、分组教学、家校互通、自我管理等功能。

（3）课堂互动软件。它是一款基于无线局域网环境，将交互智能平板、教师终端和学生终端进行统一连接的系统，可实现屏幕互动、即时答题、课件推送、课堂管理和分组探究等功能。

（4）高校一体化教学管理平台。它是支撑学校常态化教学管理的软件平台，是数字化教学系统的教务管理业务的运行基础。通过教师空间、督导巡课、直播中心、数据看板四个板块，可实现老师和学校管理者的日常教学管理、教学管理场景中的数据互联等功能。

（5）管理者决策分析软件。它是一种面向学校管理者的应用系统，可查看校园评课数据、学生点评数据、校本课件数量等统计数据，还可以看到这些数据与全省均值的对比情况，便于管理者能够快速了解教师工作情况及校园整体信息化情况。

5.1.3 元宇宙

1992年,美国科幻作家尼尔·斯蒂芬森撰写了一部名为《雪崩》的科幻小说,其中描述了一个平行于现实世界的虚拟世界——元界(Metaverse),其特点是拥有现实世界的一切形态。这就是元宇宙概念的起源。

如果要给元宇宙下一个定义的话,我们认为元宇宙就是利用现代高新技术在荧屏中创建的一个虚拟社会。或者说,元宇宙是一种新的互联网应用,是一种通过荧屏才能感受到的社会形态。

可以从时空性、真实性、独立性、连接性四方面交叉定义或理解元宇宙。从时空性看,元宇宙是一个空间维度上虚拟而时间维度上真实的数字世界;从真实性看,元宇宙中既有现实世界的数字化复制物,也有虚拟世界的创造物;从独立性看,元宇宙是一个与外部真实世界既紧密相连,又高度独立的平行空间;从连接性看,元宇宙是一个由网络、硬件终端和用户组成的一个永续的、广覆盖的虚拟现实系统。元宇宙概念示意图如图5-7所示。

(a)《雪崩》封面　　　　　　　　　　(b) 元宇宙

图 5-7　元宇宙概念示意图

严格地讲,元宇宙不是一种技术,而是一个概念,主要包含区块链技术、交互技术、电子游戏技术、人工智能技术、网络及运算技术、物联网技术等六大核心技术,元宇宙核心技术示意图如图5-8所示。

当然,不同的人按不同的标准,还会有其他说法,但因为元宇宙是数字宇宙,所以,"它是建立在数字技术基础之上"的说法应该是共识。这里的"数字技术"可以认为是对以计算机为核心的所有应用技术的统称。

元宇宙应该具备身份、朋友、沉浸感、低延迟、多元化、随地、经济系统、文明等八大属性。元宇宙八大属性示意图如图5-9所示。它们的具体含义有以下八种。

身份:你可以拥有一个虚拟身份,与现实身份无关,可以是总统,也可以是乞丐。

朋友:你可以拥有真人或 AI 朋友,可以社交,无论在现实中是否认识。

沉浸感:你能够沉浸在元宇宙的体验中,忽略其他一切。

低延迟:元宇宙中的一切都是同步发生的,没有异步性或延迟性,体验完美。

多元化:元宇宙可以提供丰富、差异化的内容,包括玩法、道具等。

随地:你可以随时随地登录元宇宙,不受空间限制。

经济系统:与任何复杂的大型游戏一样,元宇宙应该有自己的经济系统。

文明:人们聚集在一起,创造独特的虚拟文明、数字文明。

元宇宙虽是一个未来概念,目前还不成熟,不能完全落地实施,但它的前景可期,有人将

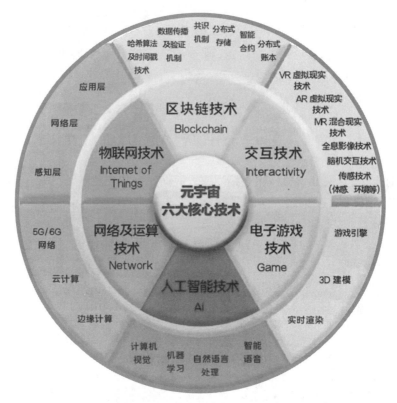

图 5-8 元宇宙核心技术示意图

元宇宙的应用归纳为办公、集会、游戏、生产、购物、教学、旅游、演出、健身和电影等十大应用领域。元宇宙十大应用示意图如图 5-10 所示。据此,我们认为,元宇宙对教育教学领域的冲击将是巨大的,虚拟现实、增强现实、混合现实、AI 和脑机接口等技术的发展和应用很可能会颠覆目前的很多认知和教育教学方法。元宇宙在教育教学领域应用示意图如图 5-11 所示。让我们拭目以待吧。

图 5-9 元宇宙八大属性示意图

图 5-10 元宇宙十大应用示意图

综上所述,可有以下四种对教育数字化的结论。

(1) 教育的数字化转型或数字化教育是现代教育技术实施或应用的终极目标。互联网(物联网)或通信平台是教育教学数据流通和存储的物理基础,计算机类设备是教育教学数据的产生、接收、显示的主角,而管理软件和应用软件则是达成各种教育教学活动或业务目

图 5-11　元宇宙在教育教学领域应用示意图

标的具体保证。

（2）智慧黑板和智能平板中的"智慧"或"智能"功能体现在制造商对人工智能技术（AI技术）的应用能力和水平高低上，有强有弱，有多有少，难以一概而论。目前，AI 技术的主要应用领域是图像识别和语音识别，例如智慧黑板上的摄像头可以识别学生是认真听讲还是睡觉或是说话等听课状态；云平台可以根据学生的上网行为有的放矢地定向推送相关学习资料；显示屏的亮度和扬声器的音量可以根据环境自动调节；智能平板可以根据学生的观看距离和观看时间自动提示休息或关机等。随着科技的进一步发展，数字化教育教学系统将会变得更加完善、智能、友好、高效。

（3）数字化转型的根本任务是培养并提高教师的数字胜任力，也就是运用现代教育技术的能力。在当前的科技背景下，数字胜任力不仅仅是计算机技术的运用能力，更是数字意识、数字交流、数字创造和数字安全等多种能力的综合表现。因此，对数字胜任能力的评价指标也不再只是基于内容和知识的掌握程度，而是更强调新技能的获取和应用程度。

（4）数字化教育系统在现实世界为我们搭建了个人、集体、室内、室外、小范围、大范围的现实或虚拟的教育教学环境，为教育教学活动提供了更多的选项和更大的空间，极大地改变了教育模式和方法。

根据系统体系架构概念，可将数字化教育教学系统的三层体系架构用图 5-12 描述。

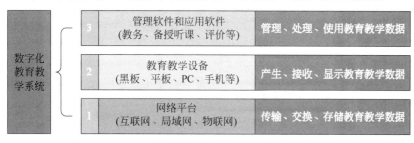

图 5-12　数字化教育教学系统三层体系架构示意图

5.2　现代教育技术应用模式

现代教育技术的应用离不开具体的应用场景，更需要多样的应用模式。信息化 2.0 时代的到来，使得教育教学模式逐步从传统模式走向数字化模式。数字化教学模式示意图如图 5-13 所示。

传统模式以教师和教材为中心，按教学计划管理和掌控教学活动，从而达到教学目的，其主要缺点是难以满足学生个性化的发展需求。

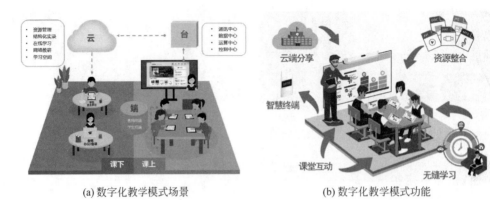

(a) 数字化教学模式场景　　　　　　(b) 数字化教学模式功能

图 5-13　数字化教学模式示意图

数字化模式以学生为中心,除了具有传统模式的优点外,还能够培养学生的自主探究精神和创新能力。

目前,数字化模式主要有线下模式、线上模式和线下线上混合模式。

下面我们先分别从线下和线上模式两个视角介绍教学环境的组成、功能及特点,并通过教学工具、资源的示例说明数字化教学工具的功能及使用方法,然后探讨线上线下混合模式的发展趋势。

5.2.1　线下模式

1. 利用多媒体教室的线下教学

多媒体教室是根据现代教育教学的需求,将计算机、投影、音频设备等现代教学媒体结合在一起而建立起来的综合教学系统。多媒体教室包括黑板、投影仪、投影幕布、扩音器、计算机等设备。利用多媒体教室进行线下教学时,教师在提前准备好课程相关的课件、图片、视频、微课、MOOC 等教学资源的基础上,可以直接在计算机上操作,投影仪便会实时同步显示计算机播放相关教学内容。这种线下教学模式,可使教学过程更加科学有效,更符合人们对事物的认识规律,更有助于学生对知识的理解和记忆。

2. 利用计算机教室的线下教学

计算机教室通常是由一台教师用计算机、数十台学生用计算机、投影仪、投影幕布、网络设备和专用软件等组成的实验、实训教室,以学生上机操作为主要目的。利用计算机教室进行线下教学时,教师在提前准备好课程相关的课件、图片、视频、微课、MOOC 等教学资源的基础上,可通过教师机上安装的专用软件实现对所有学生机的控制。这种线下教学模式不仅能够充分体现学生的教学主体地位,还能激发学生的学习兴趣,锻炼学生的实际操作能力,从而使学生能够更加积极主动地参与教学活动。

3. 利用智慧教室的线下教学

智慧教室是基于移动互联网、物联网等新技术,集设备智能化管理、环境智能感知于一体,提供个性化师生服务、实现多元化交互教学的实体环境与虚拟环境相融合的新型教学环境。借助智慧教室进行线下教学时,教师要多思考多研究如何转变和提升教学方法、策略;如何整合校内、校外资源;如何将师生互动、答疑、管理等功能融合于课堂,如何增加课堂的互动性、生动性等。这种线下教学模式,不仅为教师的精品课程录制和远程互动教学提供了场景,而且给学生的小组讨论、研究性学习、互动交流带来了更好的体验。线下教学模式示意图如图 5-14 所示。

综上所述,线下模式的优势在于能够创建有针对性的教学场景,尤其适用于实践课程教学;能够实现师生、生生间面对面的沟通和互动,更加便于教师控制教学进度、感受教学效果、收集教学反馈。不足之处在于无法突破时空的限制,教师不能实现多地集中授课、师生不能实现随时沟通交流,更不能实现高效应对突发状况并及时组织教学。

图 5-14 线下教学模式示意图

5.2.2 线上模式

线上模式可分为线上教学模式和线上自学模式。线上教学模式示意图如图 5-15 所示。

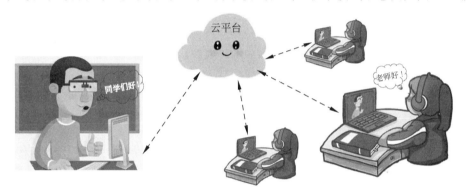

图 5-15 线上教学模式示意图

1. 线上教学模式

线上教学模式的开展需要网络教学平台的支撑和保障。教师通常以班级为单位组织授课,采用"录播+线上答疑"或"直播+线上答疑"的方式开展教学。教师可以设计各类基于网络教学平台的教学内容来开展丰富多样的教学活动。目前,常见的线上教学模式有雨课堂、腾讯课堂、钉钉课堂、腾讯会议。

(1)雨课堂。雨课堂是学堂在线推出的新型智慧教学解决方案,是教育部在线教育研究中心的最新研究成果,其目的是快捷免费地为所有教学过程提供数据化、智能化的信息支持。

雨课堂全部功能基于 PowerPoint 软件和微信系统,轻量易用、操作便捷。能运用"课前—课上—课后"的每一个环节,为师生提供完整立体的数据支持、个性化报表、自动任务提醒功能,让教与学更明了。作为授课的教师,课前可以将带有 MOOC 视频、习题、语音的课件推送到学生手机上,便于学生课前预习;课上实时答题、弹幕互动,给传统课堂增加了活力;课后教师发布作业,可实时查看学生作答的情况,教学信息反馈更及时。

雨课堂是一款界面友好、操作简单、高效便利的教学工具,尤其适用于将传统的以教师讲授为主的授课方式提升,改造为能随手教、随手学,随时互动,全程管理的新型课堂。其登录界面和主要功能区界面分别如图 5-16 和图 5-17 所示。

图 5-16　雨课堂登录界面

图 5-17　雨课堂主要功能区界面

　　下载并安装雨课堂,可以发现雨课堂是 PPT 的一个插件。教师可以很轻松地在 PPT 中应用雨课堂进行线上教学。教师在上课前可以通过雨课堂对学生推送上课通知,让学生实时掌握开课的时间,以免错过课堂学习。一般的线上课堂,PPT 和板书不可兼得,而雨课堂的白板功能让这两者成为可能。在雨课堂中,同学们可以通过弹幕和投稿与教师进行实时的交流,让教师掌握学生的学习状态。总之,雨课堂是一款非常好用的线上教学软件。

　　另外,通过与手机绑定,雨课堂可以用微信小程序呈现。学生可以通过手机端查看上课的直播视频或者语音,通过发弹幕和投稿参与课堂。教师可以通过手机端遥控指挥课堂,使用课件播放、随机点名等功能更好地管理课堂。雨课堂手机界面如图 5-18 所示。

　　(2) 腾讯课堂。腾讯课堂是腾讯 QQ 软件自带的在线即时互动教学功能,提供白板、提问等工具,支持 PPT 演示和屏幕分享,可实现流畅、高音质的课程直播效果。启动腾讯课堂如图 5-19 所示。

　　开启群课堂后,会有图 5-20 所示的腾讯课堂界面,老师可以开启语音和视频,通过播放影片、共享屏幕、演示 PPT 进行全方位的教学。学生可以通过申请发言和聊天与授课教师进行课堂互动。另外,腾讯课堂在授课后可以进行课程回放,方便学生进行课后复习。

　　(3) 钉钉课堂。钉钉课堂是阿里巴巴集团推出的智能移动在线办公平台,是一款轻松实现线上教学的手机客户端,具备在线授课、提交作业、在线考试、在线打卡等功能,支持外接手

图 5-18 雨课堂手机界面

图 5-19 启动腾讯课堂

图 5-20 腾讯课堂界面

绘板等设备。教学功能和教学工具的多样化优化了教学效果。启动钉钉课堂如图 5-21 所示。

开启钉钉在线课堂的"大班课",会有图 5-22 所示的钉钉课堂界面,教师可以开启声音、视频、共享桌面等进行课堂设置。学生可以进行课堂签到,在留言区留言参与课堂互动。

第5章 现代教育技术应用场景及模式

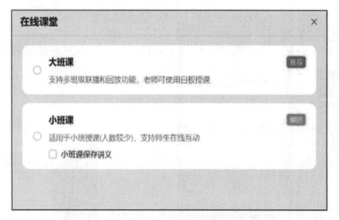

图 5-21　启动钉钉课堂

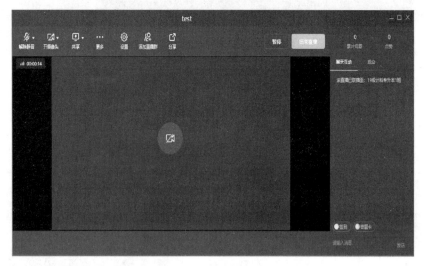

图 5-22　钉钉课堂界面

（4）腾讯会议。腾讯会议是腾讯云旗下一款音视频会议软件，不仅适用于远程音视频会议，在网络教学中也有广泛应用。其在线文档协作、实时屏幕共享、会议聊天、会议录制等功能，能有效增强参与者的交互性；其会议密码功能，保证了会议内容和教学过程的私密性和安全性；其支持手机、计算机、平板电脑一键入会等功能提高了操作的便利性和高效性。

下面以腾讯会议为例介绍线上直播课程的使用方法。

首先，下载安装"腾讯会议"软件。

其次，注册账号，进行登录。

再次，通过图 5-23 腾讯会议界面中的预定会议进行会议预定。在预定会议界面进行会议设置，如图 5-24 所示。

最后，加入会议。可以通过会议 ID、分享链接、微信小程序扫码等方式加入会议。

加入会议后就可以进行线上课程的学习，这时可以看到主持人（教师）的共享屏幕或者主持人本人，就像在同一个房间内进行沟通。会议可以通过静音、开启视频、共享屏幕、成员管理、聊天等设置，进行会议的详细设置。腾讯会议界面如图 5-25 所示。

图 5-23 腾讯会议

图 5-24 预定会议

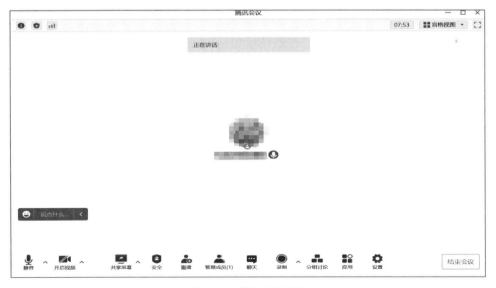
图 5-25 腾讯会议界面

2. 线上自学模式

在第 1 章中我们已经了解到,教育活动作为一种人类社会活动,它包含教育者(施教者)、被教育者(受教者)以及教育媒介(教育影响)三个基本要素,缺一不可。如今,在数字化教育背景下,在计算机技术和互联网技术加持下,在多样的数字化教育平台的支撑下,对教师的数字胜任力和学生信息化素养都提出了更高的要求。教师已不再是简单的施教方,不再是单一的知识传授者;学生也不再是简单的受教方,不再是单一的知识接收者。教师亦学生,学生亦教师,这是一个教学相长,良性循环的过程。

然而,提高教师的数字胜任力和学生信息化素养的第一步,就是培养其高效获取数字化教育资源的能力。那么,数字化教育资源的获取途径有哪些呢?

(1) 利用搜索引擎获取资源。随着互联网的飞速发展,网上资源日新月异,信息量呈爆炸性增长。面对浩如烟海的数字化、多媒体、非规范、跨时空、跨行业、跨语种的信息资源,需要高效的检索技术和检索工具。互联网上有许多搜索工具,为查询信息提供了诸多途径。所谓检索工具,是指在互联网上提供信息检索服务的一类网站和服务器,其检索的对象是存在于互联网信息空间中的各种类型的网络信息。而搜索引擎的作用是帮助人们在互联网上搜索想要的资源。常用的高效搜索引擎有百度、谷歌、必应等。

百度(www.baidu.com)是全球最大的中文搜索引擎,致力于让网民更便捷地获取信息,找到所求。百度超过千亿的中文网页数据库,可以瞬间找到相关的搜索结果。我国提供信息搜索服务的网站超过 80% 使用百度搜索引擎。

百度的使用非常简单,只要在搜索框中输入关键词,并按下"百度一下"按钮(或直接按回车键),百度就会搜索出相关的网站和资料,并按一定的规则排序呈现。

当要查询的关键词较为冗长时,可将其拆成几个关键词来搜索,词与词之间用空格隔开。多数情况下,输入两个关键词搜索,就可以获得较高相关度的搜索结果。

如果用户在输入关键词搜索后,没有找到满意的资料,但又不知道输入什么样的关键词进行进阶检索,可以运用检索结果中提供的"相关检索",该功能为用户提供了其他用户搜索过的相关检索词作为参考。单击任何一个相关检索词,都可以得到与该检索词相关的搜索结果。百度搜索引擎界面如图 5-26 所示。

图 5-26　百度搜索引擎界面

谷歌(www.google.com)是美国斯坦福大学的两名博士生于 1998 年开发的专业搜索引擎。从 1998 年至今,谷歌凭借其强调的功能已经获得业界各项大奖 30 多项,成为世界上最著名的搜索引擎之一。谷歌网站界面简洁,是专业的搜索网站。其支持 132 种语言,包括中文简体和繁体,搜索内容丰富。谷歌搜索引擎界面如图 5-27 所示。

谷歌一般搜索功能在搜索框中输入想搜索内容相关的任何字词,按回车键或者单击"Google 搜索"按钮,谷歌就会在网络上搜索与该关键词相关的内容。

谷歌学术搜索功能为我们提供了一种广泛搜索学术文献的简便方法。信息来源包括万方数据资源系统、维普资讯、主要大学发表的学术期刊、公开的学术期刊、中国大学的论文以及网上可以搜索到的各类文章。

谷歌一般搜索和学术搜索都提供高级搜索功能,可以更加精确地搜索出想要的资源。

必应(Bing)是微软的一个搜索引擎网站。只要在搜索框中输入关键词,并按下"搜索"

图 5-27 谷歌搜索引擎界面

按钮(或直接按回车键),就会搜索出相关的网站和资料,并按一定的规则排序呈现。必应搜索引擎界面如图 5-28 所示。

图 5-28 必应搜索引擎界面

(2) 通过网络教学平台获取资源。20 世纪 90 年代,为了满足网络教学的发展需要,一些教育和商业机构开始开发专门的教学系统(网络教学平台)。这些系统从最初的帮助教育机构开发教学资源库,到后来的支持和管理网络教学,都是围绕教学资源管理和网络教学活动管理两方面的功能发展起来的。各种社会教育教学资源管理通过信息网络跨越了空间距离的限制,使学校的封闭式教育发展成为可以超出校园向更广泛地区辐射的开放式教育。学校可以充分发挥自己的学科优势和教育信息资源管理优势,把最优秀的教师、最好的教学研究成果通过网络传播到世界的各个角落,惠及每一个学生。

在线教育平台具有课程管理和学生管理功能。对学生的咨询、报名、缴费、选课、查询、学籍管理、作业和考试等事宜均可实现线上管理。

我国在线网络教育平台主要有国家中小学智慧教育平台、学科网、学堂在线、中国大学 MOOC(慕课)等。

国家中小学智慧教育平台(www.zxx.edu.cn)——教育部在 2020 年疫情突然暴发的情况下,紧急部署了"国家中小学网络云平台",主要提供专题教育和课程教学两大类优质资源,为支撑疫情期间"停课不停学"和学生平时自主学习、教师改进课堂教学发挥了重要作用。特别是 2021 年 7 月"双减"政策实施以后,日均浏览数量显著增加,受到师生、家长和社会的广泛好评。

"国家中小学智慧教育平台"目前有专题教育、课程教学、课后服务、教师研修、家庭教育和教改实践经验等 6 个板块,现有资源总量达到 2.8 万余条。其中,课程教学板块上线了 19 个版本、452 册教材的 19508 课时的资源。国家中小学智慧教育平台如图 5-29 所示。

学科网(www.zxxk.com)——学科网综合教育资源、智能软件等为中小学智慧教学提

第5章 现代教育技术应用场景及模式

图 5-29　国家中小学智慧教育平台

供科学的解决方案。它是国内权威中小学教育资源门户网站,拥有试题试卷、课件、教案等教学资源 1883 多万套,内容涵盖 K12 领域小学、初中、高中、中职全部学科学段,是教师、学生、家长优选教育教学资源平台。学科网如图 5-30 所示。

图 5-30　学科网

学堂在线(www.xuetangx.com)——学堂在线是清华大学研发的中文 MOOC(大规模开放在线课程,简称慕课)平台,是教育部在线教育研究中心的研究交流和成果应用平台,面向全球提供在线课程。任何拥有上网条件的学生均可通过该平台在网上学习课程视频。

为了将优质慕课资源有效应用于课堂教学,学堂在线打造了智慧教学生态解决方案,通过智慧教学软件与硬件的有机整合,解决教育教学中的难点问题,为学校和教育培训机构提供贯穿课前、课中、课后的全方位、全流程服务。学堂在线如图 5-31 所示。

中国大学 MOOC(www.icourse163.org)——网易有道公司与高等教育出版社携手推出的中国大学 MOOC(慕课)承载了一万多门开放课、1400 多门国家级精品课,与 803 所高校开展合作,已经成为最大的中文慕课平台。中国大学 MOOC(慕课)主页如图 5-32 所示。

(3) 借助全文数据库获取资源。

知网数据库——中国知网知识发现网络平台,面向海内外读者提供中国学术文献、外文文献、学位论文、报纸、会议、年鉴、工具书等各类资源统一检索、统一导航、在线阅读和下载服务。

图 5-31　学堂在线

图 5-32　中国大学 MOOC（慕课）主页

中国知网（CNKI）涵盖资源丰富，是一个利用知识管理的理念，结合搜索引擎、全文检索、数据库等相关技术的检索平台，可以在知识及信息中发现和获取所需信息。知网数据库提供中国学术文献、外文文献、学位论文、报纸、会议、年鉴、工具书等各类资源，并提供在线阅读和下载服务。涵盖领域包括基础科学、文史哲、工程科技、社会科学、农业、经济与管理科学、医药卫生、信息科技等。

知网数据库是全球最大的中文数据库。中国知网作为《中国知识资源总库》的门户网站和网络出版发行平台，不仅实现了学术文献资源的全面集成整合传播，还促进了中国学术文献的传播。CNKI 具有功能强大的网络数据库全文检索系统，其检索方法简单、灵活，即便是不具有专业检索知识的用户也能轻松掌握。又因信息含量大、覆盖范围广、更新迅速及时、检索服务功能齐全等优点，越来越受到学者们的关注，成为了检索中文资料必不可少的途径。知网数据库如图 5-33 所示。

万方数据库——万方数据库是由万方数据公司开发的，涵盖期刊、会议纪要、论文、学术成果、学术会议论文的大型网络数据库，也是和中国知网齐名的专业学术数据库。它集纳了理、工、农、医、人文五大类 70 多个类目共 7600 种科技类期刊全文。《中国学术会议论文全文数据库》是国内唯一的学术会议文献全文数据库，主要收录 1998 年以来国家级学会、协

图 5-33　知网数据库

会、研究会组织召开的全国性学术会议论文,范围覆盖自然科学、工程技术、农林、医学等领域,是了解国内学术动态必不可少的帮手。万方数据库如图 5-34 所示。

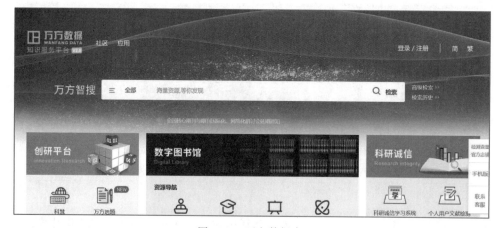

图 5-34　万方数据库

维普数据库——《中文科技期刊数据库》是我国最大的数字期刊数据库,目前已拥有包括港澳台地区在内 2000 余家固定单位用户,是我国数字图书馆建设的核心资源之一,是高校图书馆文献保障系统的重要组成部分,也是科研工作者进行科技查证和科技查新的必备数据库。维普数据库如图 5-35 所示。

百度文库——百度文库是百度公司旗下的在线互动式文档分享平台,汇集了超 10 亿份高价值文档资料,拥有 50 万创作者和 2 万家专业权威机构,已成为中国优秀的文档与知识服务平台。百度文库如图 5-36 所示。

由此可见,线上教学模式的优势在于:

(1) 能够突破空间的限制,实现跨地域同时教学;

(2) 能够突破时间的限制,实现课前、课中、课后随时互动交流;

(3) 能够借助网络平台的优势,实现优质的教学资源共享;

(4) 能够有效应对突发状况,实现教学模式的灵活切换。

线上教学模式的短板在于:

图 5-35　维普数据库

图 5-36　百度文库

(1) 很难营造良好的教学及互动氛围。
(2) 无法进行实践课程教学(利用虚拟实验室除外)。
(3) 不便于教师掌控整个教学过程的实施效果。
(4) 难以约束自律性较差的学生。
(5) 教学过程易受外界干扰,尤其是存在遭受网络暴力的风险。

5.2.3　线上线下混合模式

为了取线下和线上教学模式之长,避线下和线上教学模式之短,线上线下混合教学模式应运而生。混合模式可将课堂延伸到网络虚拟空间中,即在传统课堂教学中,引入云端教学资源进行的混合式教学活动。这种模式能够让教师和学生在进行面对面课堂教学的同时,还可利用网上丰富的教学资源辅助教学,并满足个性化的学习需求。

5.3　应掌握的现代教育技能

显然,无论是线下模式、线上模式还是线上线下混合模式,都对教师的数字胜任能力有较高的要求。那么,究竟需要当代教师掌握哪些具体的现代教学技能呢?

我们知道,学习实际上是一个"接受、消化、吸收、使用"的过程。因此,所有的教学技术或手段都应该围绕加快学习过程、提高学习质量的目的展开。具体地说,就是要掌握所有可以使学生对知识容易接受、便于消化、充分吸收、有效使用的方法和技能,以及所有可以使教师的教学工作便捷、高效、科学、专业、规范的方法和技能。

综上所述,我们认为当代教师应该掌握如下现代教学技能。教师应掌握的现代教育技能如图 5-37 所示。

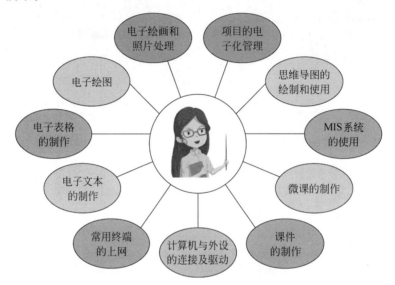

图 5-37　教师应掌握的现代教育技能

(1) 计算机与各种常用外设的连接及驱动(第 3、4 章涉及)。

(2) 常用终端(手机、各种计算机、智能大屏等)的上网(第 3、4 章涉及)。

(3) 电子文本的制作。

(4) 电子表格的制作。

(5) 电子绘图。

(6) 电子绘画和照片处理。

(7) 项目的电子化管理(Project 软件的使用)。

(8) 思维导图的绘制和使用。

(9) MIS 系统的使用。

(10) 微课的制作。

(11) 课件的制作。

为了帮助大家更好地巩固所学到的现代教育技术理论知识,掌握上述第 3~11 项软件应用技能并将其应用于实践,从第 6 章开始,我们选取了 8 个常见的实际教学工作案例并当作"8 个工程项目",带领大家用工程项目的实施和管理方法及流程将它们全部做一遍,践行"理论联系实际""学以致用"的理念,以期更好地达成本课程目标。理论联系实际示意图如图 5-38 所示。

图 5-38　理论联系实际示意图

5.4　结　　语

(1) 技术发展的动力在于生产实践。理论学习的目的在于社会实践。
(2) 现代教育技术引发了线下、线上和线上线下混合教学模式。
(3) 熟练掌握和使用三种模式及 11 项教学技能是当代教师应具备的基本素质。
(4) 三种模式是现代教育技术的"责任田"。
(5) 本章知识思维导图如图 5-39 所示。

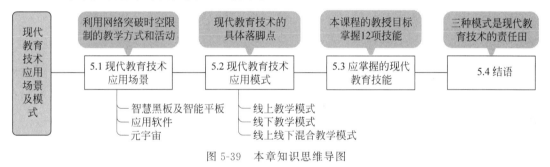

图 5-39　本章知识思维导图

5.5　哲 思 慧 想

实践、认识、再实践、再认识，这种形式，循环往复以至无穷，而实践和认识之每一循环的内容，都比较地进到了高一级的程度。这就是辩证唯物论的全部认识论，这就是辩证唯物论的知行统一观。

形而上学的或庸俗进化论的宇宙观，就是用孤立的、静止的和片面的观点去看世界。这种宇宙观把世界一切事物包括一切事物的形态和种类，都看成是永远彼此孤立和永远不变化的。如果说有变化，也只是数量的增减和场所的变更。

5.6　名 家 名 言

朱熹(1130 年—1200 年)，字元晦，号晦庵，祖籍婺源(今江西婺源县)，南宋时期理学思想的集大成者和著名的教育家。

朱熹曰：

(1) 教育的根本目的是使"父子有亲,君臣有义,夫妇有别,长幼有序,朋友有信"。

(2) 教育内容应该有"道德政理之实",以明"政事之本""道德之归"。

5.7 习　　题

1. 什么是数字化教育平台？举例说出你熟悉的数字化教育平台。
2. 获取数字化教育资源的方式有哪些？
3. 举例说明数字化教学的三种模式。
4. 请组织2～3人一组,建立一个腾讯会议。

第6章 教学大纲的制定

引子：在实际的教学过程中，任何一个年级、一个专业的教学过程都要按照教学计划执行，而教学计划中设置的每一门课程都应有相应的教学大纲。那么，什么是教学大纲？如何编制教学大纲呢？

6.1 什么是教学大纲

第6章
第1讲

第6章
第2讲

汉代大学问家郑玄在《诗谱序》中言："举一纲而万目张"，此处的"纲"可引申为事物的关键部分，如大纲。那么，什么是教学大纲呢？

教学大纲是国家教育行政部门规定学校各门学科的目标任务、教材纲目和教学要点的指导文件。它以纲目形式规定这个学科的知识、技能、技巧的范围和结构，体现着国家对各学科教材与教学的基本要求。

由此可见，教学大纲在教学活动中的重要地位。观其表面，它是指导一门课程教学的文档；究其实质，它是对一门课程系统化设计的结果。一门课程的教学大纲反映了该门课程在教学计划总体中的地位、作用及与其他课程的关系。另外，一门课程也会有多份教学大纲，如大学的"物理"课程，在理科专业、工科专业和文科专业中，因为要求的深度、广度和侧重点不同，就会产生不同的教学大纲。

通常，教学大纲有三种组织编制形式：一是由国家统一编制；二是由国家制定最低标准，由学科研究会等部门编制；三是由学校自行组织编制。

作为新时代的教师，我们不仅要熟悉教学大纲在实际教学各环节中的具体应用，更要了解其编制流程和方法。

6.2 如何编制教学大纲

通常，编制教学大纲的流程如下：

（1）前期的课程调研。主要是收集意见信息，撰写课程调研报告。

（2）中期的大纲撰写。主要是收集课程相关资料，确认教师信息和大纲基本格式等。

（3）后期的大纲及教材审核。主要由教学质量管理部门负责审核，然后交付教务处印制。

教学大纲编制流程如图 6-1 所示。

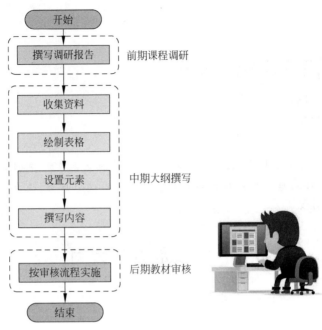

图 6-1 教学大纲编制流程

6.3 为什么用 Word

当前,随着计算机技术的广泛普及和深度应用,传统的基于笔墨纸砚的纸质文案已基本上被电子文案全面替代。而制作电子文案的主要工具就是 Word 文档处理软件。

教师的基本工作除了与学生进行语言交流外,就是与各种文案打交道。因此,掌握 Word,能够大大提高工作效率、减轻劳动强度,同时,也体现了教师的数字胜任能力。

Word 基本特点如图 6-2 所示。

图 6-2 Word 基本特点

事实上,Word 除了拥有简单常用的文字处理功能外,还有很多排版技术值得学习。格式与内容的分离,灵活控制图片、表格,繁复工作自动化,相似操作批量化等,掌握这些技术,你就是别人眼中的 Word 达人!

6.4 教学大纲项目的引入

1. 背景介绍

教学大纲不仅是教师组织教学、进行教材编写和审核的主要依据,也是检查和评定学生学业成绩和衡量教师教学质量的重要标准。可见,编写课程教学大纲是课程教学过程中的关键环节,是一项需要刻画入微、精益求精的工作。编写过程中应当遵循理论联系实际的原则,使大纲不仅要具有科学性、思想性,而且要符合教学规律。

2. 需求分析

为了使各种教学活动或工作的设计、制定、实施、验收环节更加科学、有效、规范,可以把一项具体活动或工作当作一个项目,这样,就可以将"项目管理软件"应用于教学活动或工作中。显然,编写或修订教学大纲可以看作一个项目的实施过程。

某学校教务处根据学科发展趋势,计划对"计算机应用基础"课程的教学大纲重新编写。为此,课程负责人宫老师组织教研室其他老师开始了教学大纲的编制工作。同时,要求教师们以教学大纲的编制为契机,加强相关课程的教学研究并撰写学术论文。编制团队使用 Office Project 2016 作为项目管理工具,项目初步计划如下:

项目名称:编制教学大纲。

项目工期:40 个工作日内。

项目成员:计算机教研室。

项目任务:①撰写课程调研报告;②撰写课程教学大纲;③审核教材流程图。

项目工具:Office Word 2016;Office Excel 2016;Office Project 2016。

项目成果:①课程调研报告;②课程教学大纲;③教材审核流程图。

3. 项目计划编制

结合项目背景和需求分析,依据 3.4.2 节所描述的编制项目计划的操作步骤,依次进行设置项目信息、创建工作分解结构 WBS、设置任务依赖关系、估算任务工期等操作。操作结果依次如图 6-3～图 6-6 所示。

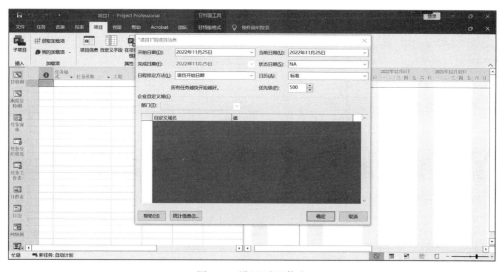

图 6-3 设置项目信息

在该项目计划编制过程中,主要信息设置如下:

(1) 设置项目开始日期:2022 年 11 月 25 日。

(2) 设置日历日期:标准日历。

(3) 设置任务模式:自动模式。

(4) 设置各子任务之间的依赖关系,如图 6-5 中"前置任务"列所示。

(5) 设置各子任务的工期,如图 6-6 中"工期"列所示。

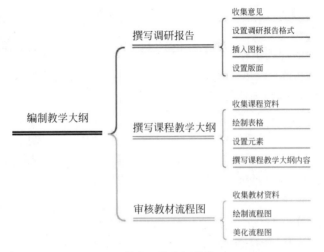

图 6-4　创建工作分解结构 WBS

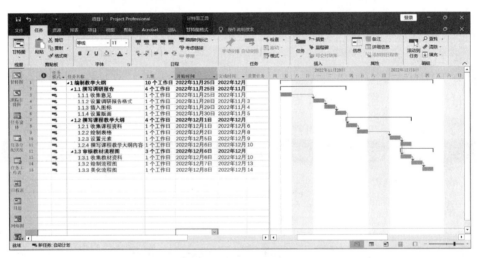

图 6-5　设置任务依赖关系

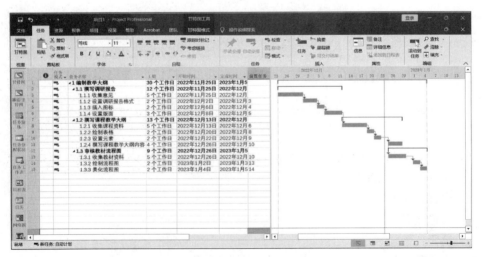

图 6-6　估算任务工期

6.5　教学大纲项目的优化

通过对案例项目的分析及计划的编制,基本完成了项目的设置。接下来可根据实际需要,参考3.4.3节优化项目计划的操作步骤,对项目的工期及甘特图显示等内容进行优化。与此同时,还可参照3.4.4节完成本项目进度基线的设置。

进度基线是衡量进度绩效的依据,通过实际进度和进度基线的对比,可直观体现出进度状态是超前、适中或滞后。在【项目】菜单【日常安排】功能组中,单击【设置基线】选项,在弹出的对话框中设置新的基线或保留之前设置的进度基线,单击【确定】按钮。此处保留2022年11月26日设置的基线,如图6-7所示。

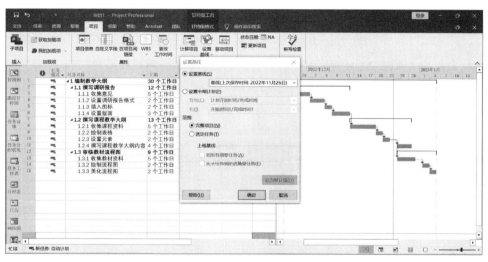

图 6-7　设置进度基线

设置完毕后,可以将左侧视图由【甘特图】切换为【跟踪甘特图】,观察右侧甘特图区域的变化,其中灰色条形图显示的就是设置好的进度基线,如图6-8所示。

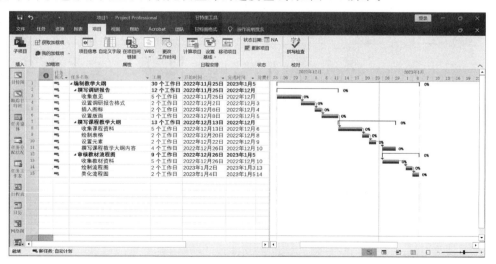

图 6-8　显示进度基线

6.6 教学大纲项目的实施

6.6.1 撰写调研报告

编撰一门课程的教学大纲应结合社会和国家对学科、专业、课程的教学需求以及学生的学习心理及学习需求,在遵循教学原则、考虑教学法的基础上,对相关知识要全面衡量、有所侧重,才能保证教学大纲的科学性和实用性,才能保证教学质量的稳定。因此,在前期阶段,要撰写调研报告。

1. 收集意见

撰写课程调研报告的第一步是收集意见。最常用的收集方法是问卷调查法,即用一些公认的量表或自行设计的问卷形式,实现相关信息的收集和整理。这里,我们使用一种简单、高效、快捷的问卷调查工具——问卷星,对学生做课程设置需求和满意度的调查问卷。通过收集此类信息及数据,为后续工作找准定位。

"问卷星"是一个专业的在线问卷调查、考试、测评、投票平台,能够提供功能强大且人性化的在线设计问卷、采集数据、自定义报表、调查结果分析等系列服务及专门针对高校的学术调研、社会调查、在线报名、在线投票、信息采集、在线考试等典型应用功能。

在问卷星平台创建及发布问卷的操作步骤如下。

(1) 登录访问问卷星官网:https://www.wjx.cn/(新用户须注册),单击【免费使用】功能,如图 6-9 所示。

图 6-9 问卷星首页

(2) 进入主页后,就可以创建问卷。单击【创建问卷】功能,如图 6-10 所示。

(3) 进入问卷类型选择页面,选择相应的问卷类型,例如"调查",单击【创建】,如有疑问,可单击右上角【了解更多】功能,详细了解问卷建立步骤,如图 6-11 所示。

(4) 设置并输入调查问卷标题,之后可按页面向导提示,设置并输入问题内容和选项内容。在这里,也可以使用【文本导入】功能,利用已编辑好的 Word 格式的问卷素材,更方便地生成问卷,如图 6-12 所示。

(5) 利用已编辑好的 Word 格式的问卷素材,单击页面右上角【完成编辑】按钮,即可快

图 6-10 创建问卷界面

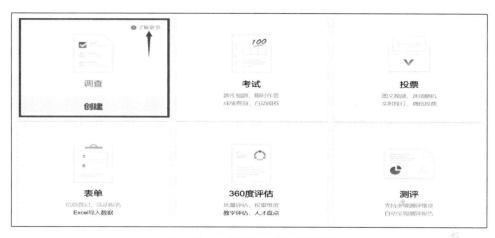

图 6-11 选择创建问卷类型界面

图 6-12 文本导入

速生成问卷,其结果依次如图 6-13 和图 6-14 所示。

(6)完成【发送问卷】操作后,即可生成问卷链接与二维码,如图 6-15 所示。

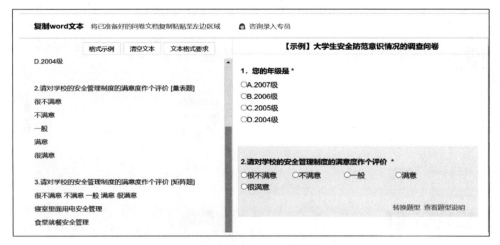

图 6-13　复制 Word 文本快速生成问卷界面

图 6-14　快速生成问卷界面

图 6-15　生成问卷链接与二维码界面

（7）综上，可在问卷首页查看到已创建的问卷及其自动统计的问卷信息及相关数据，极大地提高了资料收集和整理工作的效率。显然，此方法简单、高效、快捷。

以下是一份"关于大学课程设置的调查问卷"实例，如图 6-16 所示。

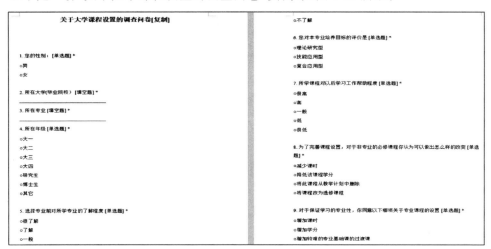

图 6-16　调查问卷实例

2. 设置调研报告格式

调查问卷回收之后，要对回收的问卷进行详细分析，从中提取有用的数据信息，为撰写调查报告的内容打下基础。同时设置调查报告的结构和格式等。

下面，利用素材为大家介绍关于如何快速设置调研报告格式的操作步骤。

（1）在 Word 中打开文件"课程调研报告（素材）.docx"。

（2）在【布局】菜单【页面设置】功能组中，通过使用【分隔符】中【分节符】→【奇数页】功能，可将调研报告正文部分各章节独立分隔，要求所有新的章节从奇数页开始显示，效果如图 6-17 所示。

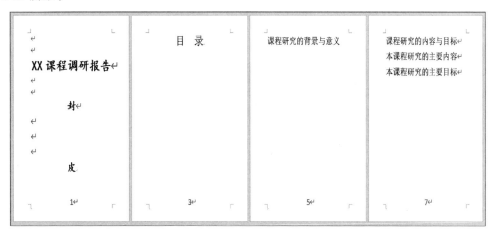

图 6-17　调研报告各章节从奇数页开始显示效果

（3）在【开始】菜单【样式】功能组中，通过使用【新建样式】功能，可完成调研报告各级标题的样式统一。标题一般分为三级，即章标题、节标题、目标题，章标题对应一级标题，节标题对应二级标题，目标题对应三级标题。调研报告中章、节样式统一后的效果如图 6-18 所示。

图 6-18　调研报告各级标题样式统一效果

(4) 在【开始】菜单【段落】功能组中,通过使用【定义新的多级列表】功能,可自动完成各级标题编号的生成,效果如图 6-19 所示。

图 6-19　调研报告各级标题自动生成编号效果

(5) 为了看到更明显的效果,可打开【视图】中的导航窗格,如图 6-20 所示,撰写报告可轻松通过单击导航窗格的章节,进入报告正文对应位置,进行修改。

(6) 在【引用】菜单【目录】功能组中,通过使用【自定义目录】功能,可自动生成调研报告目录,效果如图 6-21 所示。如果在调研报告正文部分对内容或页数有修改,最后可在现有目录下使用【更新域】功能,完成对目录的更新。

3. 插入图标

如果在撰写调研报告的过程中,需要在文字描述基础上加以辅助,则可以利用【插入】菜单【表格】和【插图】功能组中各功能来添加相应元素,如图 6-22 所示。

4. 设置版面

为了使调研报告格式更加规范,版面效果更加美观,在完成以上操作的基础上,可以针对版面中【页眉】功能进行相应设置,使其自动变化为与各章节自动匹配的页眉内容。插入【页码】。

(1) 在报告封皮页最上方空白处快速双击,可进入【页眉】编辑区,在【页眉和页脚工具】

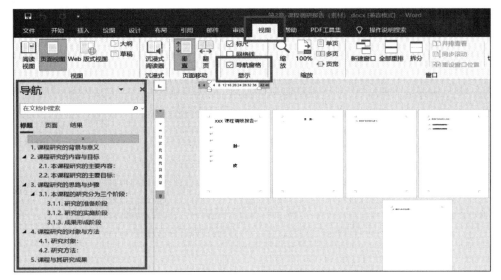

图 6-20　调研报告展示导航窗格效果

目　录

1　课程研究的背景与意义 5
2　课程研究的内容与目标 7
2.1　本课程研究的主要内容: 7
2.2　本课程研究的主要目标: 7
3　课程研究的思路与步骤 9
3.1　本课程的研究分为三个阶段: 9
3.1.1　研究的准备阶段 9
3.1.2　研究的实施阶段 9
3.1.3　成果形成阶段 9
4　课程研究的对象与方法 11
4.1　研究对象: 11
4.2　研究方法: 11
5　课程与其研究成果 13

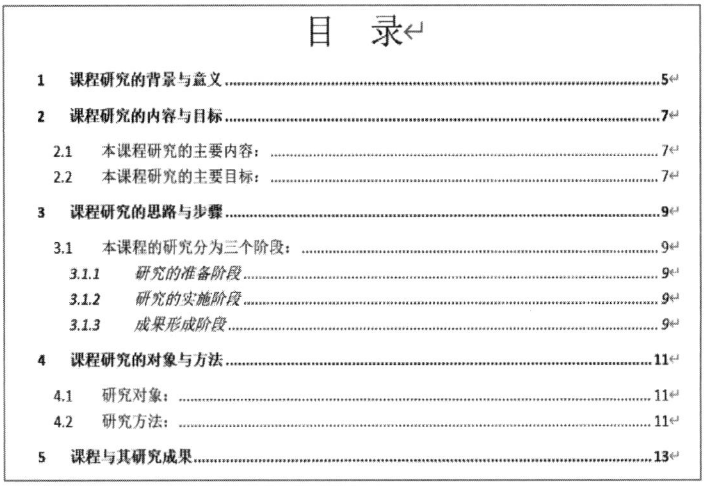

图 6-21　调研报告自动生成目录效果

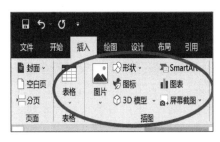

图 6-22　【插入】的【表格】和【插图】功能组

菜单中选择【下一条】并取消【链接到前一节】,将页眉停留在报告正文部分,打开【文档部件】下的【域】功能,设置一组固定参数【类别-全部】→【域名-StyleRef】→【样式名-章标题】,即可达到预期效果。

(2) 编辑【页码】。在报告封皮页最下方空白处快速双击,可进入【页脚】编辑区,在【页眉和页脚工具】菜单中选择【下一条】并取消【链接到前一节】,将页脚停留在报告正文部分,打开【页码】功能,选择【设置页码格式】及【页面底端】选项,即可完成从正文部分开始自动编号的页码。

设置后的页眉、页码效果如图 6-23 所示。

图 6-23　自动生成的页眉、页码效果

6.6.2　撰写课程教学大纲

1. 收集课程资料

课程大纲是教学工作的指导性文件,制定了从课程目标、课程内容、时间安排到课程考核等方面的内容及要求。教师和学生通过查阅课程教学大纲,可以了解课程相关情况并根据课程进度合理制定教学或学习计划。

在编撰课程教学大纲时,还应结合课程相关信息,做好课程教学统筹,例如,可以通过收集课程基本信息、授课教师信息、时间进度安排信息,来编撰科学合理的课程大纲。

(1) 课程基本信息。课程基本信息包括课程名称、授课教师、上课时间、上课地点等,这些信息应当简洁,无过多描述,但又足够全面,以便学生准确无误地了解课程概况。

(2) 授课教师信息。这部分内容包括授课教师的求学经历、研究经历和授课经历,以证明自己在所属的专业领域具备较高水平,能够胜任该课程的教学任务。此外,需要写明教师的办公地点和办公时间,以及学生是否需要预约才能在课后获得教师的单独辅导。教师的联系方式,例如手机号码、邮箱、即时通讯工具等也需要在该部分详细列出。

(3) 时间进度安排信息。为便于教师和学生安排整学期的授课和学习计划,课程大纲中应有关于时间进度安排的内容。时间进度安排中应包含本学期所有重要事件的发生时间,可按每周发生事件的顺序进行编排,也可按各个课程模块占据的时间段进行编排。

2. 绘制表格

为便于实现上述关于课程基本信息、授课教师信息、时间进度安排信息的收集和整理工作,常用简单、高效的制表法完成。下面,利用素材介绍如何使用表格功能。

(1) 在 Word 中,利用【插入】菜单【表格】功能组完成表格的创建。因为 Word 文档是专门用于文字编辑及格式处理的工具,所以利用 Word 文档编辑生成的表格主要用于文档中的附表,或是文档中列出的清单类且无须相关的数据计算的表格。例如,可根据课程的进度安排,用 Word 制作一个教学进度表,效果如图 6-24 所示。

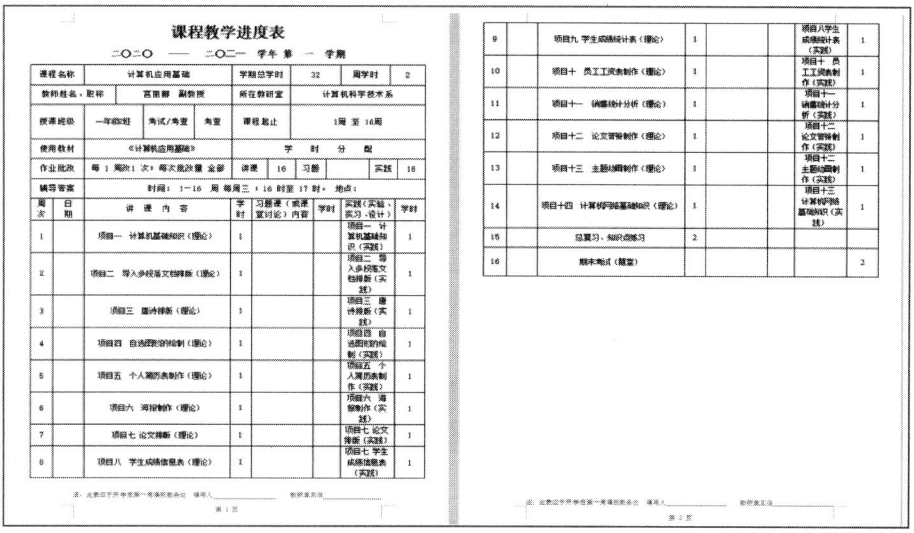

课程教学进度表

二〇二〇 —— 二〇二一 学年 第 一 学期

课程名称	计算机应用基础	学期总学时	32	周学时	2
教师姓名、职称	宫丽娜 副教授	所在教研室	计算机科学技术系		
授课班级	一年级X班	考试/考查	考查	课程起止	1周 至 16周
使用教材	《计算机应用基础》	学 时 分 配			
作业批改	每 1 周次 1 次;每次批改量 全部	讲课 16	习题	实践 16	
辅导答疑	时间: 1—16 周 每周三:16 时至 17 时。 地点:				

周次	日期	讲 课 内 容	学时	习题课(或课堂讨论)内容	学时	实践(实验、实习、设计)	学时
1		项目一 计算机基础知识(理论)	1			项目一 计算机基础知识(实践)	1
2		项目二 导入多段落文档排版(理论)	1			项目二 导入多段落文档排版(实践)	1
3		项目三 唐诗排版(理论)	1			项目三 唐诗排版(实践)	1
4		项目四 自选图形的绘制(理论)	1			项目四 自选图形的绘制(实践)	1
5		项目五 个人简历表制作(理论)	1			项目五 个人简历表制作(实践)	1
6		项目六 海报制作(理论)	1			项目六 海报制作(实践)	1
7		项目七 论文排版(理论)	1			项目七 论文排版(实践)	1
8		项目八 学生成绩信息表(理论)	1			项目七 学生成绩信息表(实践)	1
9		项目九 学生成绩统计表(理论)	1			项目八学生成绩统计表(实践)	1
10		项目十 员工工资表制作(理论)	1			项目十 员工工资表制作(实践)	1
11		项目十一 销售统计分析(理论)	1			项目十一 销售统计分析(实践)	1
12		项目十二 论文答辩制作(理论)	1			项目十二 论文答辩制作(实践)	1
13		项目十三 主题动画制作(理论)	1			项目十二 主题动画制作(实践)	1
14		项目十四 计算机网络基础知识(理论)	1			项目十三 计算机网络基础知识(实践)	1
15		总复习、知识点练习	2				
16		期末考试(随堂)					2

图 6-24 教学进度表效果

(2) Excel 是专门用于创建表格的工具,它生成的表格大多是数据表。因此,利用 Excel 的主要目的在于得到一个规范的二维表格。与标准数据库结构相同,列为字段,行为记录。通过插入这样的表格,可更方便地使用较大数据量的表格。例如,可根据课程组或教研室统计出的授课教师信息数据,用 Excel 制作一个表,用于直观展示课程教学师资情况,效果如图 6-25 所示。

师资情况统计

教师编号	教师姓名	出生年月	最高学历	最高学位	所授课程信息
10101	宫丽娜	1986年6月	本科	学士	《现代教育技术》
10102	陈婷	1980年3月	硕士	研究生	《现代教育技术》
10103	唐亮	1984年2月	硕士	研究生	《现代教育技术》
10104	张娓娓	1980年11月	硕士	研究生	《现代教育技术》
10105	王海云	1987年2月	硕士	研究生	《现代教育技术》

教师总数	学历程度		
	本科	硕士	博士
5	1	4	0
比例	20%	80%	0%

图 6-25 教学师资情况效果

3. 设置元素

有时有很多数据在 Excel 表中,但个别数据需要用于 Word 文档中,而且数据可能会在 Excel 表中进一步处理或改变。这时,就要使用 Word 与 Excel 间的数据链接功能,当 Excel 表中的数据变化后,引用到 Word 文档中的数据也随之改变,不会出现数据引用错误的情况。

具体方法如下:

(1) 在 Excel 中编辑好数据。

(2) 选择并复制需要引用到 Word 中的 Excel 数据。

(3) 回到 Word 中,在【开始】菜单选择【粘贴】下的【选择性粘贴】。

(4) 在弹出的选择性粘贴的选项框中,选择【粘贴链接】。

(5) 选择【带格式文本】,就可以把 Excel 的数据和表格格式一起粘贴到 Word 中,同时实现 Excel 和 Word 数据同步更改。

(6) 选择【无格式文本】,只会把 Excel 的数据粘贴到 Word 中,Excel 的表格格式不会粘贴到 Word,但是同样可以实现 Word 和 Excel 的数据同步改变。这种操作适合 Word 中只需要引用个别数据的情况。

4. 撰写课程教学大纲内容

基于以上工作,就可以根据学校教务处对于课程教学大纲的格式要求,完成具体内容的编写。效果如图 6-26 和图 6-27 所示。

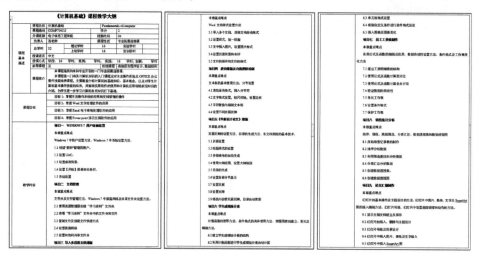

图 6-26　课程教学大纲效果(1)

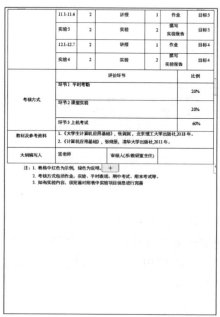

图 6-27　课程教学大纲效果(2)

6.6.3 审核教材流程图

1. 收集教材资料

选用教材是教学过程的重要环节。优质教材是提高教学质量的基本保证。选用的教材必须具有与本学科发展相适应的科学水平,有较强的理论性和系统性,基本内容应符合所授课程在教学计划中的地位和作用且要求恰当、取材合适、循序渐进、富有启发性、便于自学,同时还应该文字表达准确、流畅,文字符号使用规范,插图正确、清晰、文图搭配合宜。

在所选教材的审核工作中,应当按照学校或教务处的要求,填写教材信息,接受审核。

2. 绘制流程图

可根据教材审核工作的要求,利用 Word 或 Visio 完成流程图的绘制。利用 Word 绘制流程图的效果如图 6-28 所示。相比而言,用 Visio 绘制更便捷、美观。

3. 美化流程图

可以利用 Word 中【SmartArt 工具】菜单下的相关功能,完成对流程图的美化。效果如图 6-29 所示。

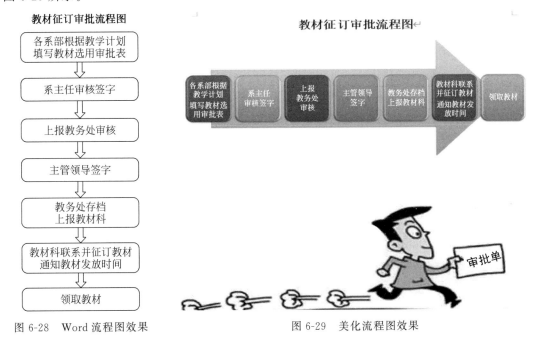

图 6-28　Word 流程图效果　　　　　图 6-29　美化流程图效果

6.7　教学大纲项目的监控及评估

项目在执行过程中,需要实时掌握项目进度并动态调整计划,需要根据项目总工期设置合适的更新频率。可结合项目总工期的具体需要,参考 3.4.5 节的相关操作步骤,分别设置项目状态日期,手动录入项目的实际状态信息,从而进一步实现对项目当前计划与进度基准的差异对比。

最后,可参照 3.4.6 节评估项目效果等相关内容,制作报表记录项目阶段执行的情况或终期结果,如图 6-30 所示。该项目报表以堆积柱形图形式显示,其中浅色代表基线估计工期,深色代表计划工期。从报表可见,收集意见、收集课程资料、收集教材资料这3个子任务的计划工期和基线估计工期相比,分别减少了1个工作日,总计减少3个工作日。

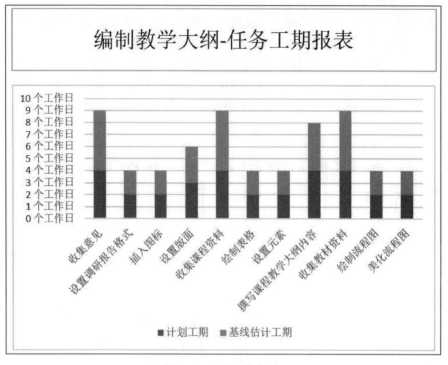

图 6-30　任务工期报表

至此,教学大纲制定项目全部完成。

为帮助大家更好地掌握及应用 Word,下面归纳出类似项目的基本实施步骤。

(1) 打开 word 软件,新建一个文件。

(2) 输入各级目录文字并设置目录级别。

(3) 插入表格(可有可无)。

(4) 插入图(可有可无)。

(5) 设置文字内容格式。包括字体、字号、行间距、倾斜、加粗等。

(6) 版面调整(排版)。

(7) 保存,打印输出。

6.8　结　　语

综上所述,可以得到如下结论:

(1) 教学大纲是学科教学的指导性文件,是教学内容和手段的总框架和"根本大法"。

(2) 编制教学大纲要遵循全面、科学、准确、精练、应时、可行的原则。

(3) Word 是电子文案领域的敲门砖。

(4) 学习 Project 软件,是提高教学工作管理与实施水平(电子化管理)的必由之路。

(5) 本章知识思维导图如图 6-31 所示。

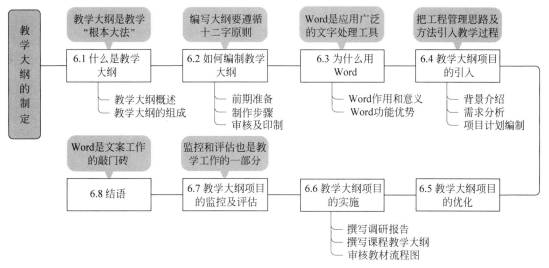

图 6-31 本章知识思维导图

6.9 哲思慧想

唯物辩证法的宇宙观主张从事物的内部、从一事物对他事物的关系去研究事物的发展，即把事物的发展看作是事物内部的必然的自己的运动，而每一事物的运动都和它的周围其他事物互相联系着和互相影响着。事物发展的根本原因，不是在事物的外部而是在事物的内部，在于事物内部的矛盾性。

辩证法的宇宙观，主要就是教导人们要善于去观察和分析各种事物的矛盾的运动，并根据这种分析，指出解决矛盾的方法。因此，具体地了解事物矛盾这一个法则，对于我们是非常重要的。

6.10 名家名言

伊拉斯谟（Erasmus，1466 年—1536 年），荷兰哲学家、神学家、教育家。
伊拉斯谟说：
(1) 一个国家的主要希望，在于它对青年的适当的教育。
(2) 人不是生而为人，而是教养之人始为人……是理性使其为人。

6.11 习　　题

1. 什么是教学大纲？由几部分组成？
2. 使用 Word 编制教学大纲的优势是什么？
3. 编制教学大纲的要求是什么？
4. 使用三种不同方法创建新的 Word 文档。分别命名为 A. docx、B. docx、C. docx。然后打开文档进行编辑，并以新建文档方法 1、新建文档方法 2、新建文档方法 3 为标题,在正文中简单说明建立新文档的方法,将标题设置为三号黑体字,正文设置为小四宋体字。输入后保存文档,保存前将文档进行保护,标记为最终状态。

5. 背景：西安某大学计算机学院主办"2022年度校园互联网＋创新大赛"宣讲会。

时间：2022年5月10日下午3:00-5:00。

地点：学院科技楼三层报告厅。

任务：请为本次活动制作一份宣传海报。

要求：调整文档版面,要求页面高度35cm,页面宽度27cm,页边距(上、下)为5cm,页边距(左、右)为3cm。

第 7 章 课程教案的编写

引子:教案是教师执行教学大纲、组织课堂教学的基本教学文件。编写课程教案是教师落实教学大纲的要求,精心设计和组织好教材每一章节及每课时单元的授课内容和进程,贯彻因材施教的原则,认真履行教书育人的职责,提高课堂质量和教学效果的一个重要教学环节。每一位任课教师在接受课程教学任务后,在授课之前必须认真编写所任课程的教案。

第 7 章
第 1 讲

第 7 章
第 2 讲

7.1 什么是课程教案

先秦思想家韩非子在《韩非子·外储说右下》中言:"善张网者引其纲"。可见,教学大纲是进行课程教案编写的重要依据之一。第 6 章已经通过实例对教学大纲的编制流程和方法进行了说明。那么,什么是课程教案呢?

课程教案是根据课程标准、教学大纲和教材要求及学生实际情况,以课时或课题为单位,对教学内容、教学步骤、教学方法等进行的具体设计和安排的一种实用性教学文书。

由此可见,教案是教师教学思路、教学方法、教学内容和教学目的的书面呈现,是教师教育思想、智慧、经验、个性和教学艺术性的综合体现,是教学活动实施的具体方案和进度明细表,具有专业性、系统性和可操作性的特点。

如果用项目概念解释,教案就是课程教授项目的施工图。

在编写教案时,教师应按教材内在规律,结合学生实际情况确定教学目标、重点、难点,设计教学过程,避免出现知识错误,保证其科学性;应在吃透教材的基础上,广泛涉猎多种教学参考资料,巧妙构思,精心安排,体现其创新性;应综合考虑教材、课程、学生、区域等特点,因材施教、有的放矢,体现其差异性;应从实际需要出发,考虑教案的可操作程度,简繁得当,保证其可行性;应充分预估学生可能提出的问题和观点,制定多种教学方案,并根据实际情况对教学计划和方法进行灵活调整,体现其变化性。

7.2 如何编写课程教案

通常,编写课程教案的流程如下:
(1) 明确教学活动目标,收集课程资料,根据要求设置教案格式及版式。
(2) 梳理教学活动重难点,便于掌握学生学情。
(3) 设计教学活动过程,收集教学活动相关数据,对教学效果进行评价。例如,通过学生测验或考试成绩,生成统计图表。

编写课程教案流程如图 7-1 所示。

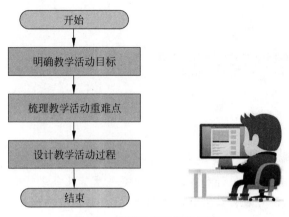

图 7-1　编写课程教案流程图

7.3　为什么用 Word 和 Excel

Word 和 Excel 在当今社会是不可或缺的文字和图表处理工具,在各行各业具有庞大的用户群体。尤其是对于教师,更是离不开这两种工具。

Excel 基本特点如图 7-2 所示。

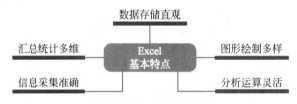

图 7-2　Excel 基本特点

用 Excel 可以存放、加工、统计数据及输出数据报表,以辅助我们更好地做出决策。下面将带领大家利用 Word 和 Excel 软件,完成对课程教案的编写任务。

7.4　课程教案项目的引入

1. 背景介绍

在实际教学活动中,课程教案起着十分重要的作用。编写教案有利于教师弄通教材内容,准确把握教材的重点与难点,进而选择科学、恰当的教学方法组织教学;有利于教师科学、合理地支配课堂时间,更好地组织教学活动;有利于教师把控教学进度,提高教学质量,保证教学效果。

2. 需求分析

某中学根据学科发展趋势,计划对信息技术课程教案进行调整与更新,需要修改课程教案基本版面及格式。为此该校信息技术课程负责人宫老师组织教研室老师们进行课程教案版式布局的修订。

根据以上需求,使用 Office Project 2016 作为项目管理工具,项目初步计划如下:

项目名称:编写课程教案。

项目工期:30 个工作日内。
项目成员:信息技术教研室。
项目任务:①明确教学活动目标;②梳理教学活动重难点;③设计教学活动过程。
项目工具:Office Word 2016;Office Excel 2016;Office Project 2016。
项目成果:计算机应用基础课程教案。

3. 项目计划编制

编制项目计划的主要工作是确定项目基本信息,进行任务分解,分析各子任务间的前置或后置的依赖关系,估算各子任务工期从而确定摘要任务的工期,这部分内容读者均可参照 3.4 节的相关操作步骤进行,也可借鉴 6.4 节项目计划编制思路。其中,关于创建工作分解结构 WBS 也可使用表格形式进行描述,如表 7-1 所示。注意:该表是用 Word 自带的表格功能制作的。

创建工作分解结构,简单说就是将一个项目,按一定的原则分解。项目分解成任务,任务再分解成一项项工作,再把一项项工作分配到每个人的日常活动中,直到分解不下去为止。即项目→任务→工作→日常活动。

工作分解结构是组织管理工作的主要依据。能够为工作定义提供更有效地控制,把工作安排到相应的授权对象中,便于在执行工作中找到掌握时间的最佳层次,有助于限定风险,是信息沟通的基础。

表 7-1 创建工作分解结构(WBS)

序号	WBS 编码(任务级别)			任 务 名 称
1	1			编写课程教案
2		1.1		明确教学活动目标
3			1.1.1	收集教学目标资料
4			1.1.2	设置教案格式及板式
5			1.1.3	插入表格
6		1.2		梳理教学活动重难点
7			1.2.1	收集教学重难点资料
8			1.2.2	绘制表格
9		1.3		设计教学活动过程
10			1.3.1	收集教学活动过程资料
11			1.3.2	绘制并美化流程图
12			1.3.3	收集教学效果评价

7.5 课程教案项目的优化

在进行项目管理时,合理的优化必不可少。通过确定关键任务、查找关键路径、压缩总工期等操作,可以实现项目的及时纠偏,最大程度地避免进度延期、资源严重不足等现象的发生。当然,也可以对甘特图的显示进行优化,增强可视化效果。

参考 3.4.3 节,打开 Project 软件,在【甘特图格式】菜单【甘特图样式】功能组中,对甘特图的样式、形状、颜色、显示文本进行设置。操作结果如图 7-3 和图 7-4 所示。

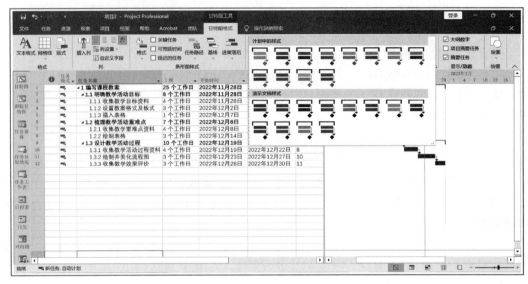

图 7-3　甘特图的显示优化(1)

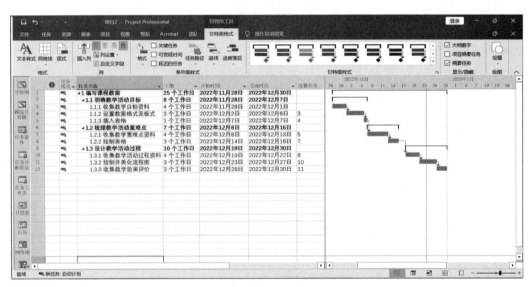

图 7-4　甘特图的显示优化(2)

7.6　课程教案项目的实施

7.6.1　明确教学活动目标

1. 收集教学目标资料

教学目标是师生通过教学活动预期达到的结果或标准,是对学生通过教学以后将能做什么的一种明确、具体的表述。主要描述学生通过学习后预期产生的行为或思想变化。

教学目标必须以课程标准所限定的范围和教材内容所应达到的深度为依据,必须服从、服务于教育教学的总体目标。通常,编写课程教案可分为如下 5 步进行:

(1) 钻研教材和教学参考书。

(2)了解学生情况。

(3)确定本节课的教学目标与要求。

(4)确定本节课的主要知识点、重点和难点。

(5)将课程内容及其结构与教学对象的知识结构对应,设计讲述策略,完善教学设计。

(6)准备好教学资源。为了进一步明确教学活动目标,应该对照教学大纲,从中搜索关于教学目标的具体内容。

下面利用素材,结合图例,介绍如何在 Word 文档中实现对内容快速查找的操作步骤。

(1)打开文件"课程教案(素材).docx"。

(2)在【开始】菜单【编辑】功能组中,单击【查找】功能,或者直接使用快捷组合键 Ctrl+F,快速打开查找导航页面。查找功能按钮如图 7-5 所示。

图 7-5 查找功能按钮

(3)在页面左侧的【导航】中输入"目标",即可快速查询并定位至文档中。查找完成页面效果如图 7-6 所示。

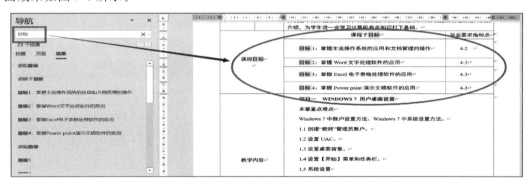

图 7-6 查找完成页面效果

2. 设置教案格式及版式

(1)打开文件"课程教案(素材).docx"。

(2)在【布局】菜单【页面设置】功能组中,通过使用【分隔符】中【分节符】→【下一页】功能,可将教案各部分独立分隔,要求所有新的章节从新的一页开始显示,效果依次如图 7-7 和图 7-8 所示。

3. 插入表格

如果在编写教案的过程中,需要在文字描述基础上加以辅助,则可以利用【插入】菜单【表格】功能来添加相应元素,如图 7-9 所示。

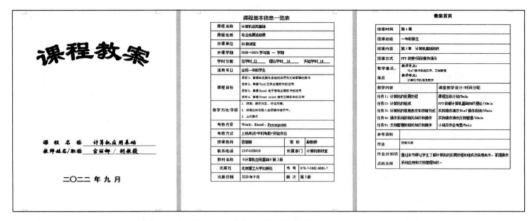

图 7-7 "课程教案"效果图(1)

图 7-8 "课程教案"效果图(2)

图 7-9 【插入】菜单中的【表格】功能

需要特别提示的是,利用 Word 文档创建表格,一定要预先设计或规划好表格的基本大小和样式,做好草稿,并按照先列后行的原则,输入表格的基本参数值。

7.6.2 梳理教学活动重难点

1. 收集教学重难点资料

梳理教学活动重难点的关键在于掌握学生学情。

(1) 充分考虑学生在知识技能方面的准备情况和思维特点,掌握学生的认知水平。

(2) 充分考虑学生在情感态度方面的适应性,了解学生的生活经验,从促进学生全面发展的需求出发,去审视制定教学目标。

(3) 充分考虑学生的学习差异、个性特点和达标差距,以便按照课程标准确定教学目标要求及出发点,为不同状态和水平的学生提供适合其最佳发展的教学条件。同时,还要经常主动与学生沟通交流,认真听取学生对教学工作的意见和建议,从心灵上读懂学生,贴近学生,以使教学目标的制定更具针对性和时效性。

通常,使用制表法完成上述关于学生学情信息的收集和整理工作。

2. 绘制表格

利用素材介绍如何使用表格功能。

Excel 是专门用于创建表格的工具,但它生成的表格大多是数据表,所以利用 Excel 的主要目的是得到一个规范的二维表格,与标准数据库结构相同,列为字段,行为记录。通过插入这样标准的表格,令较大数据的表格在使用上更加方便。

还可以利用 Excel 中的图表功能,更加直观、清晰地展示表中数据变化情况,或者便于直观展示统计信息属性(时间性、数量性等)。

图表是一种对知识挖掘和信息直观生动感受起关键作用的图形结构。条形图、柱状图、折线图和饼图是四种最常用的基本类型。Excel 图表还包括散点图、面积图、圆环图、雷达图等类型。此外,还可通过图表间的相互叠加形成复合图表类型。例如,可根据学生上学期某门课程的考试成绩数据,用 Excel 生成一个图表,直观展示成绩分布情况,如图 7-10 所示。

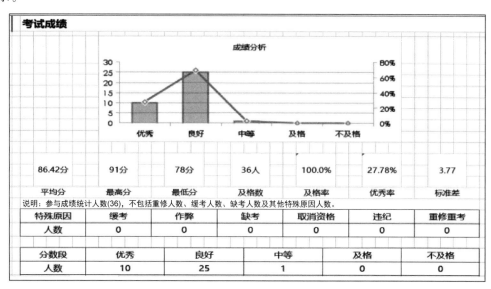

图 7-10 Excel 学生成绩统计图效果

需要说明的是,在 Word 文档中的表格通常多用 Word 自带的表格功能制作。而用 Excel 制作表格的最大好处是可以对表格中的数据进行计算和处理并给出各种显示图。

7.6.3 设计教学活动过程

1. 收集教学活动过程资料

教学设计是指教师依据教学目标、课程内容及学生的实际情况,对教学过程全方位进行安排、策划的活动,也是教师必备的教学基本能力之一。

(1) 有效整合三维目标。教学目标是教学双方积极活动的标准。设计教学目标要对知识与技能、方法与过程、情感态度与价值观三维目标进行有效整合,不可"厚此薄彼"。同时,要确立综合发展要求,坚持教学目标多元化。

(2)准确全面地分析学生。对于学生的分析是确定教学的起点的主要依据。教学要把设计落在学生的"最近发展区"。在教学设计中,教师要关注学生的性格、年龄差异、学习兴趣、动机,以及学习的期望值、学习方式、人际交往等因素。

(3)对教材内容进行再创新。在教学设计时,要根据教学目标,结合学生实际水平,对学习材料进行再加工。通过取舍、补充、简化、拓宽、延伸等方式,重新选择有利于目标达成的有效材料。对选定的学习材料还要做序列化组合,使之符合学生认知发展规律和顺序。

(4)重视教法及媒体选用的设计。在教学设计中,对教法的设计既要考虑如何教给学生已经概括到理论层面的经验,更要考虑如何指导学生去学习获取更多经验的方法。在学法指导上,既要考虑怎样指导学生去巩固已有的知识经验,又要考虑怎样指导学生建构知识;怎样主动更新自身的知识结构,在选择教学媒体时,要考虑是否有效地适合学习、支持学习;是否有利于师生的互动;是否有利于学生主体性积极性的发挥。

(5)科学地设计教学评价。教学评价应该穿插于教学活动的全过程,其侧重点不是学习者的能力水平,而是学习者能力的提高程度。教学评价设计要注意即时性评价和延时性评价,掌握好评价时机和不同形式,注意教学各个层面的多样化。除此之外,还要设计好教学的整体结构。教师在设计教学结构时要注意体现科学性和整体性。

2. 绘制并美化流程图

可以根据教学活动设计的要求,利用 Word 完成流程图的绘制,这样更加便于工作的具体落实和执行。同时,利用 Word 中【SmartArt 工具】菜单下的相关功能,完成对流程图的美化工作。效果如图 7-11 所示。

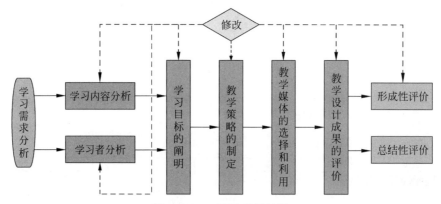

图 7-11　Word 流程图效果

3. 收集教学效果评价

课程教学评价是一个动态的体系化过程。从课程目标设计到课程实施前、中、后的目标达成评价,中间涉及评价策略、评价主体及由此引发的教学策略调整。理想的多元评价方法不在于方法的复杂性,而在于以评价促进更优质的课程设计和更和谐的师生合作。

下面以"计算机应用基础"课程中的文档设计为例,对课程评价效果进行说明。

授课过程中,在锻炼学生文档编辑能力和表达能力的同时,也要关注增强学生自主调控和自主学习的能力。因此,教案中引入了多种学生活动,如研究报告、小组讨论、论文撰写等,也有综合运用多种教学媒介的如综合展示等教学活动。多元要素评价如图 7-12 所示。

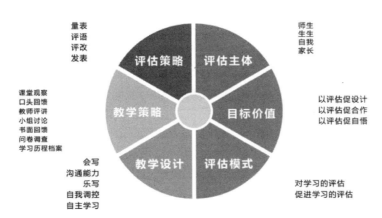

图 7-12　多元要素评价示意图

坚持以学生为中心的教学理念,注重过程性考核与终结性考核相结合,围绕教学目标,持续关注课前、中、后阶段的学习效果是评价教学质量的基本原则。教师在教学前期设计的教学目标、内容、方式,需要学生理解并认可。同时,学生还要通过评价活动参与教学流程,学会自我调控及与他人正向沟通,便于教师在整个评价过程中优化教学流程,调整教学策略。这样,既能促进师生合作、自悟,又能让学生感受建构世界、建构他人和建构自我的过程。

追求不同阶段课程目标实现的课程设计如图 7-13 所示。

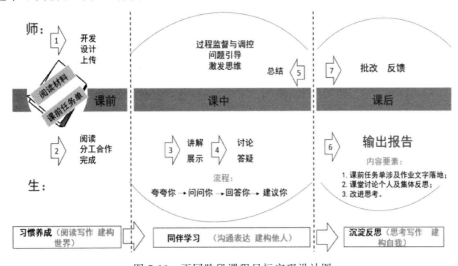

图 7-13　不同阶段课程目标实现设计图

7.7　课程教案项目的监控及评估

实时掌握项目进度并动态更新计划是项目监控工作的重要内容,而更新计划的频率要结合项目总工期等因素综合考虑。此处,重点针对如何设置更新状态日期进行说明。其他有关项目的监控及评估的具体步骤,读者可参考本书第 3 章 3.4.5 节和 3.4.6 节的内容。

本案例设置的项目日历为标准日历,因此周六和周日为非工作日;设置的项目开始时间为 2022 年 11 月 26 日(周六),但项目实际开始执行的第一天是 2022 年 11 月 28 日(周一),设置第一次项目更新的状态日期是4个工作日后,即2022年12月2日(周五)。打开Project软件,在【项目】菜单【状态】功能组中,单击【状态日期】,在弹出的对话框中设置2022年12月2日为状态日期,单击【确定】按钮,如图7-14所示。

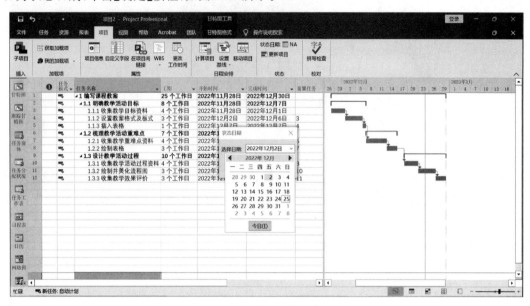

图 7-14　设置状态日期

至此,课程教案编写项目全部完成。

为帮助大家更好地掌握及应用Excel,下面归纳出类似项目的基本实施步骤。

(1) 打开Excel软件,新建一个文件。

(2) 输入各列标题、内容及基础数据。

(3) 根据需求利用公式及函数算出数据结果。

(4) 对数据结果进行直观的分析,生成数据透视表、数据透视图。

(5) 根据数据透视表、数据透视图所示作进一步决策。

(6) 保存。打印输出。

关于Excel与Word自带表格的异同点问题,在此也进行说明。Excel制表侧重于对表格内数据的处理,通常在需要对表格内数据进行统计分析、汇总等时使用,Excel的数据处理功能远超Word;Word中的表格侧重于对表格内文字的排版,在制作一些内容简单的表格时,用Word制表要比Excel方便得多,如报名表、档案卡、个人简历、课程表等。

7.8　结　　语

综上所述,可以得到如下结论:

(1) 课程教案是一门课的"法律"。

(2) 编写教案应遵循科学性、创新性、差异性、艺术性、可行性、适变性原则。

(3) 编写教案的基本要求是源于教材,高于教材。

(4) Word和Excel软件是破解文案工作各种烦恼的利器。

(5) 本章知识思维导图如图 7-15 所示。

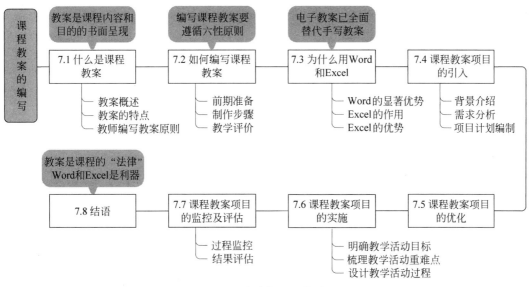

图 7-15　本章知识思维导图

7.9　哲思慧想

矛盾的普遍性或绝对性这个问题有两方面的意义：其一是说，矛盾存在于一切事物的发展过程中；其二是说，每一事物的发展过程中存在着自始至终的矛盾运动。

就人类认识运动的秩序说来，总是由认识个别的和特殊的事物，逐步扩大到认识一般的事物。人们总是首先认识了许多不同事物的特殊的本质，然后才有可能更进一步地进行概括工作，认识诸种事物的共同的本质。

7.10　名家名言

张履详(1611年—1674年)，字考夫，又字渊甫，号念芝，浙江桐乡人，世居清风香炉镇杨园村(今属桐乡市龙翔街道杨园村)，称杨园先生，明末清初著名理学家。他倡导"蒙以养正"思想，认为童年是孩子接受教育的关键时期。

张履详曰：

(1) 今世贫士众矣，皆将不免饥寒，宜以教学为先务。

(2) 作为知识分子，"在上则进贤才，在下则育贤才，无非为天下国家"。

7.11　习　　题

1. 什么是教案？编写教案应包含哪些内容？
2. 编写教案时，应遵循哪些原则？
3. 请根据教学内容，对教学板书进行设计。

每一位有血有肉的中国人,都有一颗拳拳的赤子之心,这颗心与祖国的荣辱紧密相连。无数文人墨客,用饱蘸深情的墨笔,写下了一首首令人荡气回肠的诗,舒婷就是一位代表诗人,今天,我们共同走进她的《祖国啊,我亲爱的祖国》。

4. 在 Excel 中完成学生单科成绩分析表。

(1) 利用素材。

(2) 添加总成绩列,使用公式对原始成绩进行求总和。

(3) 添加名次列,依据总成绩计算名次,并按照名次降序排序。

(4) 用红色字体标注成绩表中不及格成绩。

(5) 利用上述的表格,生成分析图表。

(6) 添加表格边框线,外框粗实线、内框细实线修饰表格。

(7) 设置纸张为横向,A4 大小,调整列宽,使得内容不超过纸张的大小。

学生单科成绩分析图表完成后效果如图 7-16 所示。

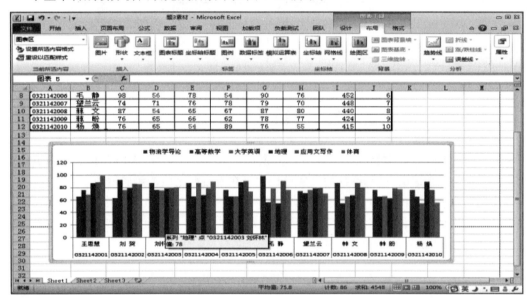

图 7-16 学生单科成绩分析图表

第8章 课件的制作

引子：课件是当今教学活动必备的一种教学手段，可以辅助教师教学，也可以为学生创设学习情境，可直观、多样地呈现知识。那么，什么是课件？如何制作课件呢？

8.1 什么是课件

第8章
第1讲

计算机辅助教学不仅能播放音频、视频、动画，而且具有交互功能，有利于课堂重难点的讲解、课堂气氛的活跃、调动学生参与积极性、提高教学效果，给课堂教学带来一次革命。而课件就是最常见的计算机辅助教学手段。

第8章
第2讲

课件是根据教学大纲的要求，经过教学目标确定，教学内容和任务分析，教学活动结构及界面设计等环节，而制作的一种课程教学软件，通常以多媒体形式呈现。

课件也称为多媒体课件，主要有以下特点：
(1) 与课程内容紧密相关。
(2) 具有一定的教学策略。
(3) 以多种媒体形式呈现教学内容。
(4) 具有一定的视听艺术美感。
(5) 要基于现代教学设备。

从构成上看，课件是具有共同教学目标的可在计算机上展现的文字、声音、图像、视频等素材的集合，是教学内容与教学处理策略的有机结合。其本质是一种软件，是在一定的学习理论指导下，根据教学目标设计的、反映某种教学策略和教学内容的计算机软件。其基本模式有练习型、指导型、咨询型、模拟型、游戏型、问题求解型、发现学习型等。

课件有以下四个主要作用：
(1) 用于向学习者提示各种教学信息。
(2) 用于对学习过程进行诊断、评价、处方和学习引导的各种信息和信息处理。
(3) 用于激发学习动机，强化刺激学习的评价信息。
(4) 用于更新学习数据，实现学习过程控制的教学策略和控制方法。

8.2 如何制作课件

课件既是一种教学软件，也是一个艺术作品，因此，其设计和制作过程不但必须符合教学规律，还要遵循艺术品创作流程。课件开发的一般流程有以下三个步骤。

(1) 教学设计。教学设计就是运用系统科学的观点和方法，以教学目标和教学对象的特点为出发点，以教学效果最优化为目的来规划、实施和评价教学活动的全过程。教学设计的三要素为教学目标、教学策略和教学评价,其核心在于采用最优化的教学方法,取得最优化的教学效果。

(2) 脚本设计。脚本设计阶段是课件开发过程中从面向教学策略的设计到面向计算机软件实现的一个过程。多媒体课件的脚本分为文字脚本和制作脚本两方面。文字脚本包括教学目标分析、教学内容和知识点。制作脚本给出课件制作的具体方法,如页面元素与布局、色彩、文字呈现、声音、动画和视频等。

(3) 制作课件。此阶段分为素材选择和设计、开发工具选择、多媒体课件制作三个步骤。

课件制作流程如图 8-1 所示。

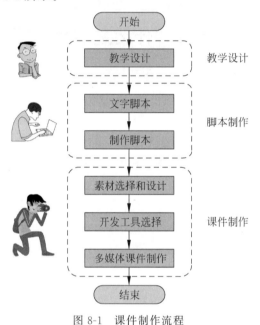

图 8-1　课件制作流程

8.3　为什么用 PowerPoint

制作课件是一名老师必备的基本功,也是日常的一项工作。制作课件的软件有 PowerPoint、Authorware、Director 和 Flash 等。其中,PowerPoint 是微软公司的一款经典软件,简称 PPT。PPT 基本特点如图 8-2 所示。

图 8-2　PPT 基本特点

除了上述优点,PPT 还拥有功能强大的插件 OfficePLUS,包含 OfficePLUS 插件的 PowerPoint 界面如图 8-3 所示。插件可以从官网中免费下载。插件拥有丰富的模板,可以根据不同的主题进行下载。还可以插入更多关系图、图表、功能页和图标资源。同时，第5章介绍的"雨课堂"已经成为PPT中的一个插件，通过PPT可以直接进行雨课堂的线上教学。可见，PowerPoint是一款功能强大、简单易学、应用广泛的多媒体宣传工具。

图8-3　包含OfficePLUS插件的PowerPoint界面

8.4　平面设计基本知识

8.4.1　平面构成

PPT的设计本质就是绘画艺术中的平面设计。因此，要从受众的视觉习惯出发，基于从上到下，从左到右，先图画后文本，先标题后段落，突出显示重点的平面设计原则，遵循PPT设计的相关、对齐、重复、对比四个基本原则进行设计。

相关，是指彼此相关的元素应该靠近，成为一个视觉单元，而不是多个孤立元素。相关原则有助于组织信息、减少混乱，让受众清楚地认识到这些元素是一体的，明显地区别于其他元素，体现出清晰的视觉结构。

可利用物理位置的紧密程度反映元素间的关系。相关的根本目的是实现条理性和组织性，把分散的信息分组。若PPT文字过多，就一定要分组并注意组之间的留白。要避免一个页面上有太多元素。不同组的元素之间不要建立关系。如果彼此无关，就把它们分开。

对齐，指在PPT页面中的任何元素都不能随意安放。每个元素都应与页面上的另一个元素有某种视觉联系。这样才能建立起清晰、精巧、清爽的外观。对齐的根本目的是使页面统一且有条理。

重复，就是一种"一致性"的体现。重复的元素可能是一种粗字体、一条粗线、某个项目符号、颜色、设计要素、某种格式、空间关系等。设计中视觉元素的重复，可以将作品中的各部分连在一起，从而形成统一的风格并增强整个作品的表现力。重复不仅对单页作品有用，对多页文档的设计更重要。重复的目的就是统一，并增强视觉效果。当然，也要避免太多地重复一个元素，造成重点混淆。

对比，是一种为页面增加视觉效果的有效途径。对比的目的一是增强页面的效果，二是有助于信息的组织。要实现有效的对比，对比元素要截然不同。可以通过字体、颜色、线宽、形状、空间等增加对比。对比要强烈，但也要避免出现冲突。"过与不及"都是错误。

8.4.2 色彩构成

配色是设计PPT作品时必须考虑的因素。一份没有色彩装饰的PPT会显得寡淡无味,而一份配色方案合适的PPT则会夺人眼目。因此,设计PPT配色方案时,要注意统一性、主题性、类似性、对比性四个原则。

统一性,是指在一个PPT作品中,应该为每一种元素的存在设定统一的色彩,而且这种色彩贯穿始终。一般而言,一个PPT作品的配色需要3~4种色彩并通过主色调、辅色调和字体色调体现。统一性的好处是可在视觉上给人造成一种整齐的感觉,凸显设计感。

主题性,是指选择的配色方案要符合PPT主题的属性。如果配色方案与PPT主题属性不吻合,那么即便保持了色彩统一性,也会让人觉得奇怪。例如,要做一个医疗方面的PPT,就首先需要知道医疗这个主题词在大家的概念中是什么颜色,例如,白色和蓝色。有了这两种基本主色,再寻找相应的肤色和字体色,就可以轻易做出合适的PPT作品。主题性可以赋予PPT作品应有的气质。

类似性,是指颜色在色调与色调之间有微小的差异,在同一色调中有所不同。通常,可固定同一色调,通过调整亮度或饱和度,再根据PPT使用场合来确定PPT中元素的颜色。这样不会使PPT作品产生呆滞感。基于这个原则做的PPT作品颜色一般不超过3或4个。

对比性,将相隔较远的两个或两个以上的色调搭配在一起进行PPT的配色,即用对比色进行PPT颜色的设置。对比色因为色彩有明显差异,可造成视觉上的鲜明对比,产生一种对比的协调感。进行对比调的搭配时,要考虑对比色块的面积、饱和度和亮度。最重要的是必须找到平衡它们之间关系的一种色彩(中间色),例如黑色、灰色、白色等。

需要注意的是,在PPT配色中,若出现大块颜色艳丽的色块,很容易对读者产生强烈的刺激而导致阅读疲劳。这时就需要添加辅助色,使整个PPT版面色彩平稳、和谐地过渡。

8.5 课件项目的引入

1. 背景介绍

现代化教学,就是将多种信息技术融于课堂教学活动中。它是课堂教育管理规范化、提倡创新教育的一种手段,可为课堂教学提供更加有利和直观的教学条件。因此,合理运用多媒体技术,特别是熟练掌握PPT,对实现更好的教学效果大有裨益。

好的课件在教学活动中能够激发学生的兴趣,调动学生的积极性,变被动学习为主动学习。利用课件教学可以在师生之间架起沟通的桥梁,同时也能更好地传递出书本中不能表达的信息,并能对知识进行更好的整理加工。这就要求在制作课件时,要做到结构清晰、内容突出,要注重模板和色彩搭配。在授课过程中要注意把握节奏,紧紧抓住学生的注意力。

2. 需求分析

信息技术在教学中的应用愈加重要,转变传统教育观念,加强多媒体教学,改革人才培养模式,激发学生独立思考和创新的意识,培养学生的创新能力已是刻不容缓。而PPT在教师的日常教学中也越来越重要。转变传统的知识传授模式,应用PPT进行有效教学,不仅能够做到使学生成为教学的主体,而且能够使学生在自主学习和协作学习的环境中,真正做到自主探究、主动学习。

根据以上需求,使用 Office Project 2016 作为项目管理工具,项目初步计划如下：

项目名称：课程教学 PPT 的制作。

项目工期：30 个工作日内。

项目成员：教师。

项目任务：①课程方法设计；②PowerPoint 课程开发制作；③课件质量评价。

项目工具：Office Word 2016；Office PowerPoint 2016；Office Project 2016。

项目成果：①课程教案；②课程课件。

3. 项目计划的编制

通过前两章项目管理工具 Project 对"制定教学大纲"和"编制课程教案"两个案例进行管理的实践,大家基本可以掌握项目管理从案例分析、编制项目化,到优化项目计划、设置进度基线,再到监控项目执行和评估项目效果的整个流程,在此不再赘述。

有关"课程教学 PPT 的制作"案例项目的工作分解结构、设置依赖关系、估算工期等操作结果如图 8-4 所示。

在该项目计划编制过程中,主要信息设置如下：

(1) 设置项目开始的日期：2022 年 11 月 28 日。

(2) 设置日历日期：标准日历。

(3) 设置任务模式：自动模式。

(4) 设置各子任务之间的依赖关系,如图 8-4 中"前置任务"列所示。

(5) 设置各子任务的工期,如图 8-4 中"工期"列所示。

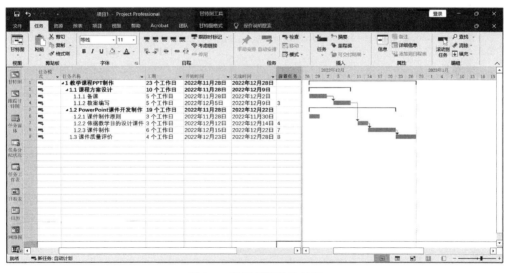

图 8-4　案例项目操作结果

8.6　课件项目的优化

Project 软件会根据前期对项目所做的基础设置,自动规划出关键路径。而确定关键路径是进行调整工期的重要参考因素,同时也是进行项目优化的依据。

下面,将结合案例项目"课程教学 PPT 制作",针对查找关键路径的方法之一进行重点说明。打开 Project 软件,在【甘特图格式】菜单【条形图样式】功能组中,勾选【关键任务】,则在右侧甘特图区域的关键任务显示为红色线条,如图 8-5 所示。

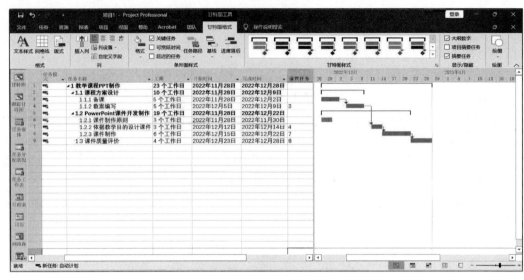

图 8-5 查找关键路径方法

8.7 课件项目的实施

8.7.1 教案的设计

1. 备课

在日常课堂教学中,教师可以把备课过程与课件制作过程结合起来,在教案编写过程中同时进行课件设计,从而提高备课效率和质量。期间需要考虑的问题有以下三个。

(1)哪些内容需要借助多媒体方式表达?是用图片还是动画,需要声音效果吗?

(2)哪些教学任务或活动需要通过计算机实现?如创设学习情境、模拟实验过程等。

(3)哪些内容更适合使用计算机来完成?如随机出题、统计答题情况等。

2. 教案编写

为培养小学生对中国历史、地理及科学的兴趣,体会传统文化之美,建立对传统文化的认同感与自信心,下面以二十四节气为例,制作一个课件。

依据课件制作要求,编写教案。教案编写如表 8-1 所示。

表 8-1 教案编写

引 导 策 略	教 学 活 动
1. 教学背景	立春是二十四节气之首。立春标志着万物闭藏的冬季已经过去,开始进入风和日暖、万物生长的春季。在自然界,立春最显著的特点就是万物开始有了复苏的迹象。时至立春,在我国的北回归线及其以南一带,可以明显感觉到早春的气息
2. 教学目标	1)帮助孩子了解立春气象、物候等特点 2)带领孩子认识立春的民俗传统,了解立春的由来

引 导 策 略	教 学 活 动
3. 教学重点	将立春习俗有选择性地教给孩子；需要通过趣味活动吸引孩子前往户外

4. 教学内容	（一）立春气候
	  每年公历 2 月 3-5 日，就到了"立春"节气。立春是二十四节气中的第一个节气，春天从这一天就开始了。立春像是春天的前奏曲，窗外还是冬天的景象，但其实春姑娘已经悄悄把春的种子撒在了我们身边
	  立春与春节时间非常接近，在我国绝大部分地区，立春只是有了春的气息，整体气候仍是冬季的特点。立春期间，温度渐渐上升，白天的时间越来越长，夜晚越来越短。相较于冬天，春季降雨会稍稍增多，这时的春雨还是很冷的
	（二）立春物候
	  中国古代将立春的十五天分为三个阶段。第一阶段东风送暖，大地开始解冻；第二阶段地下的小虫渐渐苏醒；第三阶段，河里的冰开始融化，鱼开始在水面上游动。大家也可以拿上纸笔记录一下自己身边的立春物候
	（三）立春传统
	  古代中国是传统的农耕社会，立春作为一年的开始，有着很重要的意义。早在先秦时期就有着在立春这一天进行拜神祭祖、纳福祈岁、除旧迎新等活动的传统
	  在民间，立春时节最主要的两个活动就是打春牛和咬春了。我们先来看看什么是打春牛。牛一直是农民伯伯的好帮手，在迎春仪式上，人们扮成句芒神鞭打春牛，以提醒农民们进行农耕。立春吃春天的新鲜蔬菜，既为防病，又为迎接新春。在唐朝，人们就开始在薄饼里卷上酱肉和时令蔬菜制作的炒菜，和现在的"春卷"的包法很相像，古人叫它叫"春饼"
	（四）立春活动
	  自中国古代以来就有很多歌颂春天的诗词和谚语。
	  初春寒冷，同学们出门的时候，记得要穿上厚衣服哦。好的，那么今天的课程到这里就结束了，同学们再见

8.7.2 课件的制作

1. PPT 制作原则

一般 PowerPoint 作品的制作必须遵循以下规范和原则。

（1）设计个性的母版主题。每张幻灯片中都有幻灯片"母版"中的内容，因此对于幻灯片中通用的内容，可以在幻灯片母版上进行修改。把一般框架、标记等内容放在母版上，一些布局相同的幻灯片可以使用同一个模板。

（2）精简内容，突出主题。教学内容应该是主题明确、直观呈现、结构化呈现，让难以理解的内容变成容易理解的内容，强化知识点的记忆。

（3）重用内容，遵循结构。通常，课件结构可分为课件封面、课件导航、课件内容、课件封底等。教师可以在平常制作课件的过程中将它们整合在一个独立的 PowerPoint 文件中，在需要的时候将内容复制到新课件中，节约制作时间，提高管理效率。

2. 课件制作原则

需要什么样的课件？怎样制作出自己需要的课件？课件要有什么功能？要解决什么教学问题？这些问题都需要根据教学目标回答，即课件的设计制作必须与教学设计相结合。

课件的制作通常要遵循以下原则：

（1）不要求全面。通常，课件要展示用语言难以描述的内容和现象、教学重点和关键信息、一些事件和实验变化发展过程、试验现象等，而不是所有教学内容的幻灯片。

(2) 要有明确的内容导航结构。在设计课件时,可采用分级、分层的方法设计内容结构并设置相应的导航键,便于随时切换或寻找相关内容。

(3) 明确问题,找到解决方案。对内容或问题要给出化繁为简、由浅入深、由表及里、由直观到抽象的讲解方案并利用多媒体、如图片、视频、动画等元素直观呈现。

3. 课件制作过程

下面以表 8-1 教案为例,制作对应的 PowerPoint 课件。

步骤一,建立及保存 PPT 文档,并选择模版,设置模板背景。

(1) 启动 PowerPoint 2016 后,插入新的幻灯片,单击【开始】【新建幻灯片】命令,选择【空白】版式,如图 8-6 所示,单击第 1 张幻灯片,按回车键,可插入第 2 张~第 5 张幻灯片。保存幻灯片,重新命名为"二十四节气—立春"。

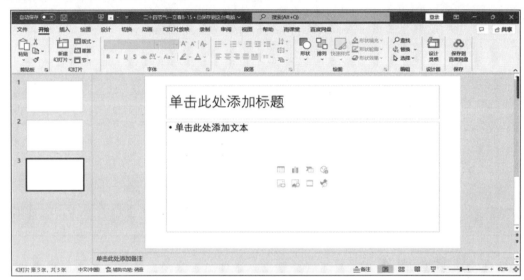

图 8-6　新建幻灯片

(2) 选中第 1 张幻灯片,单击【视图】菜单,选择【幻灯片母版】,可以对幻灯片的背景进行相关设置,如图 8-7 所示。

(3) 打开【设置背景格式】选项,在设置背景格式对话框中选择【图片或纹理填充】,选择【插入】【来自文件】,选择合适的背景,如图 8-8 所示。此时关闭幻灯片母版,发现幻灯片每一页都是刚才设置的背景。

步骤二,依照教案的设计,插入 SmartArt 图形、图片,设置图片格式和动画方案。

(1) 先在封面页删除主题自带的文本框,然后插入"立春"二字的图片。插入后的效果如图 8-9 所示。

(2) 第二页为目录页,添加竖排文本框,并输入"目录"二字,设置字体为楷体,字号为 80,如图 8-10 所示。

插入 SmartArt 图形,选择【列表】【图片条纹】,填写内容授课内容目录,并更改颜色等设置,如图 8-11 所示。

(3) 在第三页幻灯片插入艺术字体"天象规律"作为标题页。单击【插入】【艺术字】,选择【橙色,主题色 2】,如图 8-12 所示。

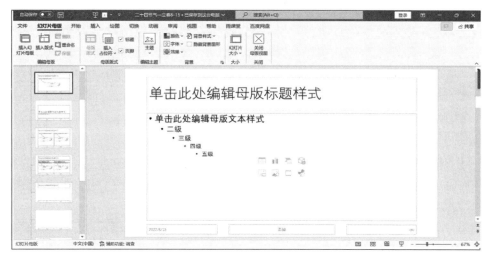

图 8-7　设置幻灯片背景

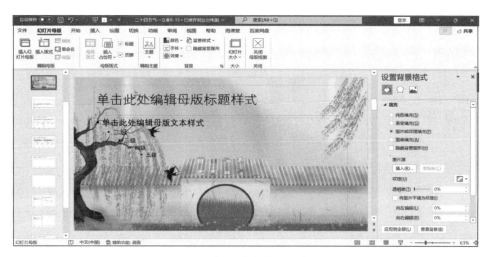

图 8-8　幻灯片背景设置效果

图 8-9　插入"立春"字样效果

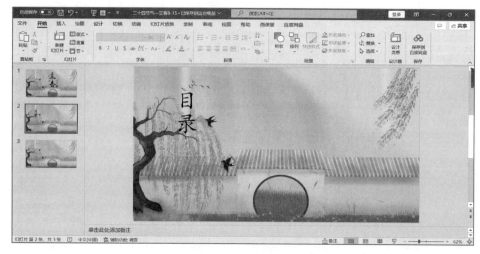

图 8-10　插入"目录"字样效果

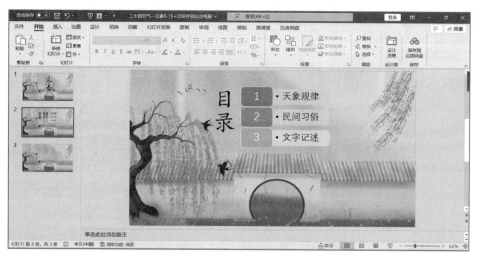

图 8-11　添加 SmartArt 图形为目录内容

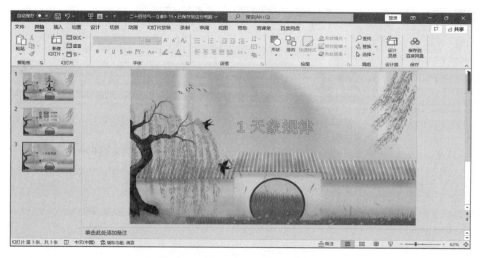

图 8-12　插入艺术字"天象规律"

（4）在第四页幻灯片中插入形状，设置图片格式。单击【插入】【形状】选择圆角矩形。接着在【形状格式】【形状填充】选择白色，如图 8-13 所示。

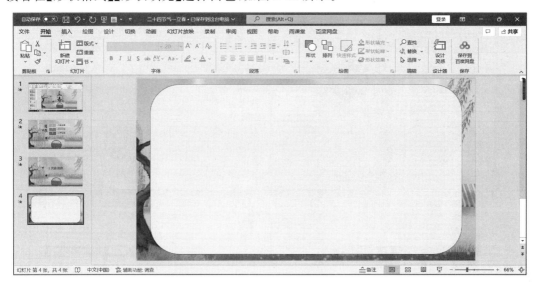

图 8-13　添加圆角矩形

（5）继续在第四页幻灯片中插入形状，设置图片格式。按照上述步骤（4）的操作添加"流程图-节点"，设置形状填充颜色为【绿色，个性色 6，深度 25％】，如图 8-14 所示。

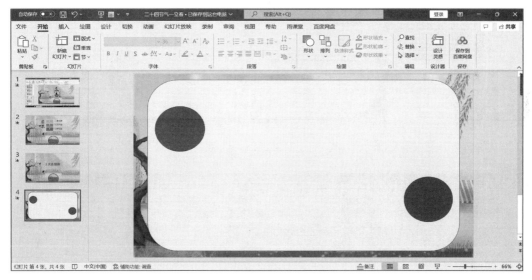

图 8-14　添加节点圆形

单击【插入】【文本框】【绘制竖排文本框】，在节点图形中插入文本框。设置文本框为无边框并输入内容，设置字体为"白色，宋体，36 号"。接着选中幻灯片中的"节气含义"文本框，同时按下键盘 Ctrl 键，选中设置好的绿色节点，单击【形状格式】【组合】，选择【组合】，把这两个组合在一起，如图 8-15 所示。同样的方法组合"天象规律"。

（6）按照第四页幻灯片中的标题添加内容，效果如图 8-16 所示。

（7）按照步骤二中的步骤设计幻灯片的第 5～10 页。整体效果如图 8-17 所示。

第 8 章　课件的制作

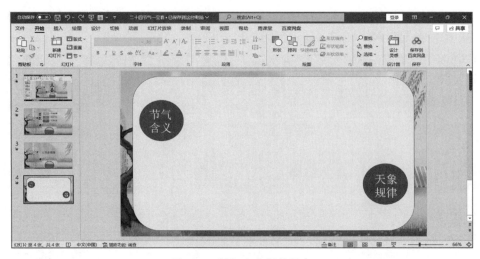

图 8-15　添加文本框并组合

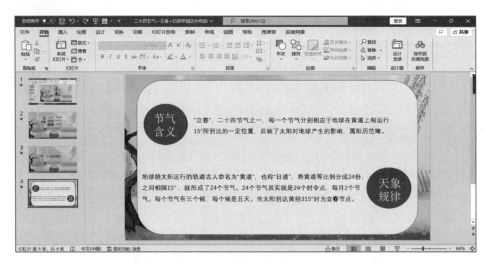

图 8-16　添加内容效果图

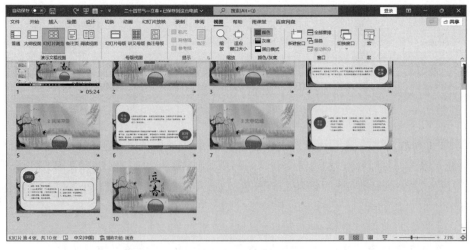

图 8-17　整体效果图

步骤三,插入切换和动画方案。

(1) 在幻灯片页面之间插入切换方案,鼠标选定第二页幻灯片,单击【切换】选项卡,然后选择【推入】,如图 8-18 所示。按照此方法,把第 3 页、第 5 页、第 7 页、第 10 页的切换方法设置为"推入"。

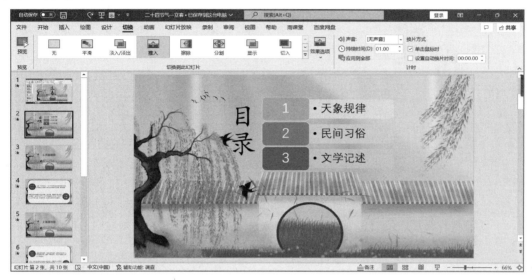

图 8-18　插入"推入"切换方案

(2) 选定第四页幻灯片,单击【切换】选项卡,然后选择【悬挂】,如图 8-19 所示。按照此方法,把第 6 页、第 8 页、第 9 页的切换方法设置为"悬挂"。

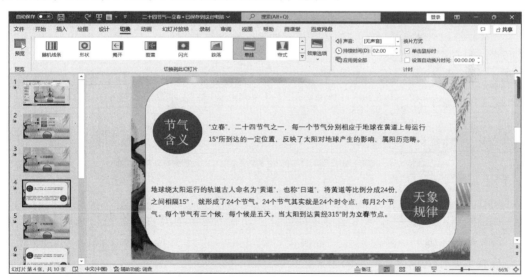

图 8-19　插入"悬挂"切换方案

(3) 选定第四页幻灯片,选中幻灯片中组合后的"节气含义",单击【动画】,选择【浮入】动画方案。设置开始时间为【单击时】,持续时间为【01:00】,如图 8-20 所示。设置好的动画方案可以在【动画窗格】中进行查看和修改。

(4) 继续在第四页幻灯片中进行动画方案的设置。选中幻灯片中的第一段文字的文本

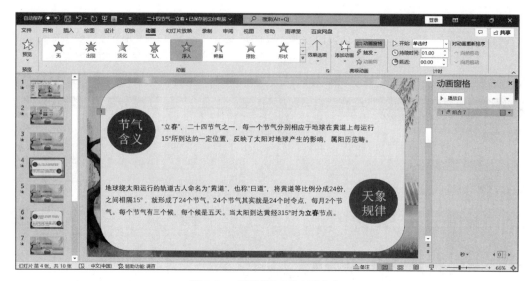

图 8-20　设置"浮入"动画方案

框,单击【动画】,选择【擦除】动画方案。设置效果选项为【自左侧】,开始时间为【上一动画之后】,持续时间为【01:00】。如图 8-21 所示。

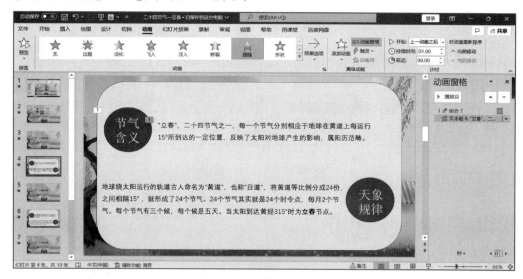

图 8-21　设置"擦除"动画方案

(5) 按照上述方法,设置本页中其他内容的动画方案。效果如图 8-22 所示。

(6) 按照步骤三中的(3)、(4),依次设置幻灯片中的第 6 页、第 8 页、第 9 页的动画方案。设置本页中其他内容的动画方案。

步骤四,插入多媒体。

(1) 在幻灯片首页,单击【插入】,在【媒体】选项卡选择【音频,PC 上的音频】,选择合适的音频进行插入。选择插入的音频,单击【播放】,在音频选项卡中设置【自动开始】、【跨幻灯片播放】【循环播放】【放映时隐藏】【播放完毕返回开头】,在音频样式选项卡中选择【在后台播放】,如图 8-23 所示。

步骤五,设置完 PPT 后,单击【保存】按钮,即可放映,如图 8-24 所示。

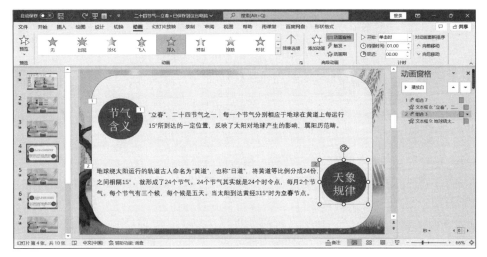

图 8-22　第 4 页幻灯片动画方案效果

图 8-23　插入音频并设置

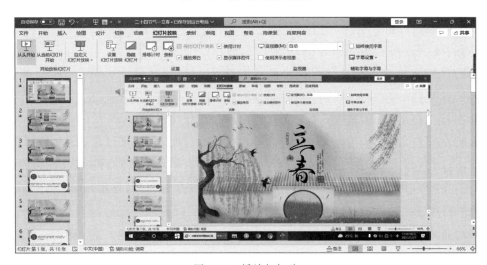

图 8-24　播放幻灯片

8.7.3 课件的评价

通过"立春"课件的制作,大家发现,课件中的色彩很丰富,超过了8.4.2节类似性中的要求"PPT作品颜色一般不超过3或4个"。但是通过对统一性、主题性、类似性和对比性四个原则的统一学习,不难发现,此课件以绿色为主色调,体现春天的颜色,以相近颜色为辅色,用中间色作为围墙的颜色,字体则使用黑色。从整体来看PPT版面色彩平稳过渡,主题色彩突出,并不违背PPT中色彩构成的原则,符合受众者的视觉心理。

课件是教师根据教学大纲要求,经过教学目标确定、教学内容和任务分析、教学活动结构及界面设计等环节制作并呈现在课堂上的电子文件。因此,课件质量是评价教师数字胜任能力优劣的重要指标。通常,评价课件质量可以从以下几方面展开。

(1) 教学性。课件选题适当,适应教学对象的需求,能够起到传统教学手段所不能或者较难起到的作用,充分体现多媒体教学的优势。对教材中的重点和难点能充分利用图形、图片、视频、声音等技术手段展现,使学生易于理解,便于记忆。

(2) 科学性。课件内容要正确,逻辑严谨,层次清晰,不出现教学内容方面的知识性错误。教学媒体要为体现教学内容、完成教学目标服务。

(3) 技术性。课件采用的图片、视频、音频等素材要经过最优化处理,能够在课件中正常稳定运行。

(4) 艺术性。课件的布局要突出重点,界面上的内容要简洁、美观,符合学生的视觉心理。语言文字清楚、规范、简洁,色彩逼真、搭配合理,声音动画新颖、有创意。

(5) 操作性。课件的操作要便于教师控制,提供适当的导航,界面友好、通用,操作方便、交互性良好。

(6) 其他。课件容量尽量小,教案写作规范、完整、有创意,能体现多媒体教学特点。

8.8 课件项目的监控及评估

进行项目计划更新的第一步是设置状态日期,如3.4.5节所述。下面结合案例"课程教学课件PPT的制作",针对项目计划更新的第二步"手动录入项目实际状态信息"进行说明。

打开Project软件,在工作区添加预置列【实际开始时间】和【实际完成时间】,手动录入项目各任务的实际开始时间及实际完成时间。项目的当前计划可通过预置列【开始时间】和【完成时间】来体现,而项目的实际状态则通过预置列【实际开始时间】和【实际完成时间】来体现。因此,在实际录入时,要注意观察对体现当前计划的预置列【开始时间】和【完成时间】的影响。操作过程如图8-25~图8-28所示。

实践证明,当录入【实际开始时间】和【实际完成时间】后,Project会自动调整后置任务当前计划的【开始时间】和【完成时间】,受到影响的背景呈浅蓝色,如图8-28所示。

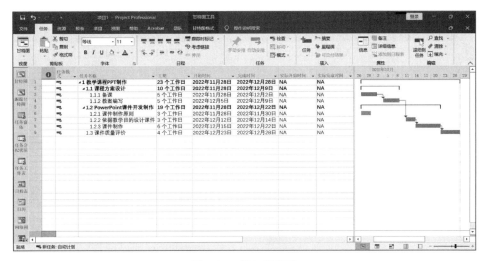

图 8-25　添加预置列

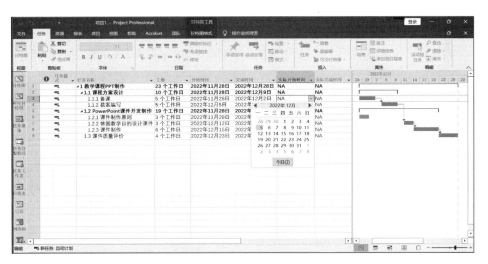

图 8-26　手动录入实际开始时间

图 8-27　手动录入实际完成时间

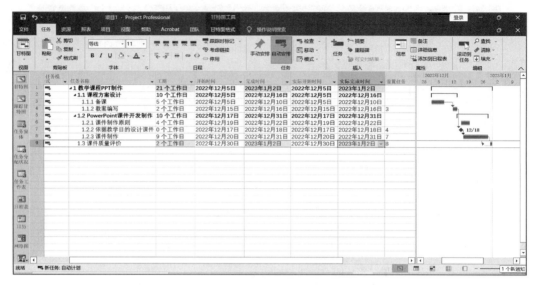

图 8-28　显示实际状态信息

最后，为帮助大家更好地了解二十四节气以及中国绘画艺术，更加热爱中国文化，下面用图 8-29 给出二十四节气邮票样张。

至此，"课件的制作"项目全部完成。

为让大家更好地掌握及应用 PowerPoint 软件制作课件，下面归纳出类似项目的一般操作步骤。

（1）启动 PowerPoint 软件，设置主题。

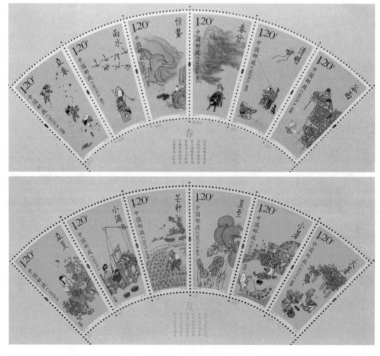

图 8-29　二十四节气邮票

图 8-29(续)

(2) 设置背景。

(3) 插入图形并设置,包括自选图形、图片、SmartArt 图形、表格。

(4) 通过文本框在页面添加内容。

(5) 给图片、文字、表格、内容设置动画方案。

(6) 设置页面切换方案。

(7) 插入多媒体,可以是音频、视频。

(8) 设置课件放映,可添加排练计时。

(9) 保存课件。

8.9 结　　语

综上所述,可以得出如下结论。

(1) 课件是当前乃至以后不可或缺的教学资源和手段。

(2) 好课件要具有科学性、准确性、易懂性、技术性和艺术性。既是优质教材又是高雅艺术品。

(3) 制作课件要体现设计个性、内容精简、主题突出、内容重用、结构规范的原则。

(4) PowerPoint 在教学、宣传和交流领域具有"一枝独秀"的地位。

(5) 本章知识思维导图如图 8-30 所示。

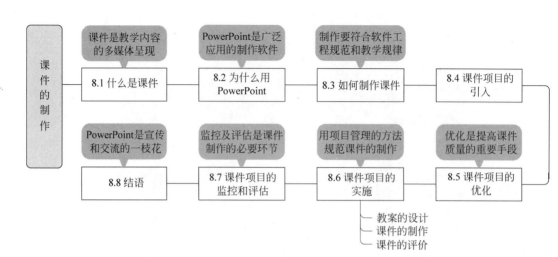

图 8-30 本章知识思维导图

8.10 哲思慧想

研究事物发展过程中的各个发展阶段上的矛盾的特殊性,不但必须在其联结上、在其总体上去看,而且必须从各个阶段中矛盾的各个方面去看。

由于事物范围的及其广大,发展的无限性,所以,在一定场合为普遍性的东西,而在另一一定场合则变为特殊性。反之,在一定场合为特殊性的东西,而在另一一定场合则变为普遍性。

8.11 名家名言

张謇(1853 年—1926 年),字季直,号啬庵。祖籍江苏常熟土竹山,生于江苏省海门直隶厅长乐镇(今江苏省南通市海门区常乐镇),中国近代实业家、政治家、教育家。他主张教育应立足于国情、本土,倡导授课内容吸纳中华传统的历史、修身、伦理等课程。

张謇曰:

(1) 学必期于用,用必适于地。

(2) 首重道德,次则学术。学术不可不精,而道德尤不可不讲。

8.12 习　　题

1. 什么是课件?制作课件的目的是什么?
2. 简述课件的制作流程。
3. 课件制作的艺术原则是什么?
4. 简述课件的质量评价指标。
5. 依据项目中的《二十四节气——立春》,制作二十四节气的其他课件。要求课件界面美观,有音频、动画方案、切换方案、超链接等元素。

第9章 微课的制作

引子：随着现代教育技术的飞速发展，一种新的教学活动形式——微课出现了。微课以其短小精悍、形象生动、丰富多彩、音画并茂等特点，并借助无处不在的互联网，使听课学习成为一种随时随地都可进行的"点餐"式服务，为传统教育方法注入新的活力。

第9章
第1讲

9.1 什么是微课

"微课"的核心内容是课堂教学视频（课例片段），同时还包含与该教学主题相关的教学设计、素材课件、教学反思、练习测试及学生反馈、教师点评等辅助性教学资源，它们以一定的组织关系和呈现方式共同"营造"了一个半结构化、主题式的资源单元应用"小环境"。

第9章
第2讲

微课以微视频为核心，以影视作品的形式呈现在学生面前，可使学生随时、随地、随意地通过计算机、平板电脑和手机学习自己感兴趣的课程。因此，微课具有"专业、短小、准确、有趣、易懂、便捷"等特点。简言之，微课就是微型电视教学片。

显然，微课可以按照教师的精心设计，通过音频、视频和动画等形式将各种过去难以用语言描述和解释的知识概念生动、准确、艺术地呈现出来。因此，微课就是落实前言所说的教育"八字"基本功能中"激发功能"的最佳手段。

微视频是指个体通过PC、手机、摄像头、DV、DC、MP4等多种视频终端摄录、上传互联网进而播放共享的短则30秒，长则20分钟左右，内容广泛，视频形态多样，涵盖小电影、纪录短片、DV短片、视频剪辑、广告片段等视频短片的统称。"短、快、精、随时、随地、随意、大众参与"是微视频的最大特点。表9-1列出了微课与微视频的区别。

表9-1 微课与微视频的区别

	微 课	微 视 频
区别	内容相对完整，自成体系	以难点问题为主，片段化，依赖知识树
	单人主讲，相对严谨	一对一辅导，允许对话形式。语言不要求严谨，最好是轻松、幽默的风格
	形式多样，技术多样化	形式单一，技术简单
	出发点是"教"，要成体系，语言要严谨	出发点是"学"，从学生的角度，帮助学生解决问题，语言要符合学生的认知体系

9.2 如何制作微课

完成微课选题和教学设计后，即可进入微课的具体制作流程，主要包括前期拍摄制作过程和后期编辑合成过程。

1. 前期拍摄制作过程

拍摄制作过程是根据前期策划,将微课中需要的内容制作好,包括收集各类素材、制作PPT和动画、录制声音、摄制视频、录屏等,以供后期剪辑。

2. 后期编辑合成过程

后期剪辑是根据教学目标和开发脚本,对拍摄制作的各类素材进行整合,并按一定的规律剪辑成相应的微课视频,最终输出成片。微课制作流程如图9-1所示。

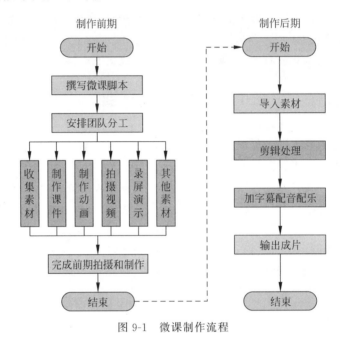

图9-1 微课制作流程

显然,微课的制作在内容上要按照教学规则和授课内容并结合影视特点进行精心设计;在技术上要按照影视制作流程规范拍摄、配音、剪辑和制作。

9.3 为什么用《剪映》

随着数字媒体、数字影视技术的发展,制作微小型电视片已不再是"阳春白雪"。因此,能够运用视频制作剪辑软件制作微课和微视频也是教师应具备的基本信息技术应用能力。

第3章介绍了美国TechSmith公司的剪辑软件Camtasia的主要功能和知识/技能点。但该工具存在操作难度大、购买安装费用高、PC配置要求高、只能在PC端操作等弊端。因此,本章从简化教师微课制作和提升学生微课学习效果两个角度出发,讲解贴近当今学生流行热点的视频制作软件《剪映》的使用方法。

《剪映》是一款视频编辑剪辑应用软件,功能全面,支持变速,有多种滤镜效果以及丰富的曲库资源,可在手机、PC和PAD终端上使用。软件可以从官网(https://lv.ulikecam.com/)下载并在PC端安装。《剪映》的基本特点如图9-2所示。

图 9-2 《剪映》的基本特点

9.4 摄影基本知识

由 9.2 节可知微课制作首先需要拍摄,因此,有必要先学习一下摄影、摄像的基本知识。摄影和摄像是指使用某种专门设备进行影像记录的过程,原理上是通过物体所反射的光线使感光介质曝光的过程。

通常,摄影用照相机,摄像(影)用摄像(影)机。但现在很多照相机也具备摄像功能。

从艺术角度看,在进行影视作品(照片、电视片、电影)的摄制中,要考虑景深、景别、色温、构图、曝光、手段等因素。下面分别介绍它们的概念及功能。为方便记忆,不严格区分照相机和摄像机,因为除拍摄手段主要针对摄像机外,其余内容对摄影和摄像均适用。

9.4.1 景深

景深是前景与清晰背景间的距离,其深浅与环境空间大小有关。室内范围小,景深就浅(短),室外空间大,景深就深(长)。调节景深可实现背景虚化,进而突出前景,使照片、视频看起来主题更突出、画面更加唯美。虚实结合的照片更容易取悦我们的眼睛。

镜头光圈主要用于调节进光量,其大小用光圈系数 F 表示,通常取值为 2.8、4、5.6、8、11、16、22 等。F 值的大小与光圈开口大小成反比。在快门速度(曝光速度)不变的情况下,F 值越小光圈开口越大,进光量越多,画面越明亮;F 值越大光圈开口越小,进光量越少,画面越黑暗。光圈还可控制景深,F 值越小,景深越浅,背景越模糊;F 值越大,景深越深,背景越清晰。景深与光圈的关系如图 9-3 所示。不同光圈示例照片如图 9-4 所示。

9.4.2 景别

景别表示由于照相机与被摄体的距离不同,而造成被摄体在照相机寻像器中所呈现出的范围大小的不同。通常,景别的划分由近至远分别为特写、近景、中景、全景、远景 5 种。图 9-5 分别展现了不同景别效果图。

不同景别的特点和作用如下:

(1) 特写一般指拍摄人的面部以及局部的镜头。这种景别常用来强调主题。

(2) 近景一般指拍摄人物胸部以上画面或者景物局部面貌。这种景别常用来表现人物的面部或者其他部位的表情神态,细微动作以及景物的局部状态。

(3) 中景一般指摄取人物腰部以上的画面。这种景别主要用于叙事。

(4) 全景一般是展现场景的全貌和人物全身动作的镜头。这种景别主要用于交代人物之间和人物与环境之间的关系。

(5) 远景一般是指远距离拍摄景物和人物的画面。这种画面广阔深远,能够展现人物活动空间和环境氛围。

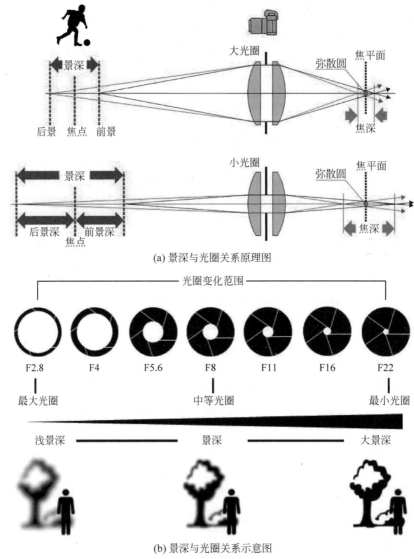

图 9-3 景深与光圈的关系

图 9-4 不同光圈示例照片

9.4.3 色温

色温是对照片色调冷暖的一种描述。在照相机中,可以用白平衡来调节照片的色温。

(a) 特写　　　　　(b) 近景　　　　　(c) 中景　　　　　(d) 全景　　　　　(e) 远景

图 9-5　不同景别效果图

一般相机提供 6 种或者更多的白平衡预设值,让照片展示出各种不同的色调。

由于光源的不同,照片的色温会有冷暖之分。色温的作用是分析光线中不同颜色成分的含量多少,其单位为 K。常见的色温范围有 1000~17000K,例如烛光的色温约为 2000K,家里使用的钨丝灯为 2800~3200K,日出日落的色温约为 3400K,中午的太阳光约为 5400K,阴天则约为 6200K,蓝天约为 15000K。一般自然光的色温在 4500K 左右。色温越低,光线的红色成分则越多,感觉更温暖;反之,色温越高,光线的蓝色成分越多,感觉更寒冷。不同色温效果图如图 9-6 所示。

(a) 低色温(冷色调)　　　　(b) 中色温(中间调)　　　　(c) 高色温(暖色调)

图 9-6　不同色温效果图

9.4.4　构图

摄影构图是照片画面上的布局、结构。其具体含义是运用照相机镜头的成像特征和摄影造型手段,根据主题思想的要求,组成一定的画面,使客观对象比现实生活更富有表现力和艺术感染力,更充分、更好地反映创作者的意图。

画面结构要做到明确主题、辨别主次、去繁就简、布局适宜。主体突出,恰当衬托以陪体和背景,使画面既不杂乱,又不单调,多样而统一,鲜明而简练。简洁、多样、统一、均衡是构图的基本要求。图 9-7 给出了不同构图方式的效果图。

(a) 对称构图　　　　　　(b) 对角线构图　　　　　　(c) 引导构图

图 9-7　不同构图方式效果图

9.4.5 曝光

曝光是指在摄影过程中进入镜头照射在感光元件上的光量,其大小由光圈、快门、感光度联合控制。根据景物亮度及其分布情况,通过设置曝光参数(快门、光圈、感光度)对进入照相机的光线进行有效控制,使照相机拍出高质量照片,是摄影师应熟练掌握的基本技能。

图 9-8 给出了不同曝光的效果图。

(a)曝光过度　　　　　　　　(b)曝光合适　　　　　　　　(c)曝光不足

图 9-8　不同曝光效果图

9.4.6 手段

镜头是影视创作的基本单位,也是拍摄手段。一个完整的影视作品,是由一个一个的镜头完成的,离开独立的镜头,也就没有了影视作品。因此,镜头的使用技巧直接影响影视作品的最终效果。那么,在视频拍摄中,如何表现镜头画面呢?通过哪些镜头拍摄手法表现呢?

下面给出八种常见的基本视频拍摄镜头(手段)。

(1) 推镜头。它主要利用摄像机前移或变焦来完成,逐渐靠近要表现的主题对象,使人感觉一步一步走近要观察的事物,近距离观看某个事物,它可以表现同一个对象从远到近变化,也可以表现一个对象到另一个对象的变化。

(2) 拉镜头。与推镜头相反,它主要是利用监控摄像头后退或调焦来进行,慢慢避开要表现的行为主体目标,让人觉得正一步一步避开要观察的事物,长距离收看某一事物的总体实际效果,它可以表现同一个目标从近到远的转变,还可以表现一个目标到另一个对象的转变。这类镜头的运用,关键突显要拍摄目标与总体的实际效果,掌握全局性,例如普遍影视制作中的大峡谷内部拍摄到一个外界拍摄,运用的便是拉镜头。

(3) 摇镜头。在拍摄时摄像机不动,只摇动镜头做左右、上下、移动或旋转等运动,使人感觉从对象的一个部位到另一个部位逐渐观看,例如一个人站立不动转动脖子来观看事物,就像我们常说的环视四周。

(4) 移镜头。将摄像机固定在移动物体上沿不同方向移动拍摄静止物体,使静止物体产生运动效果。摄像时将拍摄画面逐步呈现,形成巡视或展示的视觉感受。

(5) 跟镜头。即跟拍。在拍摄过程中找到兴趣点,然后跟随目标进行拍摄。它可以很好地展示主体,表现主体的运动速度、方向及体态等信息,给人一种身临其境的感受。

（6）旋转镜头。被拍摄目标呈转动实际效果的界面，镜头沿镜头直线光轴或贴近镜头直线光轴的视角转动拍摄，监控摄像头作出360°的转动拍摄。这类拍摄技巧多表现角色的晕眩，是影视制作拍摄中较常用的一种拍摄技巧。

（7）甩镜头。快速地将镜头从一个场景"甩（转）"到另一个场景，进而将画面转换为另一个内容，而转换过程是模糊不清的效果镜头。可以表现一种知识的忽然衔接。

（8）晃镜头。可使画面产生左右、上下或前后左右等的摆动效果，适用于表现神情恍惚、头晕眼花、搭车船等晃动实际效果，例如表现大地震情景。

需要说明的是，目前的照相机和摄像机大都有自动设置参数功能，也就是我们常说的"傻瓜"功能，可以大大减少对使用者的技能要求。但作为基础知识，我们还是要学习，因为"傻瓜"不是万能的，很多时候还是要靠人根据具体情况手动设置，才能拍出理想的效果。

综上所述，好的影视素材是优秀微课作品的基本保证，而要拍出理想的素材，掌握必要的拍摄基本知识和技能是创作者必备的素质。同时，创作者还必须具有较高的审美水平和艺术素养。唯如此，微课作品的艺术性才可以彰显。

9.5 微课项目的引入

1. 对微课的基本要求

微课绝不仅仅是一个普通的视频作品，而是有不少特殊、具体要求。从宏观上看，微课要做到从视觉、听觉上都使用户觉得舒服；从网络技术看，希望文件越小越好，故需要在时长与分辨率中找平衡，不可过分追求高清质量；从网络用户角度上看，希望作品便于搜索，故要求微课、微视频在选题上聚焦重点，突出难点，对症下药；从学习者角度看，希望作品越易懂越好；从教学角度看，作品要符合教学要求，故要遵循面授课程的教学流程设计；从制作角度看，要求研发人员不仅要懂得教学设计，还要掌握一定的脚本编写、视频拍摄和视频剪辑技术。

那么，如何才能制作出好的微课作品呢？下面通过具体实例来说明。

2. 需求分析

为贯彻落实全国教育大会精神，落实新时代全国高等学校本科教育工作会议要求，某大学要举办一次"微课大赛"。具体要求如下：

（1）根据教学大纲和混合式教学要求，对课程进行整体教学设计。

（2）以知识点组织基础教学内容，每个知识点的教学视频内容为3～15分钟。

（3）使用屏幕录制软件录制课程PPT内容，同步采集音频信号。

（4）使用适当的编辑软件，对录制的视频从头至尾全部进行编辑，进行基于知识点的分段切割，去除口误及与课程无关的多余段落、空隙等。

（5）根据课程需要适当插入授课教师图像、视频及动画等元素，添加特技效果。

（6）生成视频，按技术要求压缩为适当的流媒体格式。视频时长为3～15分钟；视频片头应显示标题、作者和单位；讲解过程中显示讲解字幕；视频统一转码为MP4格式文件，视频压缩采用H.264/AVC编码；分辨率不低于1080P。

根据以上需求描述,使用 Office Project 2016 作为项目管理工具,项目初步计划如下:

项目名称:微课的设计与制作。

项目工期:30 个工作日内。

项目成员:微课团队。

项目任务:①脚本编写;②教学实施与拍摄;③视频后期剪辑与制作。

项目工具:Office Word 2016;Office PowerPoint 2016;《剪映》;Office Project 2016。

项目成果:①微课脚本;②微课视频。

3. 项目计划的编制

通过前 3 章的案例项目管理实践,读者基本可以掌握项目管理的整个流程,在后续的章节里针对相同的内容将不再赘述。操作过程以截图显示,供读者在实际操作过程中参考。

在该项目计划编制过程中,主要信息设置如下:

(1) 设置项目开始的日期:2022 年 11 月 28 日。

(2) 设置日历日期:标准日历。

(3) 设置任务模式:自动模式。

(4) 设置各子任务之间的依赖关系,如图 9-9 中"前置任务"列所示。

(5) 设置各子任务的工期,如图 9-9 中"工期"列所示。

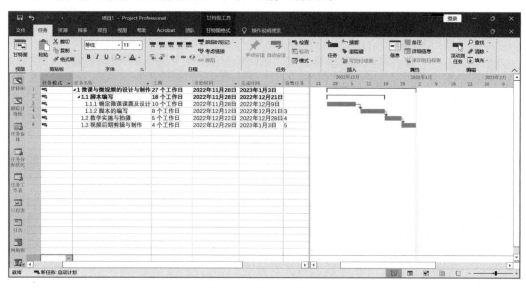

图 9-9　编制项目计划

9.6　微课项目的优化

在第 8 章中,结合案例项目"课程教学 PPT 制作",针对查找关键路径的方法之一进行了重点说明。现在,结合案例项目"微课和微视频的设计与制作",介绍另一种查找关键路径的方法。打开 Project 软件,在工作区添加预置列【关键】,此时,关键任务会自动显示为"是",而非关键任务会自动显示为"否",如图 9-10 所示。

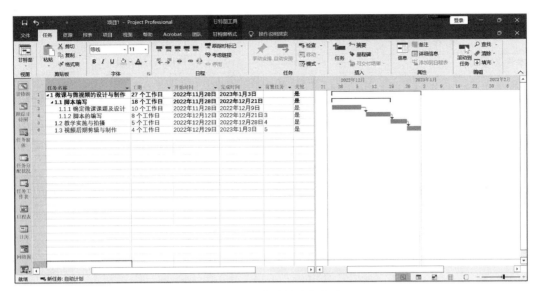

图 9-10　查找关键路径方法

9.7　微课项目的实施

9.7.1　编写脚本

1. 脚本的选题及设计

脚本的选题及设计是制作微课的第一步，主要包括如下内容：

（1）选取合适的主题。通常，微课应该选择难度大、问题多、不好讲也不好学的知识点为主题。这样的微课才有助于学生对知识的消化与吸收，才有普及和推广的价值。

（2）教学设计。微课的教学设计应该做到简洁、趣味、生动和易懂。在短短几分钟的时间里不仅要将知识讲清楚，还要牢牢吸引学习者的注意力。

（3）媒体设计。微课录制的形式多种多样，有录屏式、录像式、二维动画、三维动画及混合式，要根据课题内容选择合适的录制形式。例如，信息技术课的操作步骤就比较适合用录屏式；一些物理或者化学实验，可以考虑使用二维或三维动画形式。媒体设计的文字、声音、图像、视频等素材也要精心选择，色调、布局等细节部分也要注意。

（4）编写脚本。将已定的主题、教学设计、媒体设计等内容进行整合，写成详细的可以具体实施的脚本文稿，包括画面、解说词、字幕和配乐等。

微课其实就是一部微型电视片，需要精心设计和制作，而不是简单的屏幕录制或随意的视频截取。好微课的前提是优质的脚本，好微课的保证是严谨的制作。

2. 脚本的编写

（1）模板展示。脚本的内容源于教案，表现形式为画面镜头（场景）和解说词。每一个场景都要包含环境、人物、行为、对话、文字、旁白（解说词）和时间等信息。表 9-2 给出了信息与系统（节选）微课脚本模板，供读者参考学习。

表 9-2　信息与系统(节选)微课脚本

课 程 名 称	信号与系统
本集名称	"信号与系统"课程的特点、学习目的和研究路线
知识点来源	学科:电子信息 教材:《信号与系统教程》(第 2 版)张卫钢编著,清华大学出版社出版 章节:第一章第二节
教学类型	☑讲授型　☑问答型　□操作型　□合作学习型
适用对象	电信专业和计算机专业大二学生,信号与系统爱好者
教学过程	

镜号	景别	摄法	时长	画面	解说	配乐	备注
1	片头		10	鼠言兽语 聊聊"信号与系统" 主讲:张卫钢教授		片头曲	动画
2	全景	固定	15	老师坐姿	同学们好。这一讲跟大家聊聊"信号与系统"课程的特点、学习目的和研究路线	无	
3			45	PPT2 第 2 讲"信号与系统"课程的特点、学习目的和研究路线 主要特点如下:①理论性强;②专业性强;③应用面广;④两强一广;	本课程的特点主要有三个: 第一个是:理论性强。课程内容主要包括时域和变换域中求解微分和差分方程的各种数学手段 第二个是:专业性强。生活中的各种系统必须依靠相关领域的基本定律和定理才能构建起系统的数学模型 第三个是:应用面广。课程的研究结果可以推广应用到自然科学和社会科学的很多实际系统中,甚至可以应用于一些非线性系统的分析		动画出字 两强一广闪烁
4	近景	固定	15	老师坐姿	下面谈谈本课程的学习目的 仔细想想就会发现,人们生活的世界是由各种各样的"系统"构成的		
5			35	PPT3 人们生活的世界是由各种各样的"系统"构成 人体系统、交通系统、照明系统、供水系统、金融系统、医疗系统、通信系统、控制系统	例如,人体有神经系统、血液系统、消化系统等,生活中有交通系统、照明系统、供水系统、金融系统、医疗系统、通信系统、控制系统等 对各种系统进行分析研究,会发现很多系统的功能都可以归纳为对输入量的处理或变换 因此,这些系统的输入量与输出量之间的关系就是我们需要分析研究的问题		动画出字
6			26	PPT4 学习"信号与系统"课程的主要目的:①学会分析"线性系统"激励与响应之间的关系;②解决人们在实际系统应用中遇到的各种问题	显然,学习"信号与系统"课程的主要目的就是学会分析"线性系统"激励与响应之间的关系,同时,将"线性系统"的分析方法推广应用到非线性系统的分析中,解决人们在实际系统应用中遇到的各种问题		

续表

课程名称					信号与系统		
教学过程							
镜号	景别	摄法	时长	画面	解说	配乐	备注
7	特写	固定	30	老师坐姿	通过该课程的学习,可以帮助我们建立一种正确、科学、合理地分析问题及解决问题的普适思路或方法,提高处理及克服生活、学习和工作中碰到的各种困难的能力。同时,学会如何将基础知识,尤其是数学知识应用于解决实际问题		
8	全景	固定	13	老师坐姿	最后,我们讲讲该课程的研究路线		
9			70	PPT5 图1	根据第1讲中的内容,该课程的研究路线可以分为两个层面: 第一层,也就是底层为"信号分析"层,第二层,也就是上层为"系统分析"层 底层是上层的基础,上层是底层的成果 信号分析可分为3个步骤: 第一步,先对信号进行建模,即把物理信号抽象为函数,通常,这个过程省略 第二步,研究函数或信号的分析方法,即找出函数或信号的分解和组合方法 第三步,利用第二步的成果,即傅氏级数、傅氏变换、拉氏变换及 z 变换等手段对信号进行具体分析 有了信号分析的基础,就可以对系统进行分析,其步骤为 先建模,即写出系统的微分或差分方程 然后通过时域法或变换域法求解方程 最后,对得到的响应进行结果分析		
10				PPT6 问题:这门课的学习目的感觉有点虚,能不能具体一点 回答:具体地讲,就是为"通信原理""自动控制原理""信号处理"等课程打基础。同时,学会分析问题和解决问题的正确思路或方法	老师,这门课的学习目的感觉有点虚,能不能具体一点 具体地讲,就是为"通信原理""自动控制原理""信号处理"等课程打基础。同时,学会分析问题和解决问题的正确思路或方法		
11	近景	固定	9	老师坐姿	好,以上就是今天的全部内容。下课。同学们再见		
12	片尾	上滚	10				

(2) 案例脚本的编写。根据第8章的《二十四节气——立春》教案和课件并对上述模板进行简化,编写出《二十四节气——立春》案例微课脚本,"立春"脚本的编写如表9-3所示。

表 9-3 "立春"脚本的编写

课 程 名 称	二十四节气——立春		
微课名称	立春		
知识点来源	学科：语文 内容：二十四节气		
教学类型	☑讲授型□问答型□启发型□讨论型□自主学习型□其他		
适用对象	学生：幼儿园大班、小学一年级		
教学过程			
	内容	画面	时间
一、片头	二十四节气诗歌	PPT 首页（第一页）和主讲人画面 主讲人：张娓娓	20 秒
二、正文讲解	目录页	PPT 目录页（第二页）	5 秒
	PPT 第三页	PPT 第三页	2 秒
	PPT 第四页	PPT 第四页	10 秒
	PPT 第五页	PPT 第五页	2 秒
	PPT 第六页	PPT 第六页	20 秒
	PPT 第七页	PPT 第七页	2 秒
	PPT 第八页、第九页	PPT 第八页、第九页	60 秒
三、结尾	二十四节气诗歌	PPT 第十页	20 秒

9.7.2 前期拍摄和录制

最简单的前期微课视频制作方法是直接录屏。下面，用 Microsoft PowerPoint（2016 版及以上）自带的录制功能录制一段微课视频。录制步骤如下。

（1）打开《二十四节气——立春》课件，单击【录制】，选择【录制】【从头开始】，如图 9-11 所示。

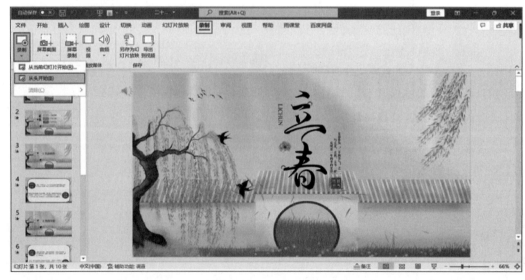

图 9-11 录制视频

（2）打开录制功能，可以选择录制声音、演讲者头像等选项，如图 9-12 所示。

图 9-12　开始录制

（3）开始录制，直至视频结束，如图 9-13 所示。

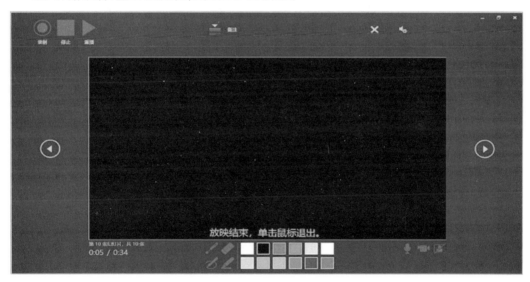

图 9-13　录制结束

（4）导出视频。单击【导出到视频】，如图 9-14 所示。在导出视频对话框选择【创建视频】，如图 9-15 所示。

（5）保存视频。在弹出的另存为对话框中，选择保存位置、文件名称和保存类型进行视频的保存，如图 9-16 所示。

前期视频录制好后，就可以进行编辑、配音、配乐等后期处理。

9.7.3　后期剪辑和制作

下面用《剪映》对前期录制的《二十四节气——立春》视频进行剪辑和制作。

图 9-14　导出到视频

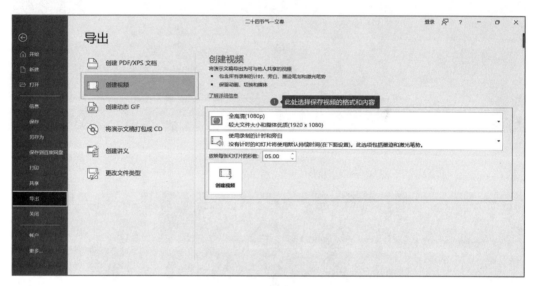

图 9-15　创建视频

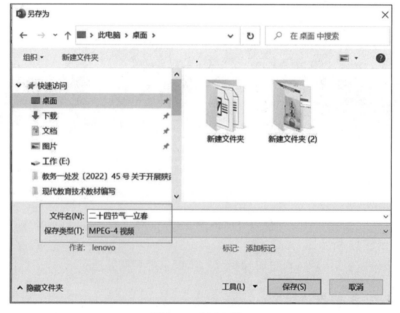

图 9-16　保存视频

第一步,登录《剪映》。

(1) 打开《剪映》,单击登录账户进行登录,可以用抖音账号进行登录,如图 9-17 所示。

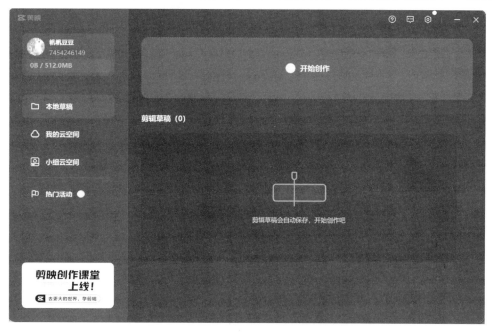

图 9-17　登录《剪映》

(2) 登录后,单击【开始创作】,打开音视频编辑界面。视频编辑界面分为素材面板、播放器面板、时间线面板、功能面板四个区域,如图 9-18 所示。

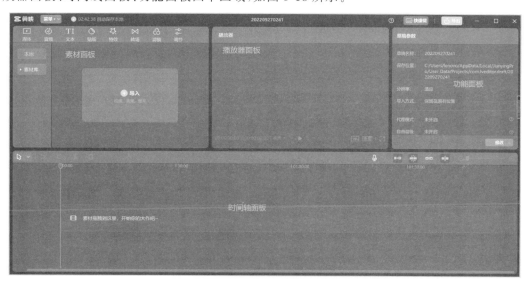

图 9-18　《剪映》音视频界面

第二步,导入素材,激活控制面板。

(1) 通过素材面板的【本地】路径添加素材"二十四节气——立春"视频,如图 9-19 所示。

(2) 导入素材后,在播放器面板中可以预览该素材效果,如图 9-20 所示。

(3) 拖动素材面板的素材导入到时间线面板可以对素材进行剪辑,可以拖动左右白色

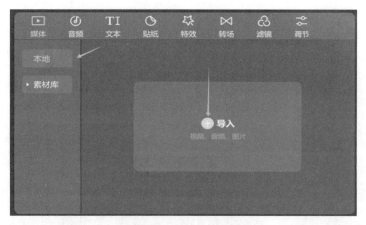

图 9-19 导入本地素材

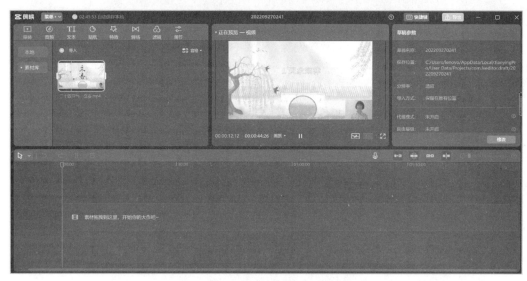

图 9-20 素材面板预览素材效果

剪裁框进行剪裁。拖动素材可以调整素材的位置及轨道。点亮素材，激活功能面板，如图 9-21 所示。

第三步，对导入视频素材进行剪辑。

在功能面板上可对素材作放大、缩小、移动和旋转及透明度等操作。根据视频时长为 3~15min；视频片头应显示标题、作者和单位；讲解过程中显示讲解字母；视频统一转码为 MP4 格式文件；分辨率不低于 1080P 的大赛要求，下面对视频素材进行剪辑。

（1）在时间轴面板单击【封面】添加封面，如图 9-22 所示。弹出封面选择界面，添加本地图片作为封面，把封面拖至编辑区进行编辑，单击【去编辑】详细编辑封面图片，如图 9-23 所示。对添加的封面进行文本编辑，按照比赛要求显示标题、作者和单位，完成后单击【完成设置】结束封面的添加，如图 9-24 所示。

（2）开始视频剪辑。为方便剪辑，可放大时间上方的时间线，如图 9-25 所示。播放视频，找到不合适的地方，对视频进行分割，最后对分割的视频进行剪切，如图 9-26 所示。

图 9-21 激活控制面板

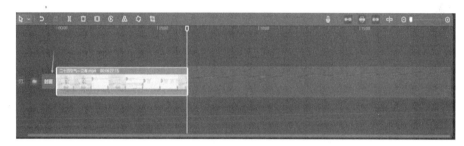

图 9-22 添加封面

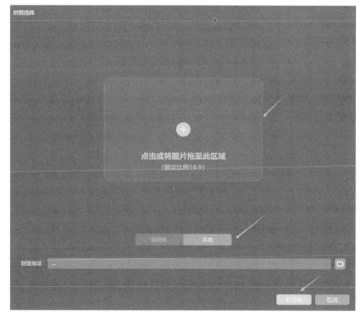

图 9-23 封面选择界面

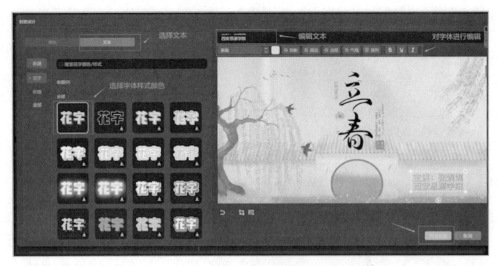

图 9-24 封面编辑界面

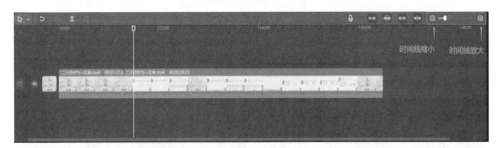

图 9-25 时间线放大

图 9-26 视频分割剪辑

（3）对视频添加字幕。如果视频中有讲解的语音，则选择文本，单击【智能字幕】，选择识别字幕【开始识别】，如图 9-27 所示。核对视频中的音频和字幕内容，对字幕进行编辑、添加、删除、效果、动画等设置，如图 9-28 所示。

图 9-27 生成字幕

图 9-28 编辑字幕

（4）可以对视频进行背景音乐、贴纸、特效、转化、美化等功能设置，如图 9-29 所示。

图 9-29 其他剪辑功能

第四步，导出视频。

单击【导出】，如图 9-30 所示。弹出导出对话框，设置视频封面、作品名称、分辨率和格式等，如图 9-31 所示。然后单击【导出】，对视频进行导出，如图 9-32 所示。

图 9-30 导出视频

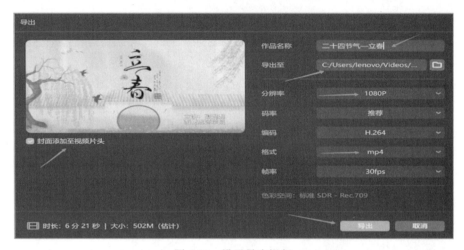

图 9-31 设置导出视频

图 9-32 视频正在导出

至此,微课中的微视频制作完成。

9.8 微课项目的监控及评估

可参照 3.4.6 节评估项目效果等相关内容,制作报表记录项目阶段执行情况或终期结果,如图 9-33 所示。该项目报表以"三维簇状柱形图"形式显示,其中浅色代表"基线估计工期",深色代表"计划工期"。从报表可见,各子任务的计划工期晚于其基线估计工期。

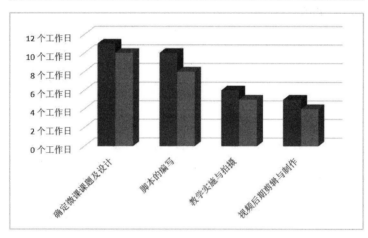

图 9-33 项目工期报表

至此,"微课的制作"项目全部完成。

为让大家更好地掌握及应用《剪映》制作微课,下面归纳出类似项目的一般操作步骤。

(1) 拍摄视频并导出视频。
(2) 打开《剪映》并登录,导入拍摄的视频。
(3) 对视频进行编辑,可以有剪辑、放大、缩小、移动、旋转及透明度等操作。
(4) 对视频添加字幕并设置。
(5) 对视频进行背景音乐、贴纸、特效、转化、美化等功能设置。
(6) 导出视频,设置视频封面、作品名称、分辨率及格式。
(7) 播放视频。

9.9 结　　语

综上所述,可以得出如下结论:
(1) 微课是微型电教片。微课的本质是影视化教材。
(2) 微课应具有"专业、短小、准确、有趣、易懂、唯美"等特点。
(3) 微课将是三种教学模式及慕课不可或缺的组成部分。
(4) 制作微课将是新时代教师的基本技能。

(5) 本章知识思维导图如图 9-34 所示。

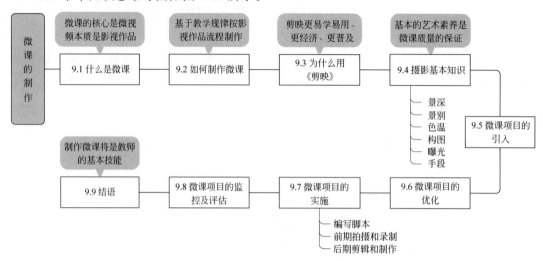

图 9-34　本章知识思维导图

9.10　哲思慧想

矛盾的普遍性和矛盾的特殊性的关系,就是矛盾的共性和个性的关系。其共性是矛盾存在于一切过程中,并贯穿于一切过程的始终,矛盾即是运动,即是事物,即是过程,也即是思想。

在复杂的事物的发展中,有需要的矛盾存在,其中必有一种是主要的矛盾,由于它的存在和发展,规定或影响着其他矛盾的存在和发展。

9.11　名家名言

杜威(1859年—1952年),美国实用主义哲学家的代表人物以及实用主义教育的创始人。

杜威说:

(1) 教育即生活,学校即社会。

(2) 最好的教育就是"从生活中学习""从经验中学习"。

9.12　习　　题

1. 什么是微课?什么是微视频?简述两者的区别。
2. 根据第 8 章习题 5 制作其他二十四节气的微课脚本。
3. 根据本章习题 2 的微课脚本,利用剪影制作相应的微课。要求后期制作增加特效和字幕,最后生成视频。

第 10 章　学生信息的管理

引子：信息化建设成果的一个重要标志就是对各类办公和业务信息数据的电子化管理。因此，各类学校的办公、教学和学生信息的电子化管理与应用也就成为管理者和教师应该了解并掌握的核心竞争力。

10.1　什么是信息管理

第 10 章
第 1 讲

第 10 章
第 2 讲

谈到信息管理，首先要了解信息和信息化的概念。

信息是一切事物运动状态或存在方式的不确定性描述。可泛指人们欲传达和欲知晓的一切事物运动规律和知识及情报。通常以数据形式呈现。

信息化是相对于工业化而言的，是飞速发展的现代信息技术与社会经济相互融合的结果。1967 年，日本科学技术与经济协会在类似"工业化"的概念上首先使用了"信息化"一词，其认为"信息社会"概念是在某种静态的意义上描述一个信息产业高度发达并占主导地位的社会，而"信息化"则可用于描述向"社会信息化"阶段进行社会变动的过程。

一般认为，信息化是指在人类社会活动中，通过普遍采用信息技术，更加充分有效地开发利用信息资源，推动经济发展和社会进步的过程。简言之，信息化就是让社会中所有信息互连互通的过程。

各种信息或数据存放在一起就好比在仓库中堆放杂乱无章的货物一样，需要分门别类地进行科学有效的管理。因此，当人们面对海量信息时，也必须进行相应的管理。

信息管理就是以现代信息技术为手段，对信息资源进行的规划、组织、安排和控制的生产活动。简言之，信息管理就是用计算机对信息资源和信息活动的管理。信息管理既是信息化的应用成果，也是信息化的重要组成部分，二者相辅相成。

目前，各类学校的信息化建设（主要指硬件构成的网络平台建设和由软件编制的管理系统开发、实施及维护）大都初具规模，"信息孤岛"问题也基本解决。因此，利用现代教育技术与现代管理方法进行教学信息管理已成为教师和管理人员的必备技能。具体地说，就是依托信息平台，按照教育规律和管理思想，利用计算机对教学过程进行计划、组织、指挥、协调、控制，以实现学校教学管理工作的科学化、规范化、便捷化和高效化。

10.2　如何开发 MIS

对于学校的普通教师和管理人员，在工作中遇到最多的"信息化"工作就是各种信息数据的管理，例如学生信息、考试成绩、教师信息、图书信息等。而对这些信息数据能够进行科学有效管理的信息化工具就是"数据库系统"。因此，基于数据库的各种信息管理系统也称为管理信息系统(Management Information System, MIS)。

开发 MIS 流程图如图 10-1 所示。

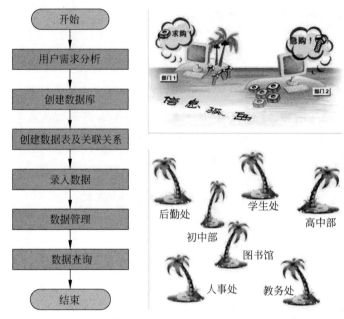

图 10-1　开发 MIS 流程图

10.3　为什么用 Access

Access 是最常见的数据库管理软件,也是 Office 家族成员,是一款适合于非专业人员开发微小型数据库的有力工具。Access 基本特点如图 10-2 所示。

图 10-2　Access 基本特点

对于普通中、小学而言,一个班级或一个年级的教学数据量不大,管理业务也不复杂,因此,Access 就成为开发小型 MIS 的不二之选。

10.4　MIS 项目的引入

1. 背景介绍

随着学校规模的不断扩大、学生数量的急剧增加,有关学生的各种信息量也以指数规律增长。面对庞大的信息量,需要用计算机对学生信息进行统一化、规范化管理,以提高学生管理工作的效率、减轻管理人员的工作负担,避免人为操作的错误和不规范行为。

2. 需求分析

唐老师是一名刚入职的计算机教师，目前正在某中学教务处实习。她接到的第一个工作是利用计算机对学校的学生信息进行管理，包括学生的学籍信息、学生成绩信息以及学生参加社团活动情况等。针对具体的任务要求，她想到了用 Access 2016 数据库管理系统对学生各种信息进行日常管理，并进行查询、修改、增加、删除等操作。

根据以上需求描述，使用 Office Project 2016 作为项目管理工具，项目初步计划如下：

项目名称：管理学生信息。

项目工期：20 个工作日。

项目成员：高一年级组。

项目任务：①制作学生学籍信息管理表；②制作学生成绩信息管理表；③制作学生社团活动管理表。

项目工具：Office Access 2016；Office Project 2016。

项目成果：①学生学籍信息管理表；②学生成绩信息管理表；③学生社团活动管理表。

3. 项目计划的编制

在该项目计划编制过程中，主要信息设置如下：

（1）设置项目开始的日期：2022 年 11 月 28 日。

（2）设置日历日期：标准日历。

（3）设置任务模式：自动模式。

（4）设置各子任务之间的依赖关系，如图 10-3 中"前置任务"列所示。

（5）设置各子任务的工期，如图 10-3 中"工期"列所示。

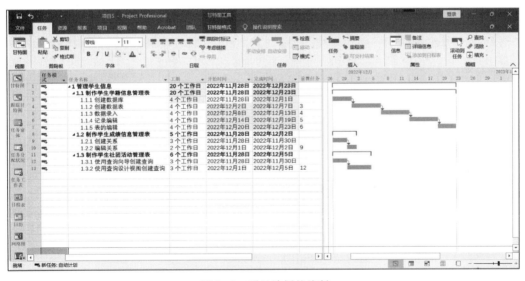

图 10-3　项目计划的编制

10.5　MIS 项目的优化

下面结合"学生信息的管理"案例项目说明如何通过压缩关键任务的工期来实现压缩项目总工期，从而实现项目优化。

如图 10-4 所示,任务 7 显示为"关键"任务,未调整前该项目的总工期为 20 个工作日。此时,将关键任务 7"表的编辑"的工期,从 4 个工作日手动调整为 2 个工作日后,该项目的总工期从 20 个工作日自动调整为 18 个工作日,如图 10-5 所示。由此可见,可以通过压缩关键子任务工期来达到压缩项目总工期的目的。

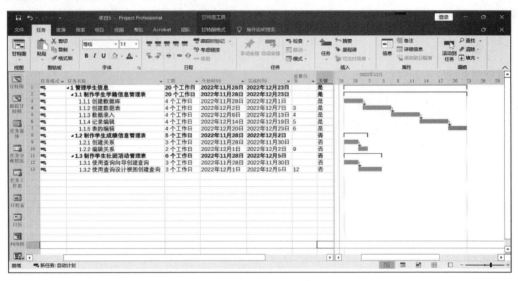

图 10-4　添加【关键】预置列

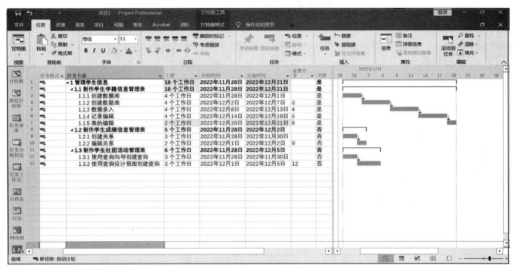

图 10-5　调整关键子任务工期

10.6　MIS 项目的实施

10.6.1　制作学生学籍信息管理表

唐老师通过创建学生学籍信息管理表记录学校学生的基本信息,以便查看学生信息或处理其他事务。制作完成的学生学籍信息表如图 10-6 所示。

学生学籍信息表										
学号	姓名	性别	出生日期	籍贯	民族	电话	照片	家庭住址	是否团员	家长姓名	家长电话
SY001	张梅	女	1994/1/4	陕西西安	汉	13709111223	Package	陕西省西安市未央区	✓	张浩	15321219880
SY002	李丽	女	1994/10/21	陕西渭南	汉	15802314332	Package	陕西省渭南市蒲城县	✓	李东	18725532415
SY003	刘浩然	男	1995/11/12	山东青岛	汉	13607819819	Package	山东省青岛市	✓	刘强	15120298657
SY004	周浩	男	1994/1/21	山西太原	汉	13909193672	Package	山西省太原市	✓	周大明	13187690213
SY005	张立新	男	1995/1/9	安徽合肥	汉	18709196680	Package	安徽省合肥市	✓	张国强	13171394814
SY006	王嫣然	女	1995/10/25	山西运城	汉	15801245690	Package	山西省运城市	✓	王志国	13230679134
SY007	张乐	男	1994/12/20	陕西延安	汉	13571329019	Package	河南省商丘市	✓	张志飞	15891236576
SY008	王振虎	男	1994/10/21	湖南岳阳	汉	13986236780	Package	湖南省岳阳市	✓	王森	13997680432

图 10-6　学生学籍信息表

在 Access 数据库应用系统中，所有数据库资源都存放在一个数据库中，该文件的扩展名为.accdb，因此，在创建数据表之前，必须先创建 Access 数据库。

1．创建数据库

Access 2016 提供了两种创建数据库的方式。

（1）创建空白数据库。空白数据库是一个不包含任何数据库对象的空数据库。如果没有现成的模板，或对数据库有特别的设计要求，或需要在数据库中存放或合并现有数据，这将是一个很好的选择。创建空白数据库后，用户可以根据实际应用的需要添加表、查询、窗体、报表、宏、模块等数据库对象。

（2）使用模板创建数据库。模板是一种预先设计好的包含某个主题内容的数据库，在模板数据库中已建立了表、查询、窗体、报表等与主题相关的数据库对象。模板可以帮助用户快速创建一个相关主题的 Access 数据库，使用模板创建数据库后，用户可以再根据应用的需要添加或修改某些数据库对象。

根据任务需求，首先创建一个空白数据库，并保存到适当位置，创建好的数据库文件名为"学生学籍信息"。

操作步骤如下：

（1）启动 Access 2016 程序，选择【新建】→【空白桌面数据库】命令，输入文件名为"学生学籍信息"，若要更改文件的默认位置，单击"文件名"框右侧的【浏览】按钮，通过浏览窗口到某个新位置来存放数据库，本任务保存在桌面上，如图 10-7 所示。

图 10-7　创建"学生学籍信息"空白数据库

（2）单击【创建】按钮，即可创建一个空白的 Access 数据库，同时进入 Access 的工作界面，并在导航窗格中显示一个名为"表1"的空数据表，用户可以开始进行后续的设计工作，如图 10-8 所示。

2．创建数据表

在 Access 中，表是存储数据的基本单位，是整个数据库系统的基础。建立 Access 数据库后，就可以在数据库中建立数据表对象，一个 Access 数据库中可以包含多张数据表。

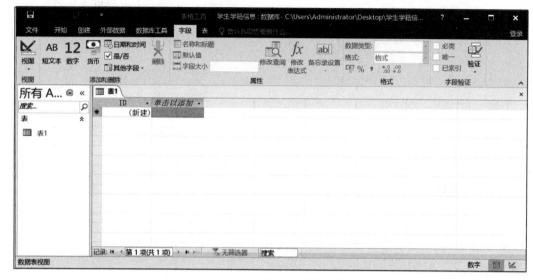

图 10-8　新创建的"学生学籍信息"数据库

数据表由字段和记录两部分组成,字段描述了表的结构,记录描述了表中存储的数据。唐老师通过对数据进行分析,给出所创建的"学生学籍信息表"结构如表 10-1 所示,然后根据给定的数据表结构进行"学生学籍信息表"的创建。

通常在表设计视图中创建表的结构,在数据表视图中输入和浏览记录。

表 10-1　"学生学籍信息表"结构

字段名称	数据类型	说明
学号	短文本	设为主键
姓名	短文本	
性别	短文本	通过下拉菜单选择"男"或"女"
出生日期	日期/时间	
籍贯	短文本	
民族	短文本	
个人电话	短文本	电话号码只能为 11 位数字
照片	OLE 对象	
家庭住址	短文本	
是否团员	是/否	只能选择"是"或"否"
家长姓名	短文本	
家长电话	短文本	电话号码只能为 11 位数字

操作步骤如下:

(1) 双击打开创建好的"学生学籍信息"数据库文件,单击【创建】命令选项卡,在【表格】组中选择【表设计】按钮,主窗口中出现新表的表设计视图,表名默认为"表 1"。

(2) 在表设计视图的第 1 行中输入第 1 个字段。字段名称为学号,数据类型为短文本。同时单击左侧字段选择器,在【表格工具/表设计】选项卡中的【工具】组中,单击【主键】按钮,将学号设置为主键,此时学号字段前出现一个主键标记,如图 10-9 所示。

(3) 单击界面左上角快速访问工具栏的【保存】按钮,弹出【另存为】对话框,输入表名为

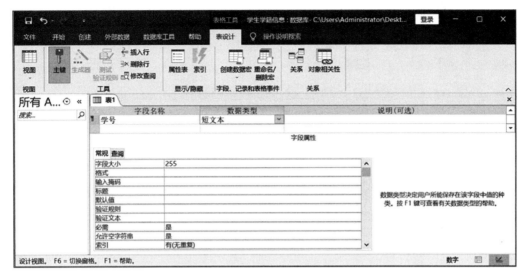

图 10-9　设置字段属性和表的主键

"学生学籍信息表",单击【确定】按钮。此时导航区中出现"学生学籍信息表"图标,如图 10-10 所示。

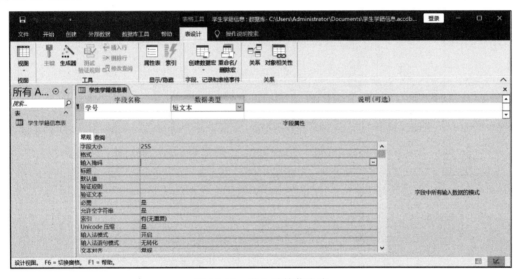

图 10-10　学生学籍信息表

(4)按照上述步骤依次完成其他字段的输入,并按要求设置数据类型。

"性别"字段首先将数据类型设置为"短文本",然后通过"查阅向导"设置使用户通过下拉菜单选择性别。具体操作如图 10-11～图 10-13 所示。

"电话号码"字段要求电话号码只能为 11 位数字,所以将字段大小属性设置为 11,同时将该字段的"输入掩码"属性设置为 00000000000,代表必须输入 11 个数字,具体设置如图 10-14 所示。

(5)最后,创建好的"学生学籍信息表"结构如图 10-15 所示。

至此,就完成了用设计视图创建数据表的任务。可见,在创建表的过程中,最重要的工作就是为表的每一个字段定义数据类型、字段大小、字段格式等。

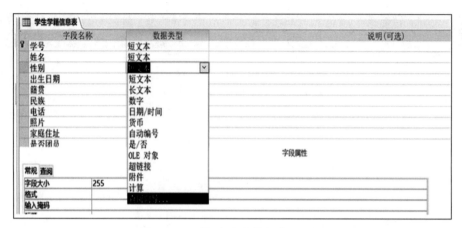

图 10-11 "性别"字段数据类型选择

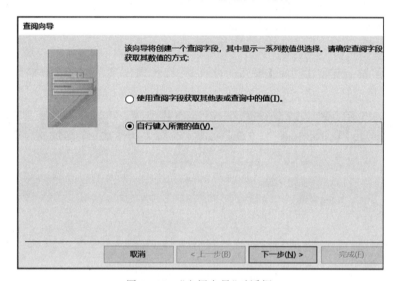

图 10-12 "查阅向导"对话框

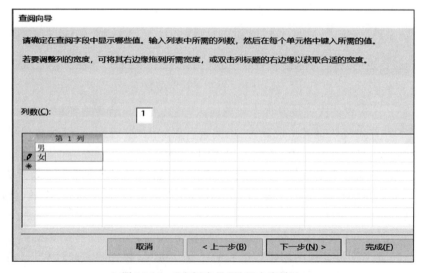

图 10-13 "查阅向导"界面内容输入

民族	短文本	
电话	短文本	
照片	OLE 对象	
家庭住址	短文本	
是否团员	是/否	
家长姓名	短文本	
家长电话	短文本	

字段属性

常规 查阅

字段大小	11
格式	
输入掩码	00000000000

图 10-14 "电话号码"字段数据类型设置

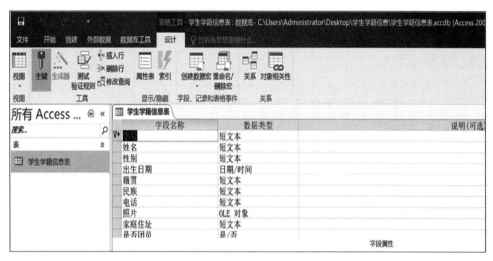

图 10-15 "学生学籍信息表"结构

3．表中数据的输入

定义好数据表的字段名称、类型等属性之后，就可以向表中输入数据了。输入数据有两种方法：一种是用数据表视图模式，手工单条录入数据，这种方法效率较低，不适合输入成批记录；另一种是用导入数据的办法成批输入数据，这种方法效率高，适合输入大量数据。无论采用哪种方式，输入的数据都必须满足各种字段属性的设置和数据约束。

根据创建好的数据表结构，用数据表视图输入数据，操作步骤如下：

（1）打开"学生学籍信息"数据库，在左侧导航区中双击"学生学籍信息表"，直接打开数据表视图。

（2）依次录入合法的数据。输入完一条记录后，自动出现下一条空白记录等待输入。

（3）输入 OLE 类型的照片字段时，在字段单元格中右击选择【插入对象】命令，弹出对话框如图 10-16 所示。

（4）在弹出的对话框中选择【由文件创建】选项，单击【浏览】按钮，选择照片所在位置，如图 10-17 所示。

（5）单击【确定】按钮，回到数据表视图，可以看到照片字段已经有了标识，照片如果是 jpg、png 等压缩格式，显示的是 Package 标识，如图 10-18 所示。

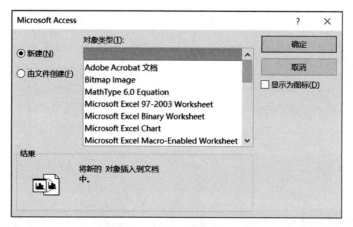

图 10-16　插入照片对象

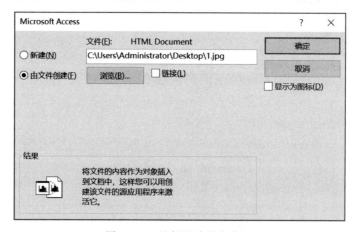

图 10-17　选择照片所在位置

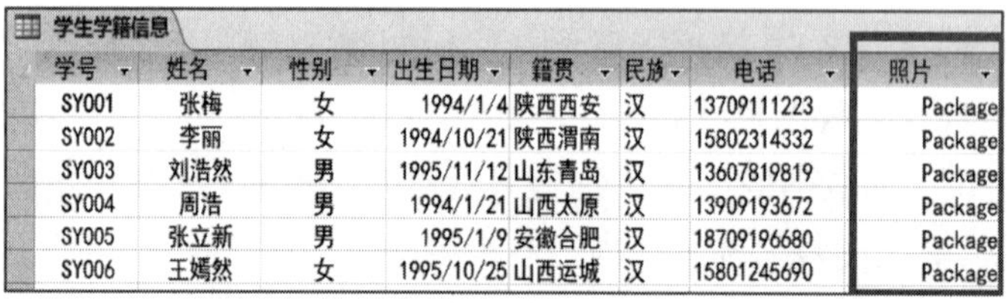

学号	姓名	性别	出生日期	籍贯	民族	电话	照片
SY001	张梅	女	1994/1/4	陕西西安	汉	13709111223	Package
SY002	李丽	女	1994/10/21	陕西渭南	汉	15802314332	Package
SY003	刘浩然	男	1995/11/12	山东青岛	汉	13607819819	Package
SY004	周浩	男	1994/1/21	山西太原	汉	13909193672	Package
SY005	张立新	男	1995/1/9	安徽合肥	汉	18709196680	Package
SY006	王嫣然	女	1995/10/25	山西运城	汉	15801245690	Package

图 10-18　插入照片后的效果

4. 编辑记录

在数据表中输入记录后,还可根据需要对记录进行查找、替换、删除和复制等操作。

(1) 查找记录。利用查找功能可以快速定位到满足条件的记录。将光标插入点置于要查找的数据的任一单元格中,按 Ctrl+F 组合键或执行【开始】→【查找】组中选择【查找】命令,打开【查找和替换】对话框,如图 10-19 所示。在"查找内容"输入框中输入要查找的数据。

(2) 替换记录。利用替换功能可以批量修改数据表中的数据。按 Ctrl+H 组合键或执行【开始】→【查找】→【替换】命令,打开如图 10-19 所示的【查找和替换】对话框,选择【替换】命令,进行替换操作。

图 10-19 "查找和替换"对话框

(3) 删除记录。在数据表视图中,单击记录行左侧的记录选择器,选中一条记录(在记录选择器上拖拽鼠标可以同时选定多行),然后右击在弹出的快捷菜单中选择【删除记录】选项或按 Delete 键,进行删除操作。

(4) 复制记录。在数据表视图中选择一条或多条连续的记录,右击选择【复制】选项,然后执行【开始】→【剪贴板】→【粘贴】→【粘贴追加】命令,可将复制的记录粘贴到数据表的尾部。

5. 表的编辑操作

(1) 数据表的复制。在左侧导航区中选中要复制的"学生学籍信息表"对象,右击选择【复制】,或按 Ctrl+C 快捷键执行复制操作,然后在导航区空白地方,右击选择【粘贴】选项,或按 Ctrl+V 快捷键执行粘贴操作,出现如图 10-20 所示对话框,如果需要复制整张表的结构和数据,选择第二个选项。

注意:执行此步操作,必须确保数据表是关闭的状态。

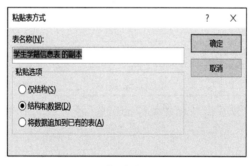

图 10-20 "粘贴表方式"对话框

各粘贴选项的含义如下。

仅结构:只复制表的结构,不包括记录,这样可以建立一个与当前表具有相同字段和属性设置的空表。

结构和数据:同时复制表的结构和记录,新表就是当前表的一份完整的副本。

将数据追加到已有的表:将当前表中的所有记录添加到另一个表中。该操作要求目标表必须已存在,并且目标表和当前表的结构必须相同。

(2) 数据表的重命名。在导航窗格中,选中要重命名的数据表,右击在弹出的快捷菜单中选择【重命名】选项。

(3) 数据表的删除。在导航窗格中选中要删除的数据表,右击在弹出的快捷菜单中选择【删除】选项或直接按 Delete 键进行数据表的删除。

10.6.2 制作学生成绩信息管理表

为建立一个完整的学生成绩信息 MIS,需要分别建立学生信息表、学生成绩表、课程信息表、班级信息表四个数据表,各数据表的字段设置如表 10-2 所示。

表 10-2 数据表的字段设置

表 名	字段名称	数据类型	字段大小	说 明
学生信息表	学号	短文本	10	主键
	姓名	短文本	8	
	性别	短文本	1	
	出生日期	日期/时间	/	
	班级编号	短文本	9	
	家长姓名	短文本	8	
	联系电话	短文本	13	
	家庭住址	短文本	50	
学生成绩表	序号	数字	整型	主键
	学号	短文本	10	
	课程编号	短文本	6	
	成绩	数字	整型	
课程信息表	课程编号	短文本	6	主键
	课程名称	短文本	20	
	课程性质	短文本	10	
	课时数量	数字	整型	
班级信息表	班级编号	短文本	6	主键
	班级名称	短文本	20	
	班级人数	数字	整型	
	固定教室	短文本	10	
	班主任	短文本	8	

根据前面所介绍的创建数据库和数据表的过程,请大家自行完成数据库和数据表的创建,此处不再赘述。

1. 创建关系

为了使整个数据库成为一个相关数据的完整集合,还必须为表与表之间设置关联关系,实现数据库的参照完整性约束机制。在 Access 数据库中,两个表之间可以通过公共字段或语义相同的字段建立关系,以便同时查询多个表中的相关数据。当创建表间关系时,联接字段在一个表中通常是主键,同时作为外键存在关联的表中。通过分析学生成绩信息管理数据库中四个表的字段内容,发现各表之间的关系字段如表 10-3 所示。

表 10-3 各表之间的关系字段

表 名		联接字段
学生信息表	学生成绩表	学号
班级信息表	学生信息表	班级编号
课程信息表	学生成绩表	课程编号

建立关系的操作步骤如下：

(1) 打开创建好的"学生成绩信息管理"数据库,执行【数据库工具】选项卡→【关系】组中的【关系】命令,弹出"显示表"对话框。

(2) 在"显示表"对话框中,选中要添加的表,单击【添加】按钮或直接双击要添加的表,将其添加至"关系"窗口。

(3) 进入"关系"界面,按住鼠标左键将"班级信息表"里的"班级编号"拖拽到右边的"学生信息表"的"班级编号"字段处,如图 10-21 所示。

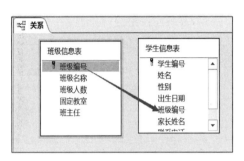

图 10-21　进行关系的创建

(4) 此时,弹出"编辑关系"对话框,如图 10-22 所示,单击【创建】按钮,完成创建过程。注意：在"编辑关系"对话框中,选择【实施参照完整性】选项,可以设置两个表之间的参照引用规则,当删除或更新表中的数据时,系统会通过参照引用相关联的另一个表中的数据约束对当前表的操作,以确保相关表中数据的一致性。

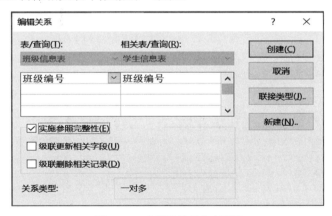

图 10-22　"编辑关系"对话框

(5) 此时,在"关系"窗口可以看到"班级信息表"和"学生信息表"之间出现一条表示关系的连线,如图 10-23 所示。

(6) 通过同样的方法,对"学生信息表"和"学生成绩表","课程信息表"和"学生成绩表"之间建立关系,并实施参照完整性,结果如图 10-24 所示。

(7) 两个表建好关系后,在主表的每行记录前会出现一个"＋"号,单击"＋"号即可展开一个子窗口,显示子表的相关记录；单击"－"号即可折叠子窗口,如图 10-25 所示,在"班级信息表"中可以查看每个学生的基本信息。

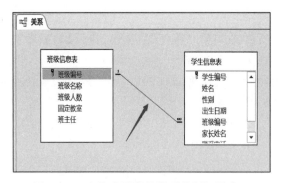

图 10-23　实施参照完整性后的"关系"窗口

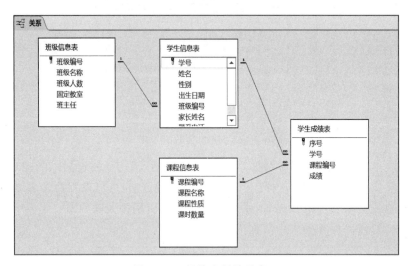

图 10-24　最终表间关系窗口

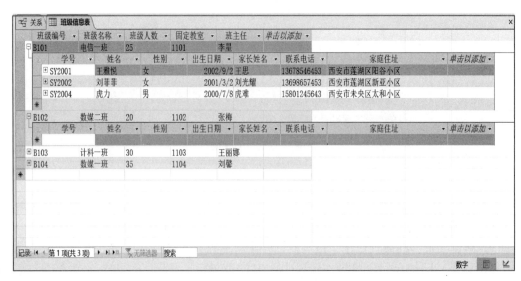

图 10-25　在主表中查看子表的相关记录

2. 编辑关系

（1）修改关系。在"关系"窗口中双击要编辑的关系线，打开"编辑关系"对话框，可重新设置关系选项。

（2）添加关系。打开"关系"窗口，选择【关系工具/设计】→【关系】组中的【添加表】命令，添加需要的表，建立新的关系。

（3）删除关系。在"关系"窗口中单击关系线，然后右击关系线，在弹出的快捷菜单中选择【删除】或按 Delete 键即可删除关系。

10.6.3 制作学生社团活动管理表

查询是数据库管理系统最常用、最重要的功能。通过查询可以对数据库中的一个或多个表中的数据进行检索，以获得需要的数据或统计结果。

唐老师需要对创建好的数据库进行相关信息的查询。完成此项任务之前，必须先创建"学生社团活动管理"数据库，并在此数据库中创建"学生参加社团表"数据表。读者结合前面的讲解自行完成此内容，这里不再赘述。

查询是指按照一定的条件对数据库中的数据进行检索或统计操作。Access 2016 提供了两种方法建立查询，一种是使用查询向导，另一种是使用查询设计视图建立查询。

1．使用查询向导创建查询

查询向导可按照一定的模式引领用户创建查询，实现基本的查询操作，不需要用户具备过多的数据库查询知识，简单易行。打开 Access 数据库，执行【创建】→【查询】→【查询向导】命令，打开"新建查询"对话框，如图 10-26 所示。Access 2016 提供了四种查询向导。

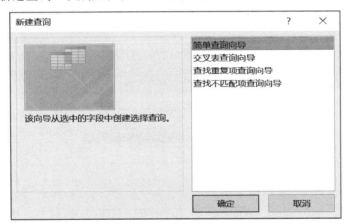

图 10-26 "新建查询"对话框

第 1 种：简单查询向导。利用该向导可以从一个或多个表和查询中选择要查看的字段，但不能指定查询条件，也不能对查询结果进行排序。

以利用简单查询向导创建查询"学生参加社团"为例，说明操作过程。

（1）打开"学生社团活动管理"数据库，执行【创建】→【查询】→【查询向导】命令，打开"新建查询"对话框，选择【简单查询向导】选项，打开"简单查询向导"对话框。

（2）在【表/查询】下拉列表框中选择数据源，将"姓名"等字段从【可用字段】列表框添加到【选定字段】列表框中，然后单击【下一步】按钮，如图 10-27 所示。

（3）为查询指定标题，单击【完成】按钮，完成查询。在导航窗格中双击所创建的查询即可查看查询结果。

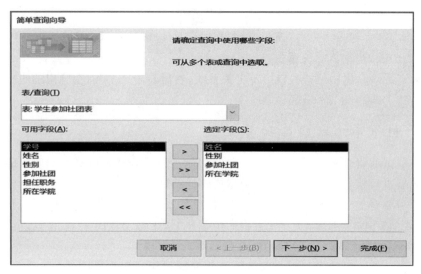

图 10-27 选定要添加的字段

第 2 种：交叉表查询向导。使用交叉表查询可以计算并重新组织数据的结构。

第 3 种：查找重复项查询向导。利用该向导可以在一个表或查询中查找具有重复字段值的记录。如要查找"学生参加社团表"中同名学生的记录。操作步骤如下：

(1) 打开"学生社团活动管理"数据库，执行【创建】→【查询】→【查询向导】命令，打开"新建查询"对话框，选择【查找重复项查询向导】选项，打开"查找重复项查询向导"对话框，如图 10-28 所示。

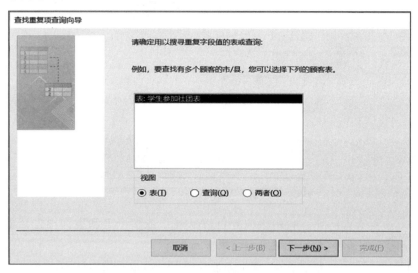

图 10-28 选择查询的数据源

(2) 选择查询的数据源，单击【下一步】按钮。

(3) 选择要查找的具有重复值的字段，将"姓名"字段从【可用字段】列表框添加到【重复值字段】列表框中，然后单击【下一步】按钮，如图 10-29 所示。

(4) 如果希望查询结果中包含其他字段，可将其他字段也添加到【另外的查询字段】列表框中，如图 10-30 所示。然后单击【下一步】按钮。

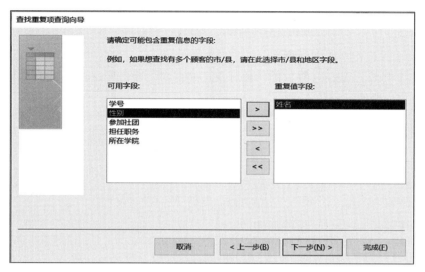

图 10-29　选择包含重复值的字段

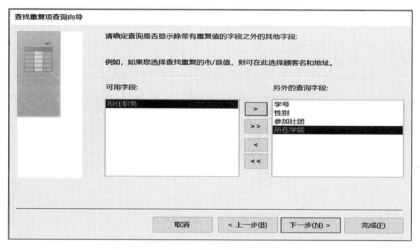

图 10-30　选择查询结果要包含的字段

（5）指定查询名称，然后单击【完成】按钮，完成查询的创建。
（6）在导航窗格中双击创建的查询即可查看结果，如图 10-31 所示。

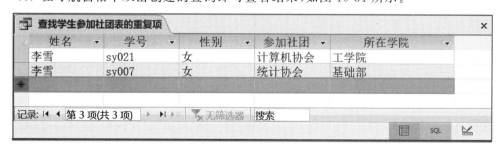

图 10-31　查询同名的记录

第 4 种：查找不匹配项查询向导。利用该向导可以查找两个表中不匹配的记录。
可见，用查询向导建立的查询操作很简单，但建立的查询文件形式较单一。因此，查询向导建立查询的方法只适合初步建立查询文件。要完成复杂一点的查询任务就需要在查询设计视图中完成。

2. 使用查询设计视图创建查询

查询设计视图是 Access 提供的一种可视化的查询设计工具,在查询设计视图中可以建立复杂的查询或修改已有的查询。

在查询设计视图中建立查询的一般过程如下:

(1) 打开查询设计窗口。

(2) 选择欲查询的数据表。

(3) 选择查询字段。

(4) 输入查询条件。

(5) 选择哪些字段显示在查询结果中。

(6) 查询结果可以指定排序字段。

(7) 运行查询,查看结果。

(8) 保存并命名查询。

唐老师查询"学生参加社团表"中所有学生的学号、姓名、性别和参加社团信息的具体操作步骤如下。

(1) 打开"学生社团活动管理"数据库,单击【创建】→【查询】→【查询设计】命令,如图 10-32 所示。

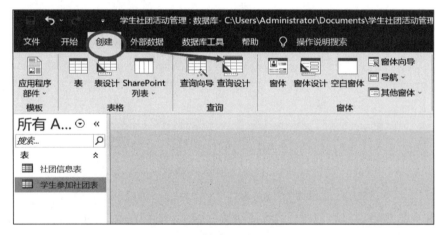

图 10-32　创建"查询"对话框

(2) 在弹出的"显示表"对话框中选择"学生参加社团表",单击【添加】按钮。

(3) 在查询设计视图中,按照图 10-33 设计查询。

(4) 在"学生参加社团表"列表中,双击"学号""姓名""性别""参加社团"将其添加到窗口下方的输出字段中,也可直接在"字段"列中选择各字段。

(5) 单击【查询工具/查询设计】选项卡中【结果】组中的【运行】按钮,显示查询结果如图 10-34 所示。

(6) 单击工具栏中的【保存】按钮,保存查询结果,将其命名为"查询学生记录"。

(7) 此时,导航窗格就显示所创建的"查询学生记录"的查询。

关闭查询对象后,在导航窗格中选中该查询,右击在弹出的快捷菜单中选择【打开】选

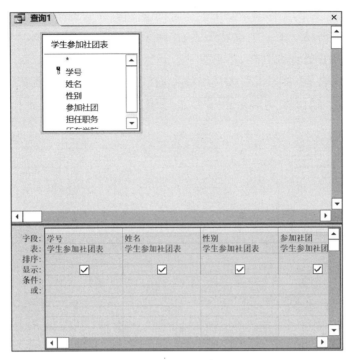

图 10-33　查询设计视图

学号	姓名	性别	参加社团
sy001	潘军	男	机器人社团
sy002	田梅	女	书法协会
sy003	李浩	男	篮球协会
sy004	宋杨	男	计算机协会
sy005	周芳	女	舞蹈协会
sy006	唐恬	女	书法协会
sy007	李雪	女	统计协会
sy008	张景仁	男	计算机协会
sy009	段晓	男	羽毛球协会
sy010	吴晓宇	男	机器人社团
sy011	杨文雯	女	舞蹈协会
sy012	刘丽娜	女	统计协会
sy013	赵娜	女	机器人社团
sy014	虎力	男	机器人社团
sy015	董瑞	男	CAD制图协会
sy016	庄波	男	英语协会
sy017	余羽珊	女	舞蹈协会
sy018	张相华	男	吉他协会
sy019	段泽天	男	物联网社团
sy020	张玲	女	书法协会

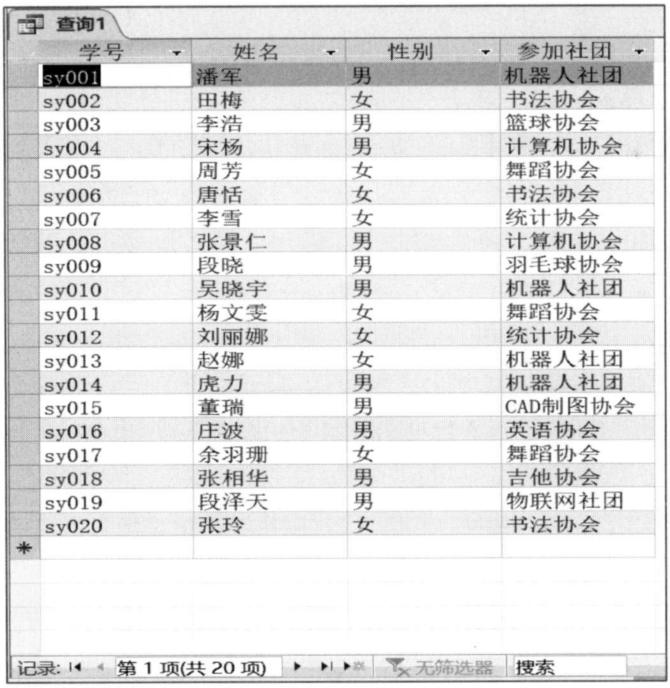

图 10-34　查询结果

项,可以在数据表视图中查看查询结果;在弹出的快捷菜单中选择【设计视图】选项,可以打开设计视图,修改查询。

唐老师要在"学生参加社团表"查询参加"机器人社团"的全部信息,并取消该列的"显示"选项,按学号"升序"的顺序显示结果。此时,就要进行带查询条件的查询。

查询条件是查询设计的一个重要选项,反映了用户对查询的要求。创建带查询条件的查询操作步骤和普通查询一样,不再赘述。请大家按照如图 10-35 所示设置查询条件,保存查询结果并命名为"参加机器人社团的查询",结果如图 10-36 所示。其中"机器人社团"是查询的条件,但在查询结果中不要求显示出来,故取消"参加社团"列的"显示"选项。

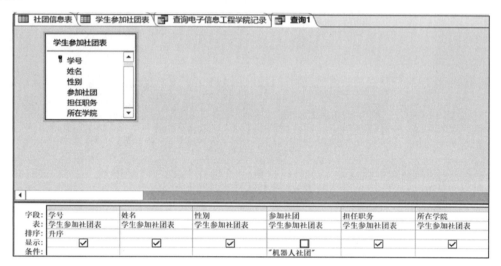

图 10-35 带条件的查询设计

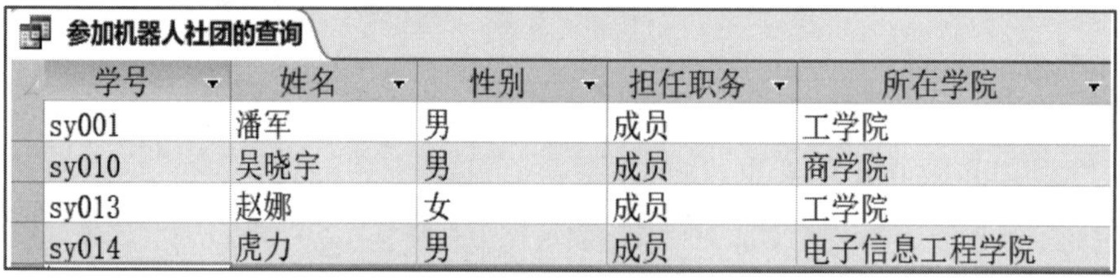

图 10-36 查询结果

10.7 MIS 项目的监控及评估

可参照 3.4.6 节评估项目效果等相关内容,制作报表记录项目阶段执行情况或终期结果,如图 10-37 所示。该项目报表以"三维簇状条形图"形式显示,其中浅色代表"基线估计工期",深色代表"计划工期"。可见,因为在"制作学籍信息管理表"时,通过压缩关键任务 7 的工期,从而缩短了项目的总工期。所以,报表中体现出其"计划工期"比"基线估计工期"提前了 2 个工作日。具体内容可参见 10.5 节 MIS 项目的优化。

至此,"学生信息管理"项目全部完成,无论数据库系统服务于哪个行业,创建和设计数据库的基本方法都无本质区别。

为帮助大家更好地掌握及应用 Access,下面归纳出类似项目的基本实施步骤。

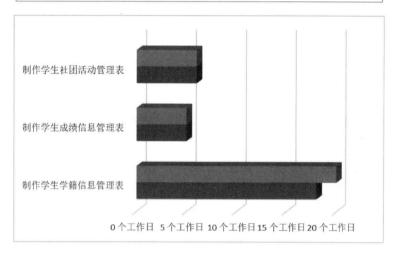

图 10-37　管理学生信息—任务工期报表

（1）打开 Access 软件，新建一个空数据库。
（2）基于创建的数据库创建数据表。
（3）在表中添加字段，并设置字段的数据类型。
（4）在表中输入数据。
（5）编辑表中的数据。
（6）设置表的外观和布局格式，打印输出。
（7）为了让不同数据表中的数据在 Access 中真正产生关联，可为数据表创建关系。
（8）如果想从数据库中提取符合指定条件的数据，可创建查询。
（9）如果想限制用户必须输入哪些数据，并屏蔽不需要输入的数据，以更加简洁的方式将数据输入表中，避免出现误操作或任何可能发生的错误，可创建窗体。
（10）如果想以特定的格式呈现数据并进行汇总计算，可创建报表。

10.8　结　　语

综上所述，可以得出如下结论：
（1）数据库是 MIS 的核心。MIS 是信息化的产物。信息化是数字化的基础。
（2）表是存储数据的基本单位，是数据库的构成元素，是整个 MIS 的基础。
（3）数据库的表通过关系联系在一起。
（4）增、删、查、改是 MIS 的四大基本功能。
（5）Access 是一种易学易用的轻量级数据库，是新时代教师应该学习并掌握的技能。
（6）本章知识思维导图如图 10-38 所示。

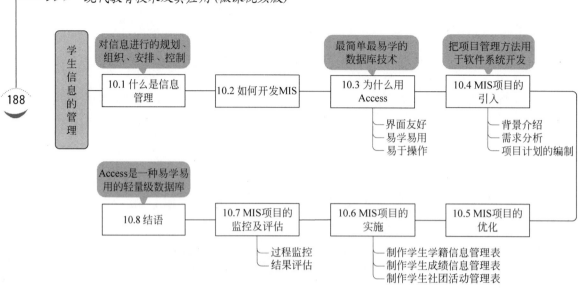

图 10-38　本章知识思维导图

10.9　哲思慧想

　　事物的性质主要地是由取得支配地位的矛盾的主要方面所规定的。取得支配地位的矛盾的主要方面起了变化,事物的性质也就随着起变化。

　　在研究矛盾特殊性的问题中,如果不研究过程中主要的矛盾和非主要的矛盾以及矛盾之主要的方面和非主要的方面这两种情形,也就是说不研究这两种矛盾情况的差别性,那就将陷入抽象的研究,不能具体地懂得矛盾的情况,因而也就不能找出解决矛盾的正确的方法。

10.10　名家名言

　　罗素(Russell,1872 年—1970 年),英国哲学家、数学家、逻辑学家、历史学家、文学家、教育家、政治家,世界和平运动的倡导者和组织者。

　　罗素说:

　　(1) 教育的基本目的是形成"活力、勇气、敏感和智慧"的理想品格。

　　(2) 教育应该培养求真理的愿望,而不是相信某种特殊的信条就是真理。

10.11　习　　题

1. 什么是信息化?如何实施信息化?
2. 在 Access 中创建表有哪几种方法?表的字段有哪些类型?
3. 如何在表间建立关系?实施参照完整性的作用是什么?
4. 在 Access 中创建查询有哪几种方法?
5. 根据所给素材,完成以下操作:

(1) 设置"身份 ID"字段为主键,并设置"身份 ID"字段的相应属性,设置该字段在数据表视图中的显示标题为"身份证"。

(2) 将"姓名"字段设置为有重复索引。

(3) 在"家长身份证"和"语文"两字段增加一个字段,名为"电话",类型为短文本,大小为 12。

(4) 将新增"电话"字段的输入掩码设置为"010-********"的形式,其中"010-"部分自动输出,后八位为 0～9 的数字显示。

(5) 在数据表视图中将隐藏的"编号"字段重新显示出来。

6. 根据所给的素材,创建以下查询:

(1) 创建一个查询,查询团员记录,并显示"姓名"、"性别"和"入校时间"三列信息,所建查询命名为"查询 1"。

(2) 创建一个查询,当运行该查询时,屏幕上显示提示信息"请输入要比较的分数:",输入要比较的分数后,该查询查找学生选课成绩的平均分大于输入值的学生信息,并显示"学号"和"平均分"两列信息,所建查询命名为"查询 2"。

第11章 社会实践活动的策划

第11章
第1讲

第11章
第2讲

引子:"学以致用"是绝大多数书本知识的学习目的。组织学生进行各种社会实践是贯彻"理论联系实际"宗旨的有效手段。另外,中小学生正处在成长期,对他们而言,树立正确的世界观、人生观和价值观尤为重要,而社会实践是达到这一目的有效途径。

11.1 什么是社会实践

社会实践是一种教育活动,是要求学生亲身参与的一种特殊教育形式,是教育实践活动中一个不可或缺的环节。

社会实践活动能够培养学生运用所学知识解决实际问题以及团队协作、组织策划、沟通、领导、设计、表达等方面的能力,同时,对于养成学生积极的人生态度,磨砺坚韧的意志,塑造完善的人格,实现全面发展的目标有着不可替代的积极作用,是学生全面发展理论和多元智能理论的具体实践。

11.2 如何进行社会实践

社会实践活动的实施流程一般有三个过程:制定活动方案、具体实施过程,最后对实施效果进行分析。社会实践活动实施流程图如图11-1所示。

图 11-1 社会实践活动实施流程图

1. 社会实践活动方案的制定

开展社会实践活动的宗旨是学以致用、理论联系实际,进而促进学生全面发展,提高综合素养。因此,在制定社会实践活动方案时要从德、智、体、美、劳五个维度设计社会实践活动的内容和形式。这五个维度是相互联系的整体,在设计时既要通盘考虑,也要有所侧重。

例如,红色之旅活动的主要目的是培养学生的爱国主义精神、增强革命斗争意识,要侧重德育的培养;在乘车过程和场馆工作人员接触时,涉及人际交往能力的培养;在帮助工作人员清洁场馆卫生时,又涉及劳动能力的培养。

以中小学生为例,智育活动内容和形式如表11-1所示。

表11-1 智育活动内容和形式

活动内容	形　　式	要　　求	主　要　目　的
公共知识	参与图书馆义务管理	关注生活,侧重社会知识的积累,强化实践能力的培养,在活动中做好信息的记录,写好调查报告或科普小论文	逐步了解、熟悉所生活地区的文化和环境,积累社会实践生活所需的知识和技能
公共知识	参与社区管理		
本土文化	了解关中八大怪		
本土文化	陕西历史研究		
科普知识	自然环境调查		
科普知识	走进陕西自然博物馆		

2. 社会实践活动的实施过程

(1) 准备阶段。该阶段包括社会实践活动的具体时间安排、用车申请、活动的预案、实践活动的内容和具体形式。以中学生为例,开展社会实践活动的具体形式如表11-2所示。

表11-2 开展社会实践活动的具体形式

活　动　类　别	活　动　形　式
学生自主参加的社会实践活动	社区开展服务型活动
学生自主参加的社会实践活动	各种研学沙龙活动
学生自主参加的社会实践活动	农村学农活动
教师指导下的社会实践活动	地方历史研究活动
教师指导下的社会实践活动	社团活动:英语沙龙、话剧社、创意编程社团等
学校主导安排的社会实践活动	参观访问:西安碑林博物馆、大唐西市博物馆等
学校主导安排的社会实践活动	校内实践:安全疏散演习、突发事件演习等

(2) 具体开展过程。

① 学生自主参加的社会实践活动,以社区服务活动为例给出活动的目的和形式。

目的:在服务他人的过程中,体验无私帮助的乐趣,感受通过自己的努力带来的成就感,领略社会关怀、自觉奉献的价值和意义,获得正面的成长经验。

形式:自行结组,合理安排。

② 教师指导下的社会实践活动,以地方历史文化研究活动为例给出活动的目的和形式。

目的:通过指导学生了解地方文化、历史,培养学生用理性科学的思维方式和调查方法认识国情、体验生活,为学生建立良好的思维格局奠定基础。

形式:撰写报告、社会调查。

③ 学校主导安排社会实践活动,以游学形式的实践活动为例给出活动的目的和形式。

目的:通过参观红色基地和休闲景观为一体的具有革命战斗精神的景点,既可以观光赏景、了解历史,也可以培育新时代精神,把爱国主义教育、理想信念教育、道德法制教育、国防安全教育融入其中,寓教于乐、寓教于行。

形式:由研学旅行公司统一安排和组织。

3. 社会实践效果分析

可以通过问卷调查的方式了解学生参加社会实践活动的效果。问卷调查的内容如表 11-3 所示。具体问卷调查的形式可以通过"问卷星"制作。

表 11-3　问卷调查的内容

问　题	选　项
你喜欢参加社会实践活动吗？	十分喜欢
	一般喜欢
	不喜欢
你喜欢哪一类社会实践活动？	学校主导安排的社会实践活动
	教师指导下的社会实践活动
	学生自主参加的社会实践活动
社会实践活动中是否遇到问题？	是
	否
遇到问题你是怎么解决的？	自己解决
	和他人一起解决
	没有解决
你认为参加各类社会实践活动，对你的全面发展是否有促进作用？	作用很大
	一般
	完全没用
参加社会实践活动对未来你的学习、生活有意义吗？	有意义
	无意义
	不清楚

11.3　为什么用 Visio

在如今这个计算机几乎无所不能的时代，作为一名教师，掌握一个画画或画图软件的使用是非常必要的，不仅能够应对各种工作，更是具有较高数字应用能力的体现。

Visio 是一款易学易用的专业绘图软件，也是 Office 家族的一员，非常适用于日常工作和论文写作。Visio 的基本特点如图 11-2 所示。

图 11-2　Visio 的基本特点

下面，带领大家用 Visio 制定一份社会实践实施路线图。

11.4　社会实践项目的引入

1. 背景介绍

新时代的教育要求学校遵循学生成长规律，以走进社会、深入实践为主要内容，以开展形式各异的实践活动为基础,以可持续实施的活动内容为依托,建立科学发展机制,组织学生参加校内、外的各种实践活动,促使学生在实践中接受教育、增长本领、树立正确的世界观、人生观和价值观、培养坚韧的意志品质和求真务实的实践精神。校内社团、公益劳动、学工学农、研究地方文化、社区志愿服务等活动都是常见的实践活动形式。

2. 需求分析

某中学根据教学计划安排,准备组织学生进行一次主题为"追寻红色足迹"社会实践活动。进行具体的社会实践活动前,必须制定出包括社会活动策划、用车申请、行程安排、参观调查内容、实践能力体现点等内容的活动全过程实施方案。

根据以上需求,使用 Office Project 2016 作为项目管理工具,项目初步计划如下:

项目名称:策划社会实践活动。

项目工期:30 个工作日内。

项目成员:计算机教研组。

项目任务:①社会实践活动策划方案;②用车申请流程;③行程安排;④调查流程甘特图;⑤社会实践能力图。

项目工具:Office Visio 2016;Office Project 2016。

项目成果:①社会实践活动策划方案;②实践活动用车申请流程;③实践活动行程安排;④活动调查流程甘特图;⑤社会实践能力图。

3. 项目计划的编制

在该项目计划编制过程中,主要信息设置如下:

(1) 设置项目开始的日期:2022 年 11 月 28 日。

(2) 设置日历日期:标准日历。

(3) 设置任务模式:自动模式。

(4) 设置各子任务之间的依赖关系,如图 11-3 中"前置任务"列所示。

(5) 设置各子任务的工期,如图 11-3 中"工期"列所示。

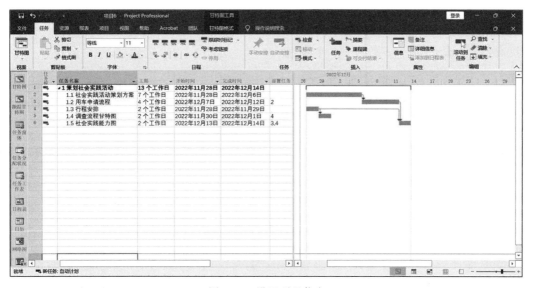

图 11-3 设置项目信息

11.5　社会实践项目的优化

通过对"社会实践活动的策划"项目案例的分析及项目计划的编制,基本完成了项目基本信息的设置,接下来可以根据实际工作需要,参照 3.4.3 节对项目在关键路径、项目工期及甘特图显示方面进行优化。与此同时,参照 3.4.4 节设置进度基线等相关内容,完成对本项目进度基线的设置。进度基线是衡量进度绩效的依据,一般要通过负责部门批准且得到项目干系人认可,非必要不变更。该项目设置进度基线如图 11-4 所示。

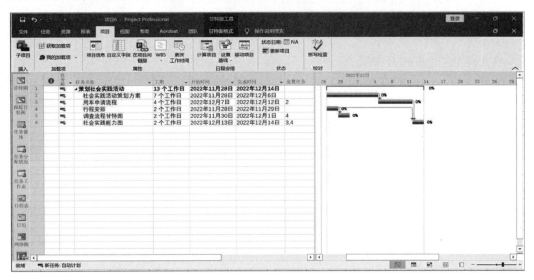

图 11-4　设置进度基线

11.6　社会实践项目的实施

11.6.1　社会实践活动策划方案

活动实施方案是在行动前制定的"路线图",必须具有可行性和可操作性。那么制定方案应该包括哪些内容呢?下面通过 Visio 的绘图功能将一份完整的社会实践策划方案应包含的内容展现出来。

Visio 绘图的主要工作是将组成图表的各个形状添加到绘图页上,并将这些形状以所需的方式连接起来,然后为这些形状添加文字说明并设置外观格式。

一份完整的社会实践活动策划方案内容图如图 11-5 所示。

基于上述内容,使用 Visio 功能区【开始】选项卡【工具】组中的"矩形""椭圆""线条""任意多边形"等命令,在绘图页上拖动鼠标绘制相应的形状。操作步骤如下:

(1) 启动 Visio,在【开始】中选择【空白绘图】,在出现的界面中单击【创建】按钮,即可创建一个绘图文件。

(2) 绘制形状。本次任务所需的基本都是"矩形"形状和"直线"。在【开始】选项卡的

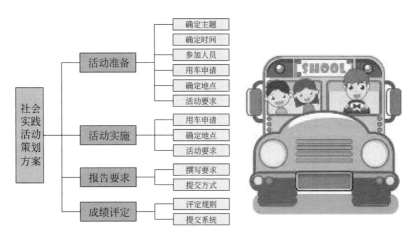

图 11-5　社会实践策划方案内容图

【工具】组中选择所需的"矩形",在绘图页上按住鼠标左键绘制出所需的矩形。绘制形状过程中,为对齐文本和各个形状对象,可在【视图】选项卡【显示】组中选中"网格"复选框,如图 11-6 所示。

图 11-6　选中"网格"复选框

(3) 连接形状。可通过"直线"将两个形状连接起来,也可利用 Visio 提供的【连接线】工具进行形状的连接,用户使用【连接线】工具在两个形状之间手动绘制连接线。在功能区【开始】选项卡【工具】组中单击【连接线】按钮,然后将鼠标指针移动到要连接的其中一个形状的连接点上,此时会在这个连接点上显示绿色方块,拖动鼠标到另一个形状的连接点上,即可在两个形状的指定连接点之间绘制一条连接线,如图 11-7 所示。

图 11-7　使用连接线工具连接两个形状

(4) 按照上述所介绍的操作步骤,绘制好所需形状并通过连接线将其连接起来,双击形状进行文字的添加,最终效果图如图 11-8 所示。

(5) 按 Ctrl+A 组合键选中所有形状,可以统一设置字体、字号,在【开始】选项卡【形状样式】组中,通过设置形状填充颜色、形状边框、形状样式等美化形状,也可选中某个形状进行单独设置。

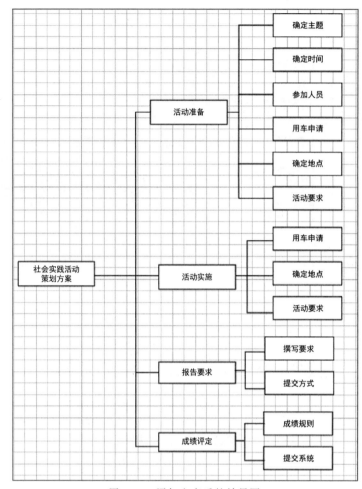

图 11-8　添加文字后的效果图

11.6.2　用车申请流程

用车申请流程涉及多个部门的手续办理及签字，Visio 提供的"跨职能流程图"模板能方便读者完成整个流程图的绘制。本节通过利用 Visio 中的"跨职能流程图"模板完成用车申请流程绘制，让用户体会到内置模板的优点。同时通过此流程图可以清晰地查看整个流程以及每个流程所涉及部门。

Visio 中的模板是一种特定类型的 Visio 绘图文件。不同版本的 Visio 都内置了大量适合于不同行业和用途的模板，每个模板都包含用于创建一种专门类型绘图所需要的工具，这些工具包含特定形状的一个或多个模具、绘图页的设置、文本和图形样式以及某些特殊命令。

启动 Visio 后，界面中将会显示一些 Visio 内置的模板，每个模板以缩略图的形式显示了其中包含的样例图表，每个缩略图下方的文字是模板的名称，如图 11-9 所示。

具体操作步骤如下：

（1）启动 Visio 2016 软件，进入开始界面，在"新建"界面的 Office 列表中选择"流程图"，进入如图 11-10 所示界面，选择"跨职能流程图"模板，用户可以看到该模板的细分类别如图 11-11 所示，读者可以根据需求选择所需类别，本任务选择"水平职能流程图"，单击【创建】按钮。

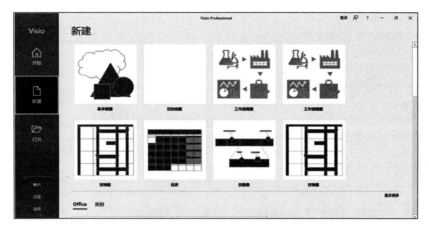

图 11-9　Visio 的内置模板

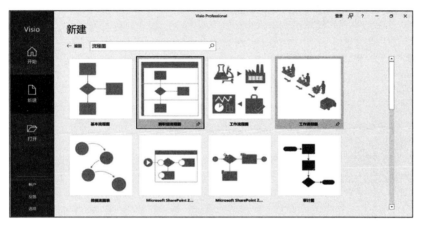

图 11-10　"跨职能流程图"模板

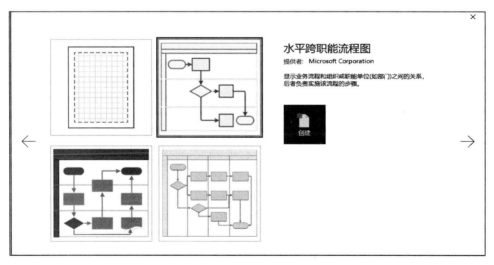

图 11-11　"水平跨职能流程图"模板

（2）在打开的模板中，用户可以先删掉多余的模板说明内容，如图 11-12 所示，同时根据需要在【形状】窗格，将【泳道】形状模块拖至流程图下方，如图 11-13 所示。本任务需要添加两个"泳道"。

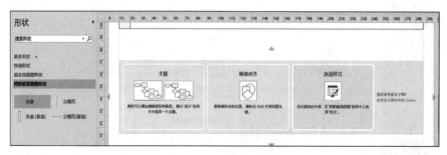

图 11-12　模板说明

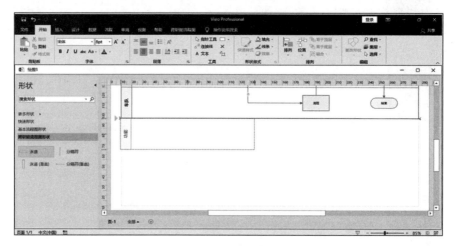

图 11-13　添加"泳道"

（3）删除流程图右侧多余的形状和连线，保留一个"流程"和"判定"形状，如图 11-14 所示。

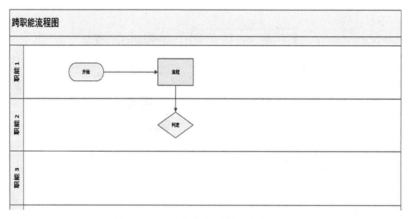

图 11-14　删除多余形状后的效果图

（4）选中"判定"形状，并将光标悬浮在该形状下方的三角按钮上，在弹出的列表中选择"流程"形状，在其下方添加一个新"流程"形状，自动连接功能将两形状自动连接好，如图 11-15 所示。此步操作用户也可以在【形状】窗格中选择【基本流程图形状】选项，并在列表中将"流程"形状拖至流程图中合适的位置来添加所需形状。

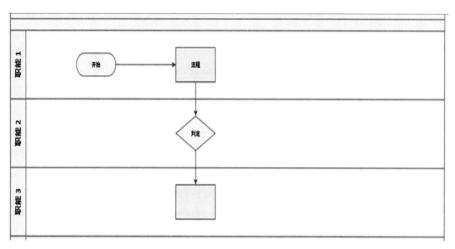

图 11-15　添加形状后的效果图

（5）按照同样方式，在下方依次添加两个"判定"形状及其他形状，如图 11-16 所示。

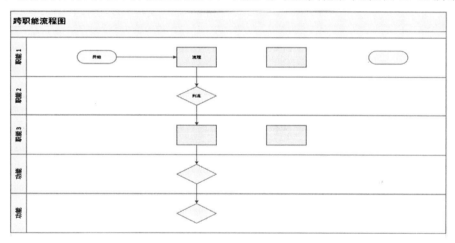

图 11-16　添加形状后的效果图

（6）在【开始】选项卡中单击【连接线】按钮，绘制流程图连接线，如图 11-17 所示。

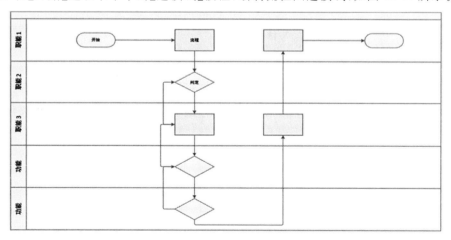

图 11-17　连接各个形状

（7）双击流程标题，进入文字编辑状态，输入新标题内容"用车申请流程"，双击其他形状，添加文字内容，结果如图11-18所示。

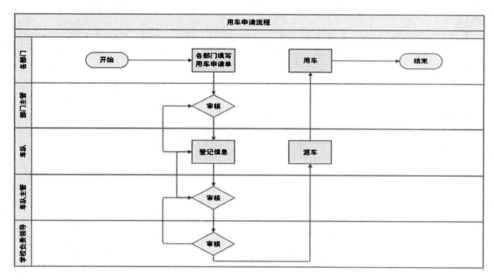

图 11-18　添加文字后的流程图

（8）双击左侧连接线进入文字编辑状态，输入"否"，如图11-19所示。

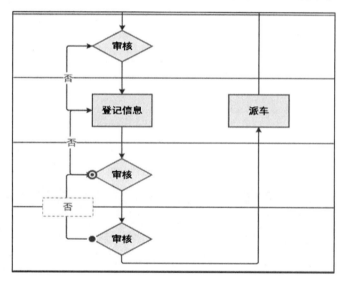

图 11-19　添加分支文字

（9）Ctrl＋A组合键选中所有形状。在【开始】选项卡的【形状样式】列表中选择一种样式，可快速美化当前流程图，如图11-20所示。

11.6.3　行程安排

社会实践的行程安排是社会实践活动中非常重要的一项环节，本节通过Visio的内置模板绘制社会实践行程安排。行程安排表如表11-4所示。

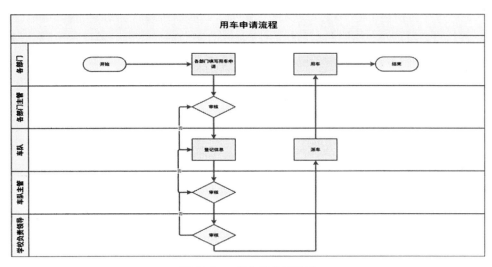

图 11-20 美化后的流程图

表 11-4 行程安排表

时　间	具 体 活 动
12月1日	早上 8 点学校西门集合统一乘坐校车出发
	到达目的地后首先了解当地的习俗
12月2日	参观延安革命纪念馆,了解革命历史
12月3日	参观枣园,感受革命老区的文化遗址
12月4日	发放革命历史文化宣传单
12月5日	走访当地老党员,了解他们记忆中的革命历程
12月6日	乘坐校车返回学校
12月7日	撰写社会实践报告

操作步骤如下:

(1) 找到【日历】模板,双击打开,创建绘图文件,如图 11-21 所示。

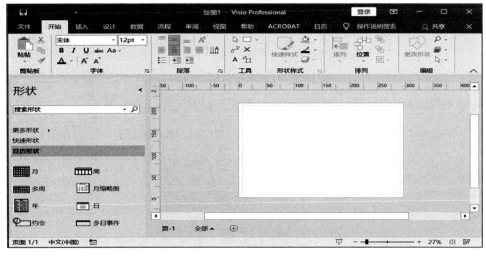

图 11-21 "日历"模板

第11章 社会实践活动的策划

(2) 左边导航窗格中的"日历形状"模具显示了该模具所包含的形状,将其中的"周"按住鼠标左键拖到绘图页,在绘图页创建好一个基本的图形同时弹出如图所示的【配置】对话框,在此对话框中设置形成的"开始时间"与"结束时间",还可以进行"语言"和"日期格式"的设置,如图11-22所示。

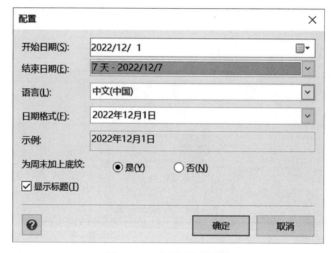

图11-22 "配置"对话框

(3) 设置完成后,单击【确定】按钮,绘图区会出现根据所设置的日期绘制好的形状,同时在周末的形状块上添加了底纹。

(4) 也可根据实际需要在【形状样式】选项卡中对不同的形状设置不同的填充颜色。双击不同的形状即可添加文字,使整个图表图文并茂、易于理解,如图11-23所示。

2022年12月1日——2022年12月7日						
2022年12月1日	2022年12月2日	2022年12月3日	2022年12月4日	2022年12月5日	2022年12月6日	2022年12月7日
早上8点学校西门集合统一乘坐校车出发,到达目的地后首先了解当地的习俗	参观延安革命纪念馆,了解革命历史	参观枣园,感受革命老区的文化遗址	发放革命历史文化宣传单	走访当地老党员,了解他们记忆中的革命历程	乘坐校车返回学校	撰写社会实践报告

图11-23 "行程安排"最终效果图

11.6.4 调查流程甘特图

通过甘特图,可以便捷地查看项目整个流程,以及每一个流程的时间节点。Visio中可以直接制作甘特图,通过内置的甘特图模板完成,操作过程与前面讲的用其他模板类似,此处不再赘述,读者可自行完成,最终效果图如图11-24所示。

11.6.5 社会实践能力图

因为对学生社会实践成绩的给定需要参考其"个人能力水平",所以,清晰、明了、直观地将个人能力信息展示出来是非常必要的。本节通过在Visio中图形和文字所形成的图表来展示这类信息。下面介绍具体制作步骤。

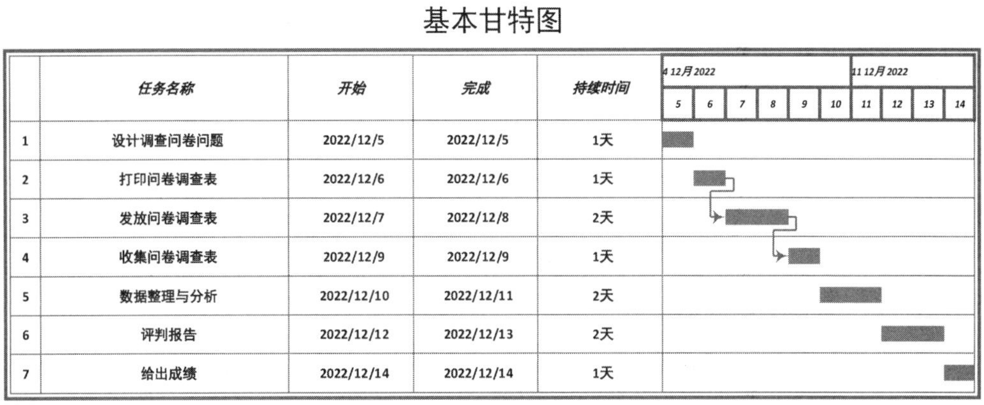

基本甘特图

	任务名称	开始	完成	持续时间	4 12月2022					11 12月2022			
					5	6	7	8	9	10	11	12	13	14
1	设计调查问卷问题	2022/12/5	2022/12/5	1天										
2	打印问卷调查表	2022/12/6	2022/12/6	1天										
3	发放问卷调查表	2022/12/7	2022/12/8	2天										
4	收集问卷调查表	2022/12/9	2022/12/9	1天										
5	数据整理与分析	2022/12/10	2022/12/11	2天										
6	评判报告	2022/12/12	2022/12/13	2天										
7	给出成绩	2022/12/14	2022/12/14	1天										

图 11-24　调查流程甘特图

（1）首先需要在 Excel 中建立如图 11-25 所示的学生个人学习能力表。

图 11-25　学生个人学习能力表

（2）新建 Visio 文档，从类别中找到并选择"流程图"，在其中找到"工作流程图"，如图 11-26 所示，双击创建绘图文件。

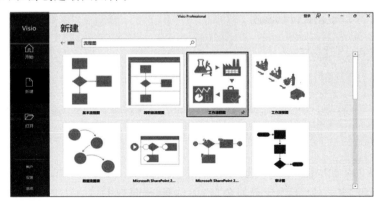

图 11-26　工作流程模板

(3) 在【数据】选项卡的【外部数据】选项组中单击【自定义导入】按钮,在弹出的【数据选取器】对话框中保持默认,单击【下一步】按钮。

(4) 在如图 11-27 所示的对话框中,选择创建好的"学生个人能力表"Excel 文档,单击【下一页】按钮。

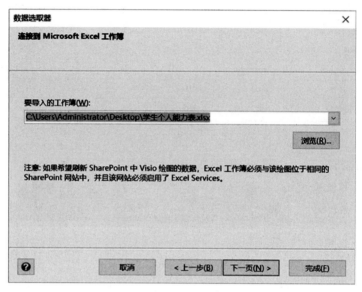

图 11-27 选择"个人学习能力表"

(5) 在打开的界面中选择 Excel 的所有数据内容,单击【下一页】按钮,如图 11-28 所示。

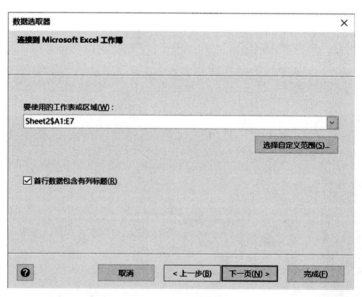

图 11-28 选择数据

(6) 在打开的界面中保持默认,选择所有列和所有数据,单击【完成】按钮,如图 11-29 所示。

(7) 在"形状"窗格的"工作流程对象"组中选择"人员"图形,在右侧的"外部数据"中,按顺序拖动所有人员所在行到页面中,如图 11-30 所示。

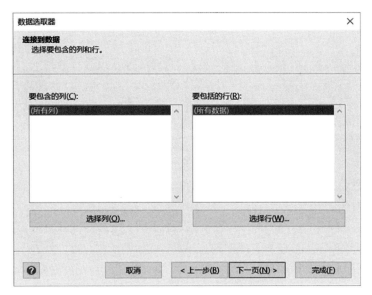

图 11-29 "数据选取器"对话框

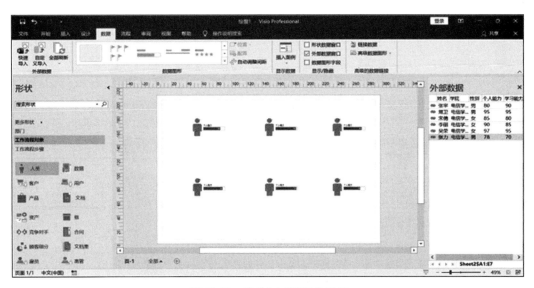

图 11-30 拖动"人员"至绘图区

（8）Ctrl+A 组合键选中所有形状，单击在弹出的快捷菜单中选择【数据】→【编辑数据图形】选项，如图 11-31 所示。

（9）在弹出的【编辑数据图形】对话框中单击【新建项目】按钮，在"新项目"对话框中设置数据字段为"姓名"，显示为"文本"，样式为"文本标注"，如图 11-32 所示。

（10）按照同样的方法，新建"学院"项目，按如图 11-33 所示进行设置。

（11）将"性别"项和"个人能力"项，按如图 11-34、图 11-35 所示进行编辑。

（12）选中所有形状，在【设计】选项卡的【主题】选项组中，选择一个满意的主题。同时在【背景】选项组中，单击【背景】下拉按钮，在弹出的列表中选择一款合适的背景，如图 11-36 所示。

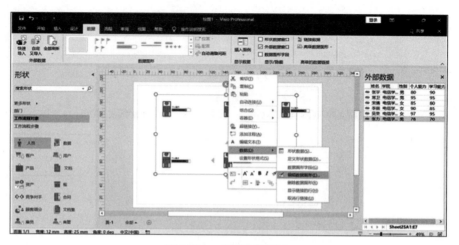

图 11-31　编辑数据图形

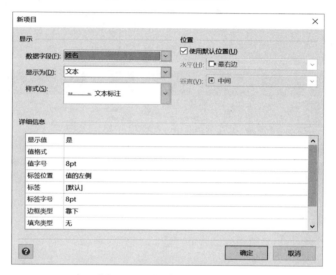

图 11-32　新建"姓名"项目

图 11-33　新建"学院"项目

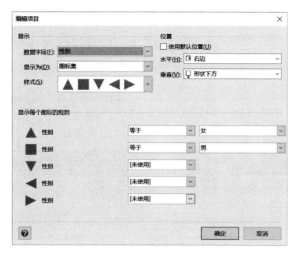

图 11-34　编辑"性别"项目

图 11-35　编辑"个人能力"项目

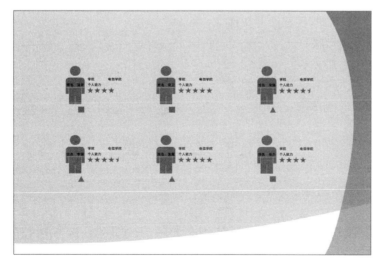

图 11-36　项目最终效果图

11.7 社会实践项目的监控及评估

参照 11.5 节可知该项目的基线工期为 13 个工作日,如图 11-4 所示。参照 3.4.5 节可知,在项目执行过程中可以根据实际情况动态调整计划工期。该项目将各项子任务均延后 1 个工作日后,总工期增加了 3 个工作日。调整计划工期如图 11-37 所示。

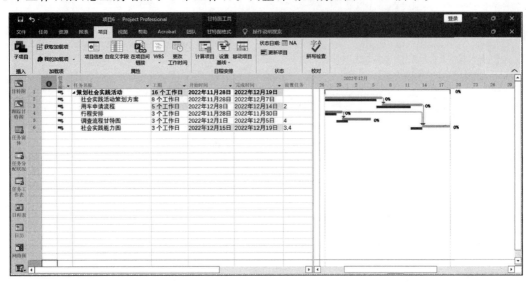

图 11-37　调整计划工期

最后需要说明的是,本章内容只是 Visio 软件的一个小应用,而各种报告、论文、广告和书中的插图绘制才是其真正的用武之地。本教材中除了计算机截屏,几乎所有插图和脑图都是用 Visio 绘制的。

至此,"社会实践活动的策划"项目全部完成。

为帮助大家更好地掌握及应用 Visio,下面归纳出类似项目的基本实施步骤。

(1) 打开 Visio 软件,创建绘图文件。
(2) 添加并连接形状。
(3) 在形状中添加文本。
(4) 设置绘图格式和背景。
(5) 保存绘图,打印输出。

11.8　结　　语

综上所述,可以得出如下结论:

(1) 社会实践是一种教育活动,是教育实践中一个不可或缺的环节。
(2) 社会实践活动包括制定活动方案、具体实施、实施效果分析三个过程。
(3) Visio 是一个常见的绘图工具,对教师有特别重要的意义。
(4) 形状是绘图的基础,编辑是绘图的手段,文本是绘图的灵魂。

(5) Word＋Visio,文字＋插图,是从事文案工作的基本要求。

(6) 本章知识思维导图如图 11-38 所示。

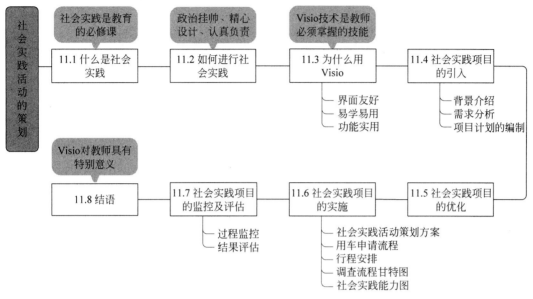

图 11-38　本章知识思维导图

11.9　哲思慧想

　　一切过程中矛盾着的各方面,本来是互相排斥、互相斗争、互相对立的。世界上一切事物的过程里和人们的思想里,都包含着这样带矛盾性的方面,无一例外。单纯的过程只有一对矛盾,复杂的过程则有一对以上的矛盾。各对矛盾之间,又互相成为矛盾。

　　客观事物中矛盾着的诸方面的统一或同一性,本来不是死的、凝固的,而是生动的、有条件的、可变动的、暂时的、相对的东西,一切矛盾都依一定条件向它们的反面转化着。

11.10　名家名言

　　梁启超(1873 年—1929 年),广东新会人,字卓如,一字任甫,号任公,别号和笔名众多,近代中国启蒙思想家、政治活动家、教育家、史学家、文学家。

　　梁启超曰:

(1) 教育是什么?教育是教人学做人——学做现代人。

(2) 变法之本,在育人才;人才之兴,在开学校;学校之立,在变科举。

11.11　习　题

1. 什么是社会实践?一份完整的社会实践活动策划方案应包含的内容有哪些?
2. 为形状设置了快速样式后,如何快速应用到其他形状中?

3. 什么是 Visio 的模板?

4. 某学校为规范学校办公用品的采购流程,现需制作一份办公用品采购流程图。根据所学知识设计并完成一张办公用品采购流程图。

5. 创建学校的组织结构图,可以很清晰地了解学校的人员结构关系。根据所学知识内容利用模板来创建学校某部门人员组织结构图。

第12章 校园海报的制作

引子：校园里各种课内外活动的宣传、组织和开展，都离不开海报这一传播媒介。而海报是图片、色彩与文字的艺术组合，因此，制作各类校园活动海报不仅是师生展示才华的平台，更是教师数字胜任能力的另一种体现。

12.1 什么是海报

"海报"一词最早应该起源于上海，是用于戏剧、电影等演出活动的张贴物。当时，常把职业性的戏剧演出称为"海"，把从事职业性戏剧表演称为"下海"，而作为剧目演出信息宣传和招来顾客的张贴物，便自然地被称为"海报"。

第12章
第1讲

第12章
第2讲

现如今，海报仍是生活中极为常见的一种招贴形式，多应用于各类活动的前期宣传，如电影、比赛、学术讲座、文艺表演等活动。

海报中通常包括活动的性质、主办单位、时间、地点、报名方式等内容，利用图片、文字、色彩等要素进行完整的结合，以恰当的形式向人们展示出宣传信息。因此，可认为海报是以图片、色彩和文字的艺术组合向公众传达戏剧、电影、演出等活动信息的招贴。

显然，海报设计是视觉传达的表现形式之一，是一种图文并茂的艺术宣传手段，是一种向人们通报信息的视觉传达艺术。

根据内容的不同，海报可以分为多种类型，如公益海报、政治海报、文体海报、商业海报、娱乐海报等。其中，校园海报是专门传达学校各类活动信息的海报。因为青少年学生的年龄和心理特征决定了学校是一个充满活力和学习气氛浓厚的场所，所以各种活动信息的传递与交流也非常频繁，如讲座、竞赛、展览、音乐、戏剧、运动会、公益教育等。而这些活动都可以通过海报这种形式来传递信息，扩大影响。因此，校园海报不只是一种传播媒介、一种独特的校园文化，更是素质教育成果的一个展示窗口。

设计校园海报的一般要求：画面主题突出，图形设计简洁，富有形式美，色彩明快，创意独特，应传达出青春、阳光、积极、向上等意境。

12.2 如何制作海报

通常，使用计算机软件制作海报的流程如下：
(1) 前期准备。选择软件，熟悉软件。
(2) 中期制作。确定主题及宣传基调，搜集并处理图像素材，撰写文案，选择字体及配色，按视觉层级布局。
(3) 后期印制。确定海报尺寸，完成印制。

海报具体制作流程图及实例如图 12-1 所示。

图 12-1　海报具体制作流程图及实例

12.3　为什么用 Photoshop

12.3.1　Photoshop 的优点

随着计算机技术、数字媒体艺术的广泛应用及人们视觉品味的日益提高,海报也从传统的手绘逐步发展到既可以手绘也可以用计算机软件制作的新阶段。

利用计算机图形图像处理软件制作的海报具有创意无限、色彩丰富、形式新颖、快捷高效、品味高雅等特点,并且呈现出多元化、动态化、综合化的发展趋势。

目前,几款常用图形图像处理软件主要功能简介如表 12-1 所示。

表 12-1　几款常用图形图像处理软件主要功能简介

名　称	开发公司	主　要　功　能	软　件　版　本
Adobe Photoshop	Adobe	图形图像处理软件：编辑修改、图像制作、图像扫描、图像输入与输出等	Photoshop 2022、2021、2020 等
CorelDRAW	Corel	平面矢量绘图软件	CorelDRAW X8、X7、X6 等
AutoCAD	Autodesk	大型计算机辅助绘图软件	AutoCAD 2022、2021、2020 等
3D Studio Max	Autodesk	三维动画渲染和制作软件	3D Max 2023、2022、2021 等
Adobe Illustrator	Adobe	专业矢量绘图工具	Illustrator CC 2022、2021 等

其中,使用最广泛的就是 Adobe 公司的 Photoshop。它功能强大,易学易用,深受图形图像处理爱好者和平面设计人员的喜爱,是图形图像处理领域最流行的软件之一。

Photoshop 基本特点如图 12-2 所示。

图 12-2　Photoshop 基本特点

　　学校是青少年和年轻人的乐园,丰富多彩的课外活动是教育套餐的标配。而海报则是各类活动的招牌,是必不可少的宣传手段。因此,用 Photoshop 技术,简称 PS 技术,制作海报已日渐成为新时代教师的一技之长。

12.3.2　图像文件基础知识

　　图像文件基础知识主要包括位图与矢量图、像素与分辨率、色彩模式和图像文件格式。

　　(1) 位图和矢量图。位图图像也称为点阵图像或数据图像,简称为位图(Bit-mapped Image)。一幅图像是由许多单独的小方块组成的,这些小方块被称为像素点。像素是能独立地赋予色度和亮度的最小单位。每个像素点都有特定的位置和颜色值,位图图像的显示效果与像素点紧密联系在一起,不同排列和着色的像素点组合在一起构成了一幅色彩丰富的图像。像素点越多,图像的分辨率越高,相应地,图像文件的数据量也越大。

　　位图素材的获取一般是通过扫描仪、摄影机和数码相机等设备来获得的。比较典型的处理软件是 Adobe Photoshop、Freehand 等。位图的优点是制作出来的图像色彩和色调十分丰富,可以逼真地表现自然界的景象。其缺点是文件比较大,文件放大(以较大倍数显示)或缩小(低于创建时的分辨率)时,图像就会出现失真现象。

　　位图常用的格式有.JPG、.GIF、.PNG、.BMP、.PSD 格式等。一幅位图使用缩放工具放大后,图像会明显变模糊,位图放大前后的比较如图 12-3 所示。

　　矢量图形(Vector-based Graphic)简称矢量图,也叫向量图。它是一种基于图形的几何特性来描述的图像。矢量图中的各种图形元素被称为对象,每一个对象都是独立的个体,都具有大小、颜色、形状和轮廓等属性。

　　矢量图的创建通常是通过矢量绘图绘图软件和图形处理软件(如 CorelDRAW、Illustrator)等完成的。矢量图的优点是文件较小,与分辨率无关,可以将它设置为任意大小,其清晰度不变,也不会出现失真,适合做标志设计、图形设计、文字设计版式设计等。其缺点是图像色彩不够丰富,而且绘制出来的图形无法像位图那样精确地展现各种绚丽的景象。

　　矢量图的常用格式有.CDR、.AI、.SWF、.SVG、.WMF、.EMF、.EP、.DXF 等。一幅矢量图使用缩放工具放大后,其清晰度不变,矢量图放大前后的比较如图 12-4 所示。

　　图 12-3　位图放大前后的比较　　　　图 12-4　矢量图放大前后的比较

(2) 像素和分辨率。在 Photoshop 中,像素是组成位图图像的基本单位。它是一个小的方形的颜色块,当图像放到足够大时,就可以看到图像越来越模糊,可以看到一个个方形的颜色块。一个颜色块就是一个像素。一幅位图图像通常由许多像素组成,单位面积内的像素越多,图像就越清晰,分辨率也就越高。不同分辨率的图像对比如图 12-5 所示。

图 12-5　不同分辨率的图像对比

分辨率是用于描述图像文件信息的术语,分为图像分辨率、屏幕分辨率和输出分辨率。

图像分辨率是指图像中每英寸所包含的像素数(PPI)。图像分辨率和图像尺寸决定文件的大小及输出质量,图像分辨率越大,图像文件所占用的磁盘空间越多,文件大小与其图像分辨率成正比。在相同尺寸的两幅图像中,高分辨率的图像包含的像素比分辨率低的像素包含的像素多。

屏幕分辨率是指显示器上每单位长度显示的像素数目。屏幕分辨率取决于显示器大小及其像素设置。在 Photoshop 中,图像像素被直接转换成显示器像素,当图像分辨率高于屏幕分辨率时,屏幕中显示的图像比实际尺寸大。

输出分辨率是指各类输出设备每英寸上可产生的油墨点数(DPI),如显示器、打印机、绘图仪的分辨率。显示分辨率的数值由水平方向的像素总数和垂直方向的像素总数构成,一般采用 1024×768、800×600、1440×1200 等系列标准模式。显示分辨率越高,像素的密度越大,显示的图像就越精细。显示分辨率与显示器的硬件条件和显卡的缓冲存储器的容量有关,容量越大,显示分辨率越高。显示分辨率有最大显示分辨率和当前显示分辨率之分。最大显示分辨率是由物理参数,即显示器和显示卡决定的。当前显示分辨率则是由当前设置的参数决定的。打印机设备的分辨率一般在 720DPI 以上。

(3) 色彩模式。Photoshop 提供了多种色彩模式,这些色彩模式用于决定显示和打印图像的颜色类型,是图像能够在屏幕和印刷品上成功呈现的重要保障。在这些色彩模式中,经常使用到的有 RGB(红色、绿色、蓝色)模式、CMYK(青色、品红、黄色、黑色)模式及灰度模式。另外,还有 HSB 模式、Lab 模式、索引模式、双色调模式、多通道模式和位图模式等。这些模式都可以在模式菜单下选取,每种颜色模式都有不同的色域,并且各个模式之间也可以相互转换。下面介绍几种主要的颜色模式。

RGB 色彩模式是最常见使用的模式,该模式采用红色、绿色和蓝色作为三原色,人们眼睛所看到的颜色都是由这三种颜色叠加之后形成的,因此该模式也叫加色模式,在该模式下,每一种原色将单独形成一个色彩通道,并且每个色彩通道使用 8bit 颜色的信息,即该信息颜色的亮度由 0~255 个亮度值,通过这三个色彩通道的组合,可以产生 1670 余万种不同的颜色。RGB 模式色彩控制面板如图 12-6 所示。

CMYK 色彩模式是一种最佳的印刷模式。CMYK 分别代表了印刷中用的 4 种油墨颜色，C 代表青色，M 代表品红色，Y 代表黄色，K 代表黑色。CMYK 色彩模式与 RGB 模式不同，该模式采用了色彩学中的减法混合原理，即减色模式，经常用于图片和其他 Photoshop 作品的印刷中。该模式的图像文件占用的存储空间较大，所以一般只有在印刷时才将图像模式转换为 CMYK 模式。CMYK 模式色彩控制面板如图 12-7 所示。

图 12-6　RGB 模式色彩控制面板　　图 12-7　CMYK 模式色彩控制面板

灰度色彩模式每个像素用 8 个二进制位表示，能产生 2^8（即 256）级灰色调。当一个彩色文件被转换为灰度模式文件时，文件中所有的颜色信息都将丢失。Photoshop 可以将一个灰度模式文件转换为彩色模式文件，但原来的颜色不可能完全还原。因此，当图像要转换为灰度模式时，应先做好图像的备份。与黑白照片一样，一个灰度模式的图像只有明暗值，没有色相与饱和度这两种颜色信息。灰度模式色彩控制面板如图 12-8 所示。

图 12-8　灰度模式色彩控制面板

（4）常用图像文件格式。主要有.PSD(.PDD)、.JPEG、.GIF、.BMP、.TIFF、.PNG、.EPS。

.PSD 格式：.PSD 格式和.PDD 格式是 Photoshop 软件默认的专用文件类型。这两种格式的优点是存储的信息多，且采用 Photoshop 打开和存储这两种格式的文件比其他格式更快。缺点是文件较大，且不被一些图形处理软件支持，故通用性不强。

.JPEG 格式：.JPEG 格式是一种应用非常广泛的文件格式。它既是 Photoshop 支持的一种格式，也是一种压缩方案，且压缩级别越高，文件就越小，图像文件品质也越差。

.GIF 格式：.GIF 是由 CompuServe 提供的一种无损压缩图像格式。该格式是 256 色 RGB 图像格式，文件尺寸小，支持透明背景，适合在网页中使用。另外，.GIF 可以是动画格式。

.BMP 格式：.BMP 格式可以用于绝大多数 Windows 下的应用程序。这种格式的图像具有丰富的色彩，多用于多媒体演示和视频输出。它采用无损压缩方式，因此，图像不仅不失真，还能够节省磁盘空间。

.TIFF 格式：.TIFF 格式是绝大多数扫描仪和图像软件都支持的一种文件格式。它采用无损压缩方式，由于.TIFF 格式的结构要比其他格式更复杂，故存储时应考虑到文件的数据量。.TIFF 格式允许使用 Photoshop 中的复杂工具和滤镜特效，并且可以设置透明背景。.TIFF 格式非常适合于印刷和输出。

.PNG 格式：.PNG 是一种采用无损压缩算法的位图格式，其设计目的是替代.GIF 和.TIFF 格式，同时增加一些.GIF 文件格式不具备的特性。该格式的特点是压缩比高，文件体积小。

.EPS 格式：.EPS 格式是 Illustrator 与 Photoshop 之间可交换的文件格式。Illustrator 软件制作出来的流动曲线、简单图形和专业图像一般都存储为.EPS 格式。Photoshop 可读取.EPS 格式文件，也可以把其他图形文件存储为.EPS 格式，以便于在其他绘图类软件中使用。

12.4 海报项目的引入

1. 背景介绍

校园文化是学校个性魅力和办学特色的重要体现，是学校培养适应时代要求高素质人才的内在要求。为了全面推进素质教育、提高教育质量，很多学校会定期以培养社会主义核心价值观为导向，以弘扬中华民族优良传统和建设良好的校风、教风、学风为目标，以优化、美化校园文化环境为重点，组织丰富多彩、积极向上的各种校园活动，从而形成厚重的校园文化积淀和清新的校园文明风尚，使学生在日常学习生活中接受文化的熏陶和感染，促进其全面发展和健康成长。

显然，为了获得更好的效果，任何校园活动开展之前，都需要利用海报做好前期的宣传工作，向人们传达活动的时间、地点、参与者等重要信息。

2. 需求分析

冬去春来，学生们带着对春天的渴望踏进了三月。三月是一个春光明媚，生机勃勃的季节，更是一个讲文明、树新风，弘扬雷锋精神的季节。因此，某中学团委决定在全校范围内开展以"弘扬雷锋精神，从身边小事做起"为主题的校园活动。

为了充分调动学生们的积极性，挖掘他们身上的艺术才能，校团委书记李老师决定指导3名学生用 PS 技术制作一张活动宣传海报。同时，为了让他们了解现代工程项目管理方法，李老师决定使用 Office Project 2016 作为制作海报项目的管理工具，项目初步计划如下：

项目名称：校园海报的制作。
项目工期：30 个工作日内。
项目成员：李老师及 3 名学生。
项目任务：①前期准备；②制作步骤；③海报印制。
项目工具：Adobe Photoshop CS6；Office Project 2016。
项目成果：校园海报 1 份。

3. 项目计划的编制

在该项目计划编制过程中，主要信息设置如下：

（1）设置项目开始的日期：2022 年 11 月 28 日。
（2）设置日历日期：标准日历。
（3）设置任务模式：自动模式。
（4）设置各子任务之间的依赖关系，如图 12-9 中"前置任务"列所示。
（5）设置各子任务的工期，如图 12-9 中"工期"列所示。

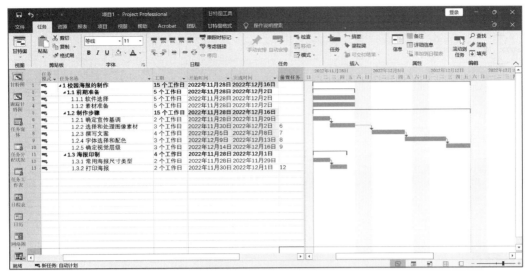

图 12-9　编制项目计划

12.5　海报项目的优化

项目在执行过程中,受各种客观或主观因素的影响,需要动态调整计划工期,对工期进行压缩。常用的方法有赶工、任务并行、更改任务日历等。假设案例项目"校园海报的制作"受到校园活动时间变更的影响,需要提前4个工作日完工。这时候可以通过先确定"关键任务",再压缩"关键任务工期"的方式来压缩整个项目工期,从而达到项目优化的目的。

图 12-10 右侧甘特图区域中红色线条对应的任务就是关键任务。我们将任务 8"撰写文案"的计划工期由 4 个工作日调整至 2 个工作日,将其中的任务 9"字体选择和配色"的计划工期由 3 个工作日调整为 1 个工作日,即可达到提前 4 个工作日完工的目的,如图 12-11 所示。

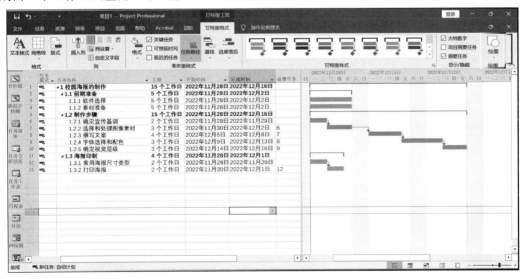

图 12-10　确定关键任务

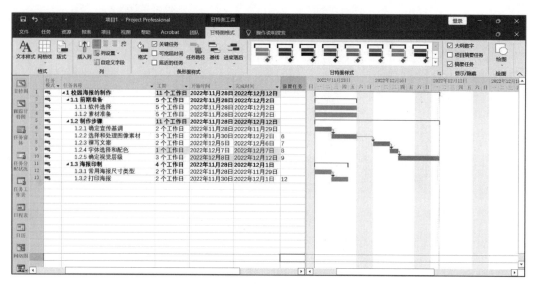

图 12-11　压缩项目工期

12.6　海报项目的实施

12.6.1　前期准备

荀子在《劝学篇》中说："故不积跬步，无以至千里；不积小流，无以成江海。"制作海报也是一个循序渐进的学习过程。

下面按照 12.2 节给出的制作流程制作案例海报。

1. 选择软件工具

在 Adobe 公司中国官网（https://www.adobe.com/cn/products/photoshop.html）可购买不同版本 Photoshop 安装包，如图 12-12 所示。不同版本安装包的基本功能大致相同，本书以 Adobe Photoshop CS6 版本为例进行创作。

2. 熟悉软件工具

参照 3.3.7 节图 3-26 内容，初步熟悉 Photoshop CS6 的工作窗口。

Photoshop 的工作区域由以下各部分组成。

菜单栏：菜单中包含可以执行的各种命令，单击菜单名称即可打开相应的菜单。

工具栏：该栏完成对工具箱中各种工具的参数调整与设置，该栏内容会随着所选工具的不同而改变。

标题栏：用于显示文档名称、文件格式、窗口缩放比例和颜色模式等信息。

工具箱：包含处理图像的各种操作的工具，大致可分为选区工具、绘画工具、修饰工具、颜色设置工具等。

编辑区：该区域为编辑图像的区域。

状态栏：显示文档大小、文档尺寸、当前工具和窗口缩放比例等信息。

控制面板：可以帮助编辑图像。可用于编辑内容或用于设置颜色属性。可以对控制面板进行编组、堆叠或停放。

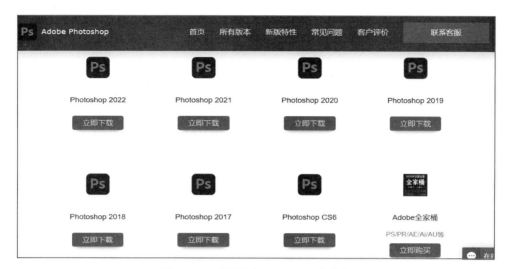

图 12-12　不同版本 Photoshop 安装包

对文件的基本操作如下：

（1）创建图像文件。单击【文件】→【新建】命令或者按组合键 Ctrl＋N，弹出如图 12-13 所示的对话框。

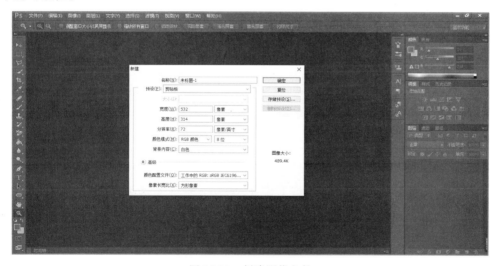

图 12-13　创建图像文件

名称：用于输入新建图像文件的名称。

预设：在下拉菜单中选择 Photoshop 为各种目的而预设的多种图像尺寸和分辨率的组合。

宽度和高度：图像的大小尺寸。其单位有像素、英寸、厘米、毫米和点等。

分辨率：默认情况下分辨率为 72 像素/英寸。若制作一般网页上的图像，分辨率设置为 72 像素/英寸或 100 像素/英寸；若制作用于印刷的图像，分辨率应设置为 300 像素/英寸。

颜色模式：设置图像的色彩模式，有位图、灰度、RGB 颜色、CMYK 颜色和 Lab 颜色等模式。

背景内容：新建文件的背景颜色，有白色、背景色和透明色。

颜色配置文件：精确、一致的色彩管理要求所有的颜色设备具有准确的符合 ICC 规范的配置文件。

像素长宽比：用来设置图像的长宽比例。

（2）打开图像文件。要打开一个图像文件，可单击【文件】→【打开】命令或者直接使用快捷键 Ctrl＋O，再根据文件路径找到需要打开的文件，选中文件后单击【打开】即可。

（3）保存图像文件。Photoshop 支持多种文件格式，其默认的格式为.PSD，也可以根据实际需要将图像保存为不同格式的文件。如果尚未给图像命名，执行【文件】→【存储】命令或者按快捷键 Ctrl＋S，则会弹出【存储为】对话框，添加文件名即可；若之前已保存过该文件，现需要改变文件格式、存储位置或者文件名，可执行【文件】→【存储为】命令，也会弹出【存储为】对话框。单击【格式】下拉列表，可根据实际需要，选择需要的图片格式进行保存。

12.6.2　中期制作

唯物辩证法认为在整体与部分的关系中，整体处于统率的决定地位。因此，我们在一切活动中都应该有全局观念和整体观念，立足整体，统筹兼顾，以求实现整体的最优目标。

1. 确定主题及宣传基调

主题是海报存在的意义所在，是海报全部元素表达的集中体现。任何海报的制作，都需要先确定主题，以保证海报"言之有物""传情达意"。

为了更好地表达主题，需要确定海报基调。基调通常是指一部作品最基本的情调、韵律，可引申为基本内容或主要精神。例如，读书会社团招新海报应该选择文艺清新的基调，科技宣传海报要体现高端、先进的基调，校园招聘海报要体现求贤若渴的基调等。针对本次"弘扬雷锋精神"的校园活动主题，海报选择正式、积极向上的基调。

2. 搜集并处理图像素材

素材是制作海报的基础。确定了主题之后，就可以搜集相关素材。不同的主题和基调需要选择不同的海报素材。例如，校园歌手比赛海报可以有音乐符、话筒之类的素材；运动会海报可以有奔跑中的运动健儿、跑道等素材；保护环境的海报可以有地球、树木等元素，也可以是人类对森林资源、水资源的破坏导致土地沙化等素材。通常，可上网搜集，例如千图网、觅知网、摄图网、爱给网等都是常用的素材来源。

针对本次校园的学雷锋活动主题，在网上下载高清海报素材主元素如图 12-14 所示。

图 12-14　高清海报素材主元素

在确定了主要素材之后，仍需要添加一些其他装饰元素，可根据内容选择合适的装饰素材，并对各个素材进行处理。

单击【文件】→【打开】，选择需要打开的图片文件，如图 12-15 所示。

图 12-15　打开图片界面

图片处理前，首先复制背景图层，右击【复制图层】，弹出【复制图层】对话框，单击【确定】按钮，创建背景副本。单击【背景副本】，针对副本图片进行操作，如图 12-16 所示。

图 12-16　对图像副本操作

选择左侧工具栏的【图片缩放】工具，图像中指针变为放大图标，每单击一次，图像会放大一倍。当图片需要缩小时，按住 Alt 键，图像中指针变为缩小图标，每单击一次，图像会缩小。或使用快捷键，图片放大为 Ctrl＋＋，图片缩小为 Ctrl＋－。

若图片中有水印，则需要去掉图片中的水印。单击左侧工具栏的【矩形选框】工具，图像中指针变为"十"字形，选中水印部分，单击菜单栏的【编辑】→【填充】，弹出【填充】对话框，【内容】→【使用（U）】下拉列表中选择【内容识别】→确定→Ctrl＋D，释放选择框，则可去掉水印。本图中无水印，因此，无该项操作。

现对所选择的图片进行区域选择。快速选择工具可以用来选取图像中的某些点。在画面中按住鼠标左键拖曳，此时色彩相同或相近的区域会形成选区。

单击左侧工具栏的【快速选择】工具，图像中指针变为"⊕"形时，按下 Shift 键拖动鼠标增加选区，按下 Alt 键鼠标指针变为"⊖"，拖动鼠标减少选区。当所需的区域选择完成后，按快捷键 Ctrl＋C，复制选中的区域，再按快捷键 Ctrl＋V，粘贴选中的区域图层，如图 12-17 所示。选择区域时，若被选区域较小，则可调小选择工具的像素后再作区域选择。

图 12-17　复制选用图层界面

保存创建好的图层。单击【文件】→【存储为(A)】→文件名命名为"雷锋-透明背景"，格式选择.PNG→保存，弹出图片格式对话框，如图 12-18 所示，【压缩】选"最小/慢"，【交错】选择"无"→确定。当图像格式保存为.PNG 时，图片无背景色。

若需要将图片背景修改为白色，则可做如下操作：单击【文件】→【存储为(A)】→文件名命名为"雷锋-海报元素"，格式选择.JPEG→保存，弹出对话框，如图 12-19 所示，【杂边】选"无"，【图像选项】选择"最佳"→确定。当图像格式保存为.JPEG 时，图片背景色为白色。对于素材本身背景不是白色时，可通过此方式修改。

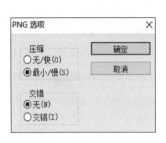

图 12-18　保存 PNG 文件

图 12-19　保存 JPG 文件

若需要更换图片背景色，可按如下步骤进行：单击【文件】→【打开】，选择需要处理的图片文件。右击选择【复制图层…】，弹出对话框，单击【确定】按钮。利用【快速选择】工具对【图层 0 副本】的"元素"进行选择，并创建新图层，默认命名【图层 1】。单击图层前的【指示图层可见性】图标，将【图层 0】和【图层 0 副本】设置为不可见，此操作结果与图 12-17 结果一致。

接着,在键盘上同时按下 Ctrl+Shift+N,弹出【新建图层】对话框,新建图层【图层 2】,单击【确定】按钮。拖动鼠标将【图层 2】挪动到【图层 1】下,选中【图层 2】,单击【编辑】→【填充】,弹出【填充】对话框如图 12-20 所示。单击【内容】→【使用(U)】下拉列表中选择【颜色】→弹出【拾色器】,选择需要设置的颜色,单击【确定】按钮,则图像背景换为需要的颜色,如图 12-21 所示。本次海报设计需要合成图片,故此处不进行背景更换。

图 12-20　填充界面

图 12-21　背景换色界面

紧扣主题的素材准备好后,就该考虑图片的布局及与主题相关的文案内容了。海报只有立足主题,统筹兼顾图片素材和文案内容,才能达到好的视觉传达效果。

根据海报设计,需要将处理过的图片素材合成为一张图。打开 Photoshop,在键盘上同时按下 Ctrl+O 键,打开作为底图的图片,如图 12-22 所示。

在计算机中找到之前保存的名为"雷锋-透明背景"图片,选中图片,直接使用鼠标拖入 Photoshop,如图 12-23 所示,此时图片处于可编辑状态。

当鼠标移动到图片上变为黑色箭头状,拖动鼠标左键可调整图片位置。移动鼠标到图片四角顶点或四边中点,可调整图片大小。当鼠标移动到嵌入的图片外时,鼠标变为带有弧度的双向箭头,可对图片进行旋转,旋转的圆心一般位于图片中心,也可用鼠标左键移动圆心位置后,对图片进行旋转。本次海报制作根据宣传内容仅需调整图片大小和位置,调整结束后按下回车键或者单击右上角的✓图标确定,如图 12-24 所示。

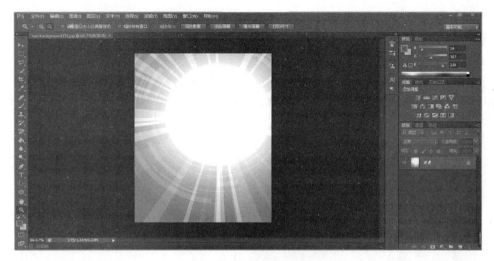

图 12-22　打开底图界面

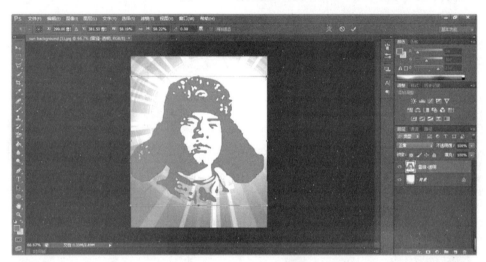

图 12-23　嵌入图片界面

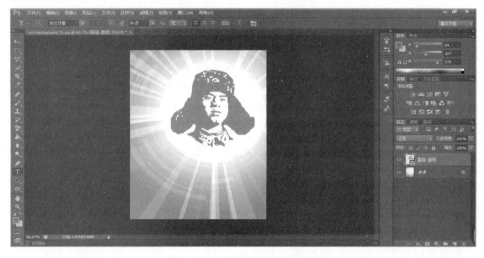

图 12-24　确认图片调整界面

3．撰写文案

文案是图像信息的文字解释，必须准确、简洁、有力地表达海报主题。

因为案例海报以"弘扬雷锋精神，从身边小事做起"为主题，所以确定文案主题为"学习雷锋好榜样"。1963 年 3 月 2 日，《中国青年》杂志中首先刊登了毛泽东"向雷锋同志学习"的题词。3 月 5 日，《人民日报》《解放军报》《光明日报》等都刊登了毛主席的题词手迹，并将 3 月 5 日定为学雷锋纪念日，故再增加文案"3.5"；此次活动是由校团委举办，海报右下角位置添加"校团委宣"字样。

4．选择字体及配色

海报的主色调是红色，故文案选择大气正式的字体，颜色选择与整体色调一致的红色。

在图 12-24 的基础上，单击左侧【文字工具】图标 ，鼠标左键长按【文字工具】图标 ，弹出文本框类型选择列表，选择【横排文字工具】。光标变为"工"字形，拖动鼠标可绘制出文本框。输入文字内容"学习雷锋好榜样"，如图 12-25 所示。

图 12-25　输入文本创建文本图层

选中文字内容，鼠标向上移动，最左侧为【切换文本取向】图标 ，若改变文字排布分方向，可单击一次；单击【设置字体系列】的下拉列表，选择【华文行楷】；单击【设置字体大小】图标 的向下箭头，选择【36 点】。单击【设置消除锯齿的方法】图标 的下拉列表，选择【浑厚】；单击【居中对齐文本】，使文字内容居中对齐；再单击【设置文本颜色】图标，弹出拾色器窗口，如图 12-26 所示。此时光标变为吸管，单击任意位置即可拾取该位置处颜色。将光标移动到雷锋图像上，单击拾取红色，再单击拾色器上的【确定】，字体变为红色，按回车键或单击右上角 图标即可完成文字颜色设置，如图 12-27 所示。

同样的操作步骤，在海报左上方添加文案"3.5"，设置字体为【华文琥珀】，字号为【48 点】。在海报右下角添加活动主办部门"校团委宣"，设置字体为【华文中宋】，字号为【18 点】，海报最终效果图如图 12-28 所示。

5．按照视觉层级布局

一般视觉流程遵循的是由左到右、由上到下、由大到小、从近到远、暖前冷后、由亮到暗、从清晰到模糊的顺序。案例海报的目的是号召全体师生学习"雷锋精神"，并能长期学习和

图 12-26　设置文本颜色界面

图 12-27　设置文本颜色效果界面

图 12-28　海报最终效果

坚持下去。因此,将主要文字信息放在中间部分,右下角添加了活动的主办部门。而校园活动的参与者、持续时间、主要负责人的联系方式等信息的布局要根据信息的重要程度进行层级排序。好的排序能让受众快速获取海报重要信息,并根据层级依次获取其他信息。

12.6.3 后期印制

1. 常用海报尺寸类型

根据使用场景和宣传内容的不同,海报的尺寸类型和大小也有所不同。如普通海报(方形海报)、横版海报、长图海报、手机海报等。

(1) 方形张贴海报尺寸主要有以下几种。

普通海报尺寸:42cm×57cm 或 57cm×84cm。

宣传海报尺寸及商用海报尺寸:50cm×70cm、57cm×84cm。

标准海报尺寸:13cm×18cm、112cm×25cm、42cm×57cm。

电影海报尺寸:50cm×70cm、57cm×84cm、60cm×120cm、78cm×100cm。

招聘海报尺寸:120cm×120cm。

(2) 网页海报多采用横版形式,尺寸为1200px×500px,横版海报案例如图12-29所示。

图 12-29 横版海报案例

在宣传要素过多时,可采用长图海报,其尺寸为800px×2000px。

手机海报多采用竖版,一般尺寸为1080px×1920px,手机竖屏海报案例如图12-30所示。

图 12-30 手机竖屏海报案例

朋友圈海报尺寸为 1242px×2208px；微博配图海报尺寸为 735px×1102px。

2. 打印海报

设计完成的海报建议按以下最低印刷分辨率要求打印，以保证印刷成品图像清晰。

(1) 数码高清打印：分辨率不能低于 300DPI。

(2) 喷墨打印：分辨率不能低于 150DPI。

(3) 写真打印：分辨率不能低于 72DPI。

(4) 喷绘打印：分辨率不能低于 30DPI。

12.7　海报项目的监控及评估

在 12.5 节中，我们对项目进行了优化。通过调整任务 8 "撰写文案"和任务 9 "字体选择和配色"的计划工期，实现了压缩工期的目标，如图 12-31 所示，该项目报表以"三维柱形图"形式显示，其中深色代表"基线估计工期"，浅色代表"计划工期"。

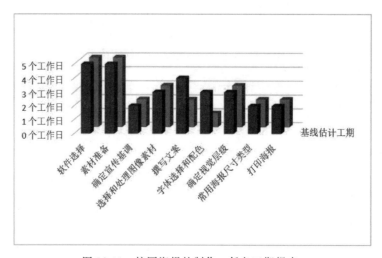

图 12-31　校园海报的制作—任务工期报表

至此，"校园海报的制作"项目全部完成。

为帮助大家更好地掌握及应用 Photoshop，下面归纳出类似项目的一般操作步骤。

(1) 启动 Photoshop 软件，打开需要处理的图像文件。

(2) 复制图层。

(3) 在副本图层上处理图像。主要有抠图、去水印、换背景、图像美化等。

(4) 选择保存类型。

(5) 若合成图像，打开背景图像并复制。

(6) 将其他图像拖到副本图层上，并调整位置。

(7) 添加文案。

(8) 保存，打印输出。

12.8 结　　语

综上所述,可以得到如下结论：
(1) 海报是一种图文并茂的视觉传达艺术形式,本质就是广告。
(2) 设计海报要求主题突出、形式简洁、富有美感、色彩明快、创意独特、传达准确、阳光向上。
(3) 掌握 Photoshop 软件,就是掌握了"美的钥匙"。
(4) Photoshop 侧重艺术绘画,Visio 侧重专业绘图。一左一右,两手都要硬。
(5) 本章知识思维导图如图 12-32 所示。

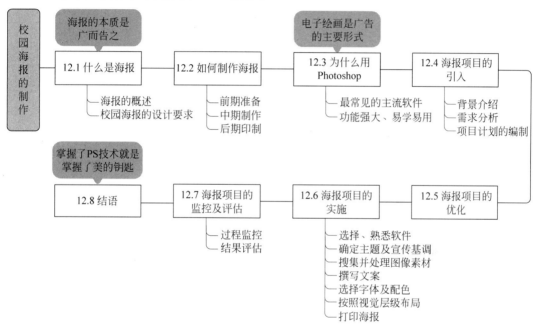

图 12-32　本章知识思维导图

12.9 哲 思 慧 想

一切过程都有始有终,一切过程都转化为它们的对立物。一切过程的常住性是相对的,但是一种过程转化为他种过程的这种变动性则是绝对的。
无论什么事物的运动都采取两种状态,相对地静止的状态和显著变动的状态。两种状态的运动都是由事物内部包含的两个矛盾着的因素互相斗争所引起的。

12.10 名 家 名 言

陶行知(1891 年—1946 年),本名文濬,安徽省歙县人,教育家。其生活教育思想,是西方教育思想与中国国情相结合的成果。

陶行知认为：
(1) 捧着一颗心来,不带半根草去。
(2) 千教万教教人求真,千学万学学做真人。

12.11 习　　题

1. 什么是海报？其用途是什么？有哪些类型？
2. 简述校园海报的设计要求。
3. 使用 Photoshop 绘制海报的优势是什么？简述位图和矢量图的区别。
4. 常用的海报尺寸类型有哪些？
5. 制作一幅时尚舞者宣传画。要求：
(1) 整体效果是让观看者仿佛置身于一个立体空间里,给人以时尚、夺目的感受。
(2) 主要利用"定义图案"命令、"填充"命令以及文字特效来制作。
6. 制作快餐食品公众号封面首图。要求：
(1) 使用"移动"工具和"复制"命令添加和复制蔬菜。
(2) 使用"椭圆"工具绘制装饰图形。
(3) 使用"直排文字"工具添加文字。

第13章 个人事务的管理

引子：当前，科技迅速发展，信息量激增，人们生活节奏加快。每个人每天既要面对来自各方面的大量信息，也要处理千头万绪的工作。而这些都应该采用恰当有效的管理方法进行科学、合理地管理和规划。通过思维导图对个人事务及信息等进行管理，既是改进日常工作效率的有效手段，也是信息技术应用能力的体现，更是提升数字素养与技能的新要求。

13.1 什么是事务管理

事务管理是指对已完成或将要完成的事件进行合理安排，使各项事件能正常有序进行的过程或方法。

个人事务管理是可以以天、周、月、年为单位来做具体安排。既可以体现一些大的思路和想法安排，也可以有具体的、明确的先后顺序，或者只是一些大的时间节点安排。个人日常工作中，由于存在临时的、突发的事件，因此，有时候已安排妥当的内容也需要根据实际情况作出调整和修改。但是个人时间规划的内容不能频繁变化，一旦规划了就要尽全力完成。

个人事务的时间安排周期最短是一天，更多的是以一周或者一个月为限。这些事务一般是需要即刻开始执行的事情，有明确的时间节点和资源要求，而且这类事情的产生有随机性（例如开会之后突然安排到一个任务，或者突然产生一个念头需要完成，或者在完成一个事件之前需要做完好几个准备事件等），需要随时随地、灵活方便地记录下来，而遗忘必须完成的事情往往造成或大或小的不良后果。因此，个人事务管理主要是对具体执行的事宜在个人的时间和精力资源方面的安排，使之有序进行，按期完成。

13.2 如何进行事务管理

通常，事务管理流程如下：

(1) 构建个人事务管理图，并根据事件内容进行细化分解。

(2) 对所安排的事情按照轻重缓急进行具体时间安排和时长安排。

(3) 根据个人精力周期细分全天的时间，将不同难度的事情安排到不同精力水平的时间。

(4) 对已完成的事件进行标注，对需要亟待解决的事情进行重点标注，并且根据实际情况添加新的事件。

个人事务管理流程图如图13-1所示。

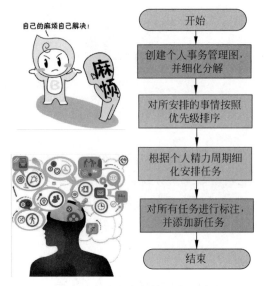

图 13-1　个人事务管理流程图

13.3　为什么用 Xmind

第 3 章以 Xmind 为例简要说明了思维导图绘制软件的主要功能和主要知识/技能点。不难看出思维导图有助于人们寻找、分析和解决问题,创建思维导图的过程也是全方位描述与分析问题的过程。显然,教师使用思维导图进行日程规划、教案准备、专题汇报、会议纪要等工作对提升自己思考能力和认知水平大有裨益。

绘制思维导图的工具很多,如 Xmind、MindMaster、FreeMind、MindManager 和 MindMapper 等专业软件。除此以外,还可用 Visio、Word、PPT 等通用软件绘制。

Xmind 基本特点如图 13-2 所示。

图 13-2　Xmind 基本特点

因此,以个人事务管理为例,选用 Xmind 绘制思维导图。

为了比较和拓展技能,本书所有章节"结语"部分的思维导图都用 Visio 绘制。

13.4　事务管理项目的引入

1. 背景介绍

日复一日,年复一年,几乎所有人都认为每天的时间总是过得特别快。生活和工作中总是有很多事情等着去做,要想在同一时间内完成更多的事情,让自己的生活或工作不那么日不暇给,我们就应该学会全面管理每一项日常事务。

提前做好计划就是管理好个人日常事务的最好办法,故很多时候需要提前规划自己某个时间段的各项事务,甚至前一天明确自己第二天的计划是什么,然后当天晚上回顾一下,当天的计划完成了多少。因此,学会利用一些高效的软件来帮助自己去管理日常事务就显得非常重要了。

2. 需求分析

通常,教师不但要完成与教学相关的各项事务,也要进行科研、教研工作和组织各种学生活动,还要处理一些日常杂事。因此,某中学针对教师日常事务冗杂繁多的情况,以高二年级组为试点,要求各位老师利用思维导图规划安排个人的日常事务,使教师各项事务能够合理有序进行。年级组组长王老师负责带领其他六位老师进行个人日常事务的规划管理,创建日程管理图,对复杂任务进行拆解,并且根据事务的轻重缓急调整任务优先级,以保质保量完成各项任务。同时要求大家总结日常事务高效管理方法并向全校推广。

根据以上需求描述,使用 Office Project 2016 作为项目管理工具,项目初步计划如下:

项目名称:个人日常事务管理。

项目工期:30 个工作日内。

项目成员:高二年级组。

项目任务:①批量整理待办事项;②拆解和颗粒化任务;③调整事件优先级;④总结高效管理日常事务的方法。

项目工具:思维导图绘制软件 Xmind;Office Project 2016。

项目成果:①日程管理图;②日常事务高效管理方法图。

3. 项目计划的编制

在该项目计划编制过程中,主要信息设置如下:

(1) 设置项目开始的日期:2022 年 12 月 28 日。

(2) 设置日历日期:标准日历。

(3) 设置任务模式:自动模式。

(4) 设置各子任务之间的依赖关系,如图 13-3 中"前置任务"列所示。

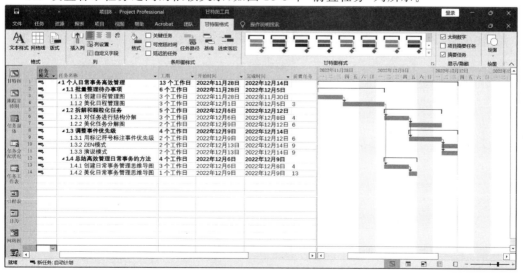

图 13-3 编制项目计划

（5）设置各子任务的工期，如图 13-3 中"工期"列所示。

13.5 事务管理项目的优化

通过前面 7 个案例项目的实践，我们知道 Project 软件会根据我们前期对项目所做的基础设置，自动规划出关键路径。而确定关键路径是进行调整工期的重要参考因素，同时也是进行项目优化的依据。8.5 节和 9.5 节介绍了 2 种常用的确定关键任务，从而查找关键路径的方法。下面将结合具体案例项目，再补充介绍 2 种查找关键路径的方法。

（1）在【视图】菜单【数据】功能组中，通过使用【突出显示】功能，选择【关键】则项目中的关键任务将以黄色背景突出显示，如图 13-4 所示。

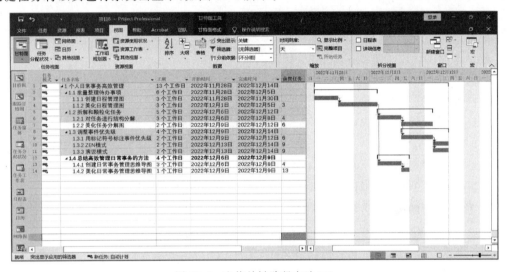

图 13-4 查找关键路径方法（3）

（2）在【视图】菜单【数据】功能组中，通过使用【分组依据】功能，选择【关键性】，则项目中的关键任务和非关键任务将分为 2 组分别显示，如图 13-5 所示。

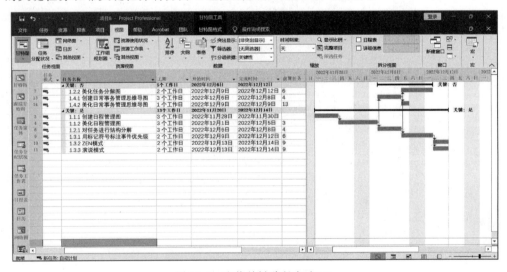

图 13-5 查找关键路径方法（4）

13.6 事务管理项目的实施

13.6.1 批量整理待办事项

批量整理待办事项之前,首先需要理清楚待办的事项有哪些,各事项无法进行下去的原因,厘清主要原因和次要原因,这样才能妥当安排各事项的顺序。

唯物辩证法认为,在事物或过程的多种矛盾中,各种矛盾的地位和作用是不平衡的。主要矛盾处于支配地位和起决定作用,次要矛盾也会影响主要矛盾的发展和解决。主要矛盾和次要矛盾互相依赖、互相联系。

根据主要矛盾与次要矛盾的辩证关系,可以分析出事情执行缓慢的主要原因是把任务想得过度艰巨,导致畏难情绪高涨,不愿着手开始。次要原因是在烦琐的杂事上花费大量时间和精力,很难专注于一件事情。因此,处理待办事项时,首先应该克服心中的畏难情绪,相信自己可以解决,再利用思维导图将复杂的问题分解为多个小问题逐一解决。

当妥善安排好各项事情之后,就可依据先后顺序逐一执行。利用思维导图实现个人事务的高效管理是通过创建思维导图对各项事情进行分析与安排,提高事情的执行效率,进而可实现对各项事务的高效管理。

1. 创建日程管理图

做好时间管理,就是做好基本的日程管理。日程管理的工具、方法有很多种,没有最好的日程管理方法,只有更适合自己的管理方法。

思维导图是一种有效的协助思维发散、日程规划的方法,可以将大量的、混乱的信息整理为有序的、系统的框架。用思维导图进行日程管理,主要是因为利用思维导图创建的日程管理内容可以与学生的各学期、各学年,甚至是更长远的规划完整地契合,也可以协助教师整理教案内容,总结课程知识点,帮助家长了解孩子所学专业特点,发展及就业方向等。

下面给出用 Xmind 以图示方法创建日程管理图的操作步骤。

(1) 登录 Xmind 官网(https://xmind.cn)页面,如图 13-6 所示,单击【免费下载 Windows 版】。

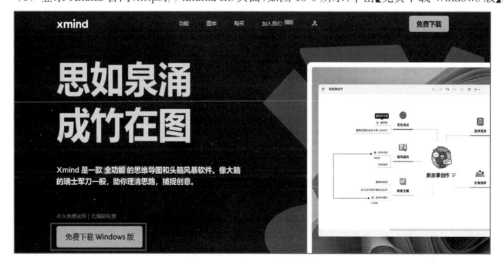

图 13-6　Xmind 官网页面

（2）下载完成后，双击可开始并完成安装，桌面创建 Xmind 图标，Xmind 安装完成如图 13-7 所示。

图 13-7　Xmind 安装完成

（3）双击桌面 Xmind 图标，可打开思维导图界面，如图 13-8 所示。左侧有三个选项，分别为【最近】、【模板】和【图库】。单击【最近】→【新建】，打开如图 13-8 所示的【新建】窗口。编辑区右侧为各种不同的样式，如思维导图、逻辑图、括号图、组织结构图、树形图、时间轴、鱼骨图和矩阵图，用户可根据自己的内容选择不同的样式。

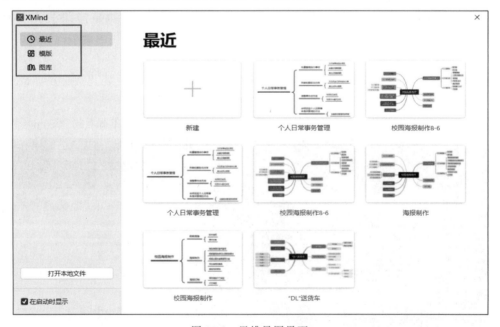

图 13-8　思维导图界面

单击左侧【模板】，有各种不同的模板样式，主要用于学习和工作等正式场合，模板颜色相对比较沉稳、大气，用户可根据自己的内容选用模板，如图 13-9 所示。

单击左侧【图库】，有各种不同的模板，该模板与【模板】下的正式模板有一定的不同，【图

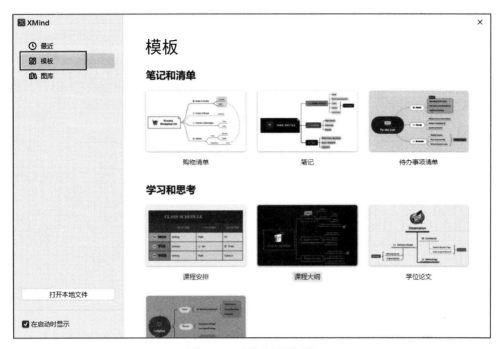

图 13-9 思维导图【模板】

库】下的模板可用于学习、工作或者娱乐出行等,色彩更加绚丽多彩,用户也可根据自己的应用场合选用,如图 13-10 所示。

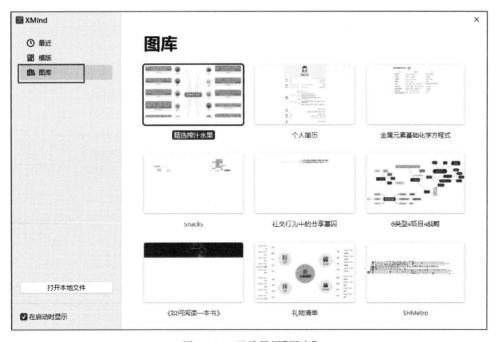

图 13-10 思维导图【图库】

(4)创建个人日程管理图的第一步是选择【最近】→【新建】,默认的第一个版式。
(5)在【中心主题】中输入【日程管理】,在【分支主题 1】输入【本周计划】,在【分支主题 2】输入【本月计划】,在【分支主题 3】输入【已完成】,在【分支主题 4】输入【待办事情】,如图 13-11 所示。

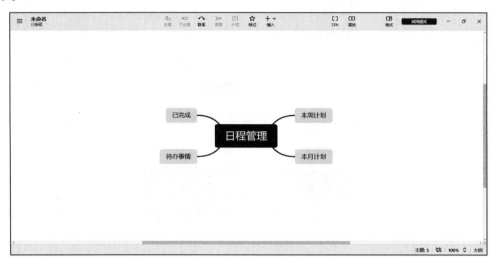

图 13-11　修改分支主题内容

(6) 根据每项分支规划,添加子主题,并对【子主题】进行设置。选中【已完成】,单击【子主题】添加二级分支主题【子主题 1】,并修改内容为【期末试卷批改】。以同样的操作方法添加其他各级分支主题,如图 13-12 所示。

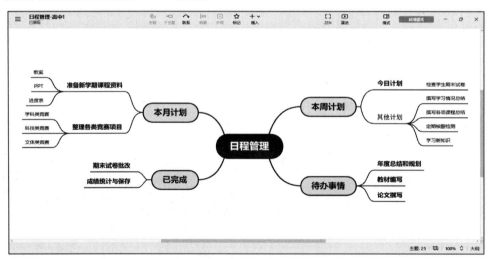

图 13-12　完成日程管理计划

2. 美化日程管理图

对图 13-12 进行美化处理。选中【日程管理】,单击【格式】,右侧弹出的界面中选择第三个【画布】,单击【背景颜色】,选择颜色为【米黄色】。【分支线粗细】下拉列表选择【中等-线条渐细】,勾选【彩虹分支】。在【全局字体】下拉列表,可选择修改不同字体。

按住 Ctrl 键,依次选中【日程管理】、【已完成】、【待办事情】、【本周计划】和【本月计划】,单击右侧的【样式】,弹出的界面中,【文本】设置为【加粗】。选中中心主题【日程管理】,单击【样式】,【填充】→【选择颜色】下拉列表选择【红色】。选中四个一级分支主题,调整字号为

24号。同理,设置二级分支主题的字号为18号,并设置为加粗。拖动鼠标选中二级分支主题和三级分支主题内容,单击【样式】、【文本】→【选择颜色】下拉列表选择黑色。单击右下角【画布缩放比例】,选择【适应画布】,如图13-13所示。

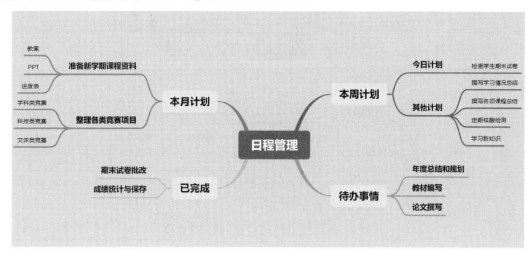

图13-13　美化日程管理

13.6.2　拆解和颗粒化任务

做好基本的日程管理图后,就可以使用思维导图的树状结构进行无限延展,对任务进一步细化分解,拆解到具体可以顺利完成的程度。

1. 对任务进行结构分解

在前面制作的基本日程管理基础上,对该日程管理内容进行进一步细化分解,并使用【联系线】、【自由主题】、【概要】和【外框】等设置,对任务内容进行标注和说明。它们的有利组合,可以帮助用户实现更多内容。

(1) 联系线的使用。联系线提供了除思维导图本身的父子关系之外,还可为任意两个主题创建关系。联系线丰富了思维导图的表达能力。

添加【联系线】的方法：首先选中需要与其他子主题或自由主题产生联系的主题,再单击【联系】,最后单击子主题或者自由主题,即可创建联系。根据需求可调整联系线的位置、线型、颜色,也可双击联系线添加备注。

(2) 自由主题的使用。自由主题,是指形式上的自由。通常是在没有想好某个内容应该放在哪个节点时,就可以利用自由主题将其临时放置在空白处,也可用它来为整幅导图做一个说明。

添加【自由主题】的方法：在编辑区的空白处双击,即可产生自由主题。鼠标移动该自由主题靠近任意分支主题或者子主题,即可自动连接在一起。

如果将联系线和自由主题组合使用,则可以创建思维导图、流程图、概念图等。因此,绘制思维导图时,除了使用基本的用法之外,将自由主题和联系线一起使用时还会产生很多不一样的效果。自由主题提供了完全地自由,将其摆放在任意位置,然后通过联系线连接在一起。利用自由主题和联系线就可以绘制不同样式的思维导图了,个人管理图如图13-14所示。图中根据个人管理的内容不同进行分类并用不同的颜色表示。

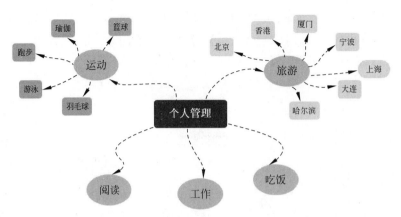

图 13-14 个人管理图

在日常的生活中,可以根据自己的具体情况对思维导图进行增删改查,也可以自己尝试定义一些标注符号,用来表示不同的含义等。

(3) 概要的使用。在 Xmind 思维导图中,【概要】的基本功能就是对思维导图的分支主题进行归纳概括,而且用户可以选择自己喜欢的概要形状。绘制个人思维导图时,当对主题内容进行概括时,就需要用到概要。

添加【概要】的方法:按住 Ctrl 键逐一选择需要概要在一起的范围内容,或者拖动鼠标左键选中界面中需要概要在一起的内容,然后单击界面正上方工具栏的【概要】,释放鼠标后,在所选范围的主题后将会出现概要大括号,所选中的内容则被概要在一起。用户可以单击主题框输入概要的说明,也可直接按 Delete 键删除。

(4) 外框的使用。【外框】的作用是将一个或几个具有一定相关性的主题框全部选中,再通过添加外框描述说明其相同属性,方便浏览和归纳。

添加【外框】描述的方法:拖动鼠标左键选中界面中要添加外框的主题内容或子主题内容,然后单击界面正上方工具栏的【外框】,释放鼠标后,在所选范围的主题周围会出现虚线方框。将鼠标移动到外框上,双击边框即可输入文字。外框描述中的文字和外框本身都支持样式修改。这样的好处是根据不同的属性内容进行样式上的区分。如图 13-15【骨架】为【思维导图】,【配色方案】为【经典永恒】、图 13-16【骨架】为【时间轴】,【配色方案】为【经典永恒】,两种不同类型的思维导图所示,选择制作骨架不同,就可以设计出不同风格的思维导图。在图 13-15、图 13-16 所示的思维导图中"虚线框"是添加的【外框】及描述,"花括号"部分是添加的【概要】及描述。

需要注意的是,【外框】和【概要】都不能跨分支或跨父主题进行设置。

2. 美化任务分解图

细化分解任务之后,可以对绘制的任务分解框进行美化处理,可以对文本进行字体、字号、加粗等修改,也可进化文本框填充、界面填充、连接线美化等,其美化方法与基本结构框的设置方法一致,此处不再赘述,如图 13-17、图 13-18 所示。

13.6.3 调整事件优先级

从时间管理上讲,先完成哪件,后完成哪件,应该有一定的顺序,即需要对所有的日常事务进行优先级的划分。一般来说,对于事件处理完成的顺序是按照四象限法则来安排,该法

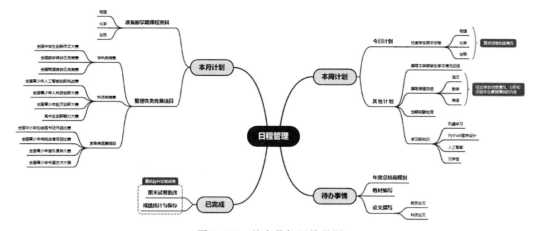

图 13-15　基本骨架思维导图

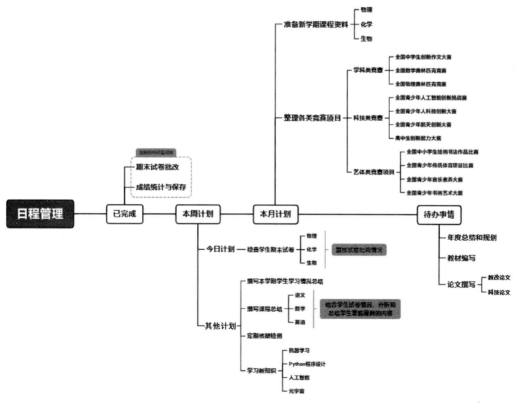

图 13-16　【时间轴】骨架思维导图

则也称为重要紧急法则。该法则是将要做的事情分别按照重要、不重要、紧急和不紧急四方面进行排列组合,分成了重要且紧急、重要但不紧急、紧急但不重要、不重要且不紧急四个象限,日常计划优先级策略图如图 13-19 所示。

通过使用四象限管理方法,个人可以用来规划日常生活计划或工作任务优先级,把自己要做的事放进去,具体的优先级策略排列如下。

(1) 立即做的事情:既紧急又重要的事情。若一个人总是有立即做的事情,则说明其在时间管理上存在问题,应该想办法减少它。

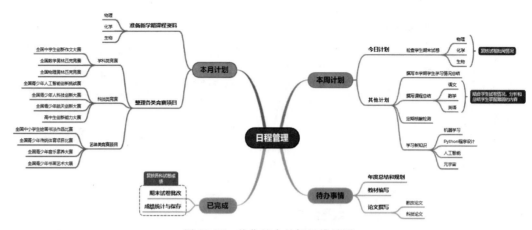

图 13-17　美化基本骨架思维导图

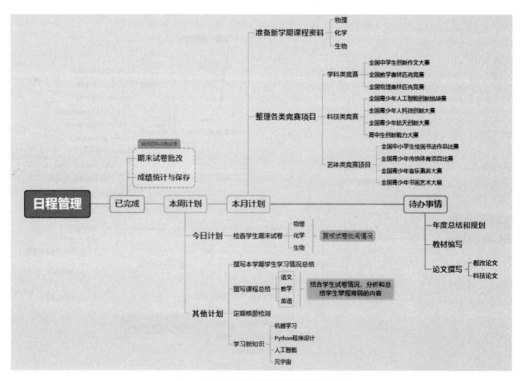

图 13-18　美化【时间轴】骨架思维导图

（2）计划做的事情：尽可能地把时间花在重要但不紧急的事情上，这样才能减少立即做的事情的工作量，也可以按部就班地完成需要完成的事情，不至于有太大压力。

（3）委托做的事情：对于紧急但不重要的事情的处理方法一般可以委托别人去做。

（4）少做的事情：对于不重要也不紧急的事情尽量少做，避免浪费不必要的时间。

1. 使用标记符号标注事件优先级

下面介绍利用思维导图对待办的日常事务处理顺序进行优先级的排列。拖动对应的分支主题或者子主题即可调整顺序；也可采用 Xmind 内自带的标记来标注事件的优先级和任务的完成状态，单击菜单栏的【标记】即可添加；也可通过【插入】→【贴纸】或【插画】，选择第一个【标记】，如图 13-20 所示。

图 13-19 日常计划优先级策略图

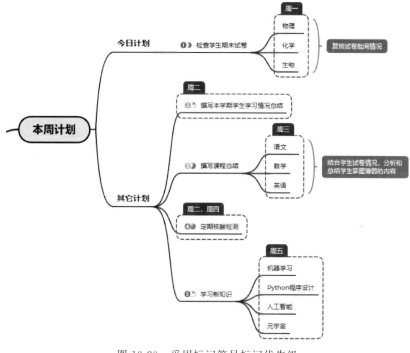

图 13-20 采用标记符号标记优先级

2. ZEN 模式

单击 Xmind 界面正上方 ZEN 图标即可进入 ZEN 模式,该模式下操作界面会隐藏各项工具栏,仅在右上角弹出 ZEN 模式控制面板,如图 13-21 所示,从左到右的按钮功能依次为退出 ZEN 模式、常用快捷键列表、显示或隐藏工作计时、切换外观、为选中的主题添加标记和显示或隐藏样式及格式设置。单击【工作计时】,可弹出计时窗口,如图 13-22 所示,可记录正在整理待办事项所花费的时间,对个人而言可起到监督作用,提高对工作的专注度和工作效率。退出 ZEN 模式时,可单击【退出】或者按下键盘上 Esc 键。在 ZEN 模式下,Xmind 的操作界面更加简洁,其他各项设置与普通模式相同。

图 13-21 ZEN 模式控制面板

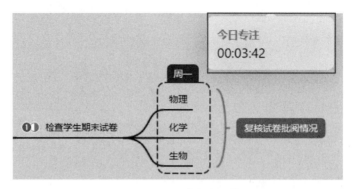

图 13-22　ZEN 模式计时模式

除此以外,在拆解各项任务时,每项任务也可添加预估完成的时间,如图 13-23 所示。这样,可对总消耗时间有基本规划。当完成某个任务时,可使用快速样式从思维导图中划去该项任务,如图 13-24 所示。图 13-25 为王老师最近一个月的个人工作规划示例图。

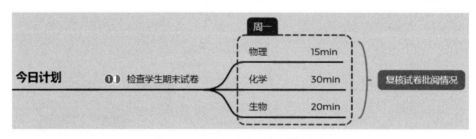

图 13-23　添加时间完成预估时间

图 13-24　设置快速删去完成事项

3. 演说模式

演说模式是在做好完整的思维导图之后现场演讲时使用的。单击 Xmind 界面正上方演说按钮▶,进入演说模式界面,右上角弹出演说模式控制面板,如图 13-26 所示。从左到右的按钮依次为退出演说模式键、设置键、快进键、上一页键、下一页键和快退键。单击逐一

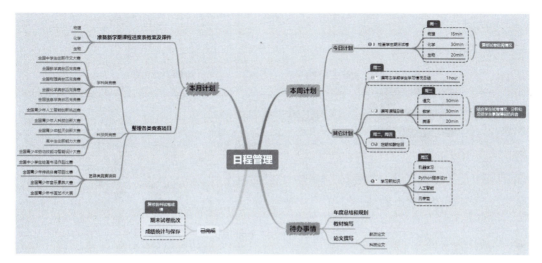

图 13-25 个人工作规划示例

播放设置的内容。此模式与 PowerPoint 演示文稿的放映模式类似。

图 13-26 演说模式控制面板

13.6.4 总结实现日常事务高效管理的方法

1. 创建日常事务管理思维导图

利用思维导图总结实现日常事务高效管理的具体过程如下。

（1）新建 Xmind 界面，选择【时间轴】下的第三个模板，如图 13-27 所示。

图 13-27 选择【时间轴】骨架

（2）在【中心主题】中输入【日常事务高效管理】，在【分支主题 1】中输入【批量整理待办事项】，在【分支主题 2】中输入【拆解任务】，在【分支主题 3】中输入【调整事件优先级】，选中【分支主题 4】按 Delete 键删掉，或者选中之后右击选择【删除】。单击选中【日常事务高效管理】，单击【格式】→【样式】→【形状】→圆角矩形。单击【配色方案】→【永恒】下拉列表中选择第一个。单击【画布】→【背景颜色】→【浅蓝色】，勾选【彩虹分支】。

（3）按住 Ctrl 键依次单击三个一级分支主题，选中三个一级分支主题后单击【样式】→【文本】，字体加粗，字号 18 号，并添加二级分支主题内容，如图 13-28 所示。

2. 美化日常事务管理思维导图

（1）添加项目标记及时间。单击选中【批量整理待办事项】，单击菜单栏的【标记】→【优先级】下的项目序号①，同理，在【拆解任务】、【调整事件优先级】分别插入②、③。对每个对应的二级子主题插入【星星】标记，并且每项子主题添加完成预估时间。

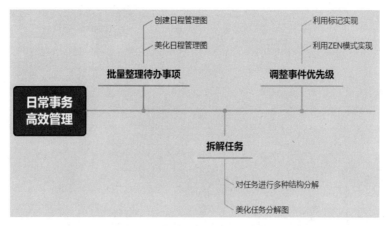

图 13-28　日常事务管理步骤

(2) 单击【插入】→【贴纸】→【商务】,选择合适的贴纸插入各分支主题。

(3) 重点标记。单击【创建日程管理图】,再单击【格式】→【样式】→【极其重要】。同理设置【对任务进行结构分解】,将【利用标记实现】设置为【重要】。

(4) 对每项步骤添加【外框】和【联系线】。选中【批量整理待办事项】的两个子主题,单击外框,并标注【第一步】;同理,设置后两个步骤。单击选中第一步【外框】,再单击【联系】,创建【联系线】,并注明内容。同理,设置后两个步骤。日常事务管理完整图如图 13-29 所示。

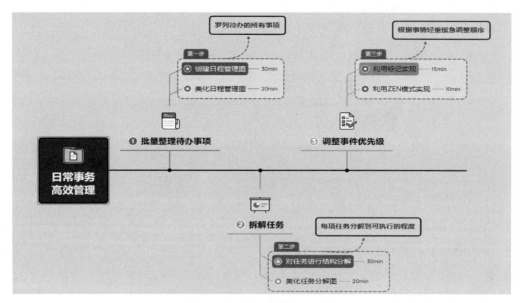

图 13-29　日常事务管理完整图

13.7　事务管理项目的监控及评估

参照 3.4 节关于使用 Project 软件进行项目管理的相关内容,可知在监控项目执行时,可以通过"开始时间差异"、"完成时间差异"以及"工期时间差异"这三个指标来判断当前的进度绩效，若差异＞0，则表示进度滞后；若差异＜0，则表示进度超前。

下面，结合案例项目"个人日常事务的高效管理"，通过在 Project 软件工作区添加 3 个预置列【开始时间差异】、【完成时间差异】、【工期差异】来加以判断，如图 13-30 所示。

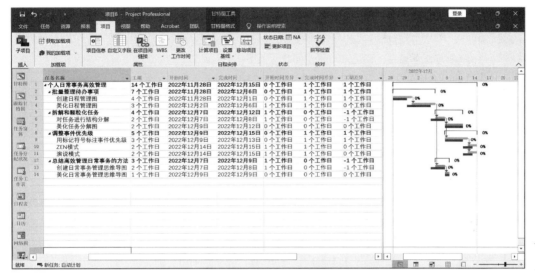

图 13-30　对比工期差异

至此，"个人事务的管理"项目全部完成。读者可根据实际应用使用不同的思维导图。为帮助大家更好地掌握及应用 Xmind，下面归纳出类似项目的一般操作步骤。

（1）打开 Xmind 软件，新建一个思维导图文件。

（2）选择骨架。

（3）选择配色方案。

（4）选择画布，设置背景色、彩虹分支和导图样式。

（5）输入文本内容。

（6）选择样式，设置文本框形状、边框、文本内容、结构和分支。

（7）保存。

13.8　结　　语

综上所述，可以得到如下结论：

（1）科学、高效的个人事务管理能力是当今社会对每个人的普遍要求。

（2）思维导图是表达思维方式的有效图形思维工具，本质是一种仿生思考流程。

（3）思维导图是学习工作的好帮手，是新时代教师应掌握的重要工具。

（4）本章知识思维导图如图 13-31 所示。

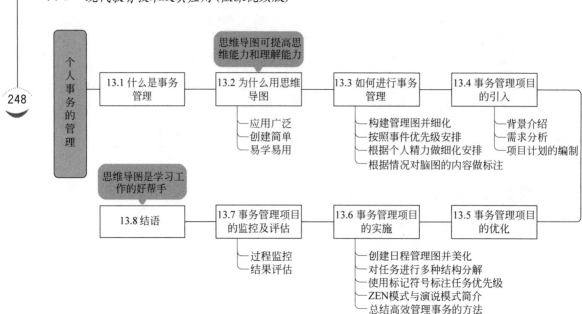

图 13-31 本章知识思维导图

13.9 哲思慧想

矛盾和斗争是普遍的、绝对的,但是解决矛盾的方法,即斗争的形式,则因矛盾的性质不同而不相同。有些矛盾具有公开的对抗性,有些矛盾则不是这样。

根据事物的具体发展,有些矛盾是由原来还非对抗性的,而发展成为对抗性的;也有些矛盾则由原来是对抗性的,而发展成为非对抗性的。

13.10 名人名言

叶圣陶(1894年—1988年),原名叶绍钧,字秉臣,江苏苏州人,著名作家、教育家、出版家和社会活动家。

叶圣陶认为:

(1) 教是为了达到不需要教。

(2) 教育就是养成良好习惯。

13.11 习 题

1. 什么是个人事务管理?个人事务管理流程是怎样的?
2. 什么是思维导图?它有何特点?常用绘制思维导图的软件工具有哪些?
3. 使用思维导图管理个人日常事务的优势是什么?
4. 利用思维导图制作个人学年总结。要求:

(1) 将创建的思维导图文本框修改为"椭圆矩形",子主题文本内容字体为"方正粗黑宋简体",字号修改为20,颜色"白色"。

(2) 添加必要的外框或者概要对内容进行说明,并对外框、概要进行美化处理。

(3) 将分支线的线条加粗,颜色修改为"深蓝色"。

5. 利用思维导图的模板记录和整理近期开展的一次班级会议纪要。要求:对创建的思维导图文本内容进行编辑和美化。配色方案选择"花海"下第一种配色、线条采用"彩虹渐变"下的第二种、高级布局选择"紧凑型",对一级子主题添加标注或者贴纸。

后 语

中国人讲究"做事要善始善终",例如老子曰:"慎终如始,则无败事";《左传·襄公二十五年》曰:"慎始而敬终,终以不困"。写文章讲究要"前呼后应"不可"虎头蛇尾",例如欧阳修曰:"至于负者歌于途,行者休于树,前者呼,后者应,伛偻提携,往来而不绝者,滁人游也"。显然,拙作既有前言,当有后语。

"现代教育技术",打眼一看,也就是一种技术,与常见的机械、电子、化工等技术没啥差别。但定睛再看,就会发现"教育"二字赫然其中!而这两个字才是本书的核心、纲领,所有技术内容均围绕着这个核心展开,正所谓"纲举目张"。

百年大计,教育为本。教育是人类传承文明和知识、培养年轻一代、创造美好生活的根本途径。"教育"是一种社会活动,但不是普通的社会活动,而是一种根植于本土文化的社会活动,是一种凝聚民族意志的社会活动,是一种培养英雄豪杰的社会活动,是一种体现国家发展战略的社会活动,是一种反映执政党执政理念和根本目标的社会活动,也是一种需要先进理念和技术的社会活动。不同时代、不同国家、不同民族对教育的认知不尽相同,各有千秋。而新时代中国教育的内涵、任务和目的正如习近平主席所说:

我国有独特的历史、独特的文化、独特的国情,决定了我国必须走自己的高等教育发展道路,扎实办好中国特色社会主义高校。我国高等教育发展方向要同我国发展的现实目标和未来方向紧密联系在一起,为人民服务,为巩固和发展中国特色社会主义制度服务,为改革开放和社会主义现代化建设服务。

教育、科技、人才是全面建设社会主义现代化国家的基础性、战略性支撑。

教育是国之大计、党之大计。要从党和国家事业发展全局的高度,坚守为党育人、为国育才,把立德树人融入思想道德教育、文化知识教育、社会实践教育各环节,贯穿基础教育、职业教育、高等教育各领域,体现到学科体系、教学体系、教材体系、管理体系建设各方面,培根铸魂、启智润心。要从我国改革发展实践中提出新观点、构建新理论,努力构建具有中国特色、中国风格、中国气派的学科体系、学术体系、话语体系。

办好思政课,最根本的是要全面贯彻党的教育方针,解决好培养什么人、怎样培养人、为谁培养人这个根本问题。

可见,正是"教育"二字将中华文化、领袖思想、民族精神、英雄人物、国家战略与科学技术紧密地联系在一起,形成了一个极具意识形态色彩、"六位一体"的技术主题。

本教材受西安思源学院教材建设专项资助。为了将博大精深的中华文化、宽广深邃的领袖思想、千千万万个英雄人物、宏大久远的国家战略、复杂艰涩的科学技术等内容统筹规划、梳理成章、简繁得当、恰到好处、图文并茂地以 30 万字篇幅的教材形式呈现出来,写作团队按照自定的"有思想、有文化、有技术、有理论、有实践,易教、易懂、易学、乐学"标准,齐心协力、广览群书、博采众长、认真负责、艰苦创作、几易其稿,今天终于可以搁笔"交卷"了。

及格？良好？优秀？我们诚惶诚恐，忐忑不安，期待各位"读者判官"的打分和评价。但不管如何，我们都将继续自检、自查、自纠，并不断补充和完善内容，力争打造一本优秀教材。同时，一如既往地忠诚于党的教育事业，勠力践行"为党育人，为国育才"的光荣使命，精心备课，认真教学，勤奋工作，争取做一名优秀的人民教师。

红雨随心翻作浪，青山着意化为桥。踏遍青山人未老，风景这边独好。

编著者于 2022 年 12 月 26 日

参 考 文 献

[1] 共产党员网.习近平主席在联合国"教育第一"全球倡议行动一周年纪念活动上发表视频贺词[R/OL].(2013.9.25).https://news.12371.cn/2013/09/27/ARTI1380226255890836.shtml?from=groupmessage.

[2] 共产党员网.习近平在全国高校思想政治工作会议上强调,把思想政治工作贯穿教育教学全过程,开创我国高等教育事业发展新局面[R/OL].(2016.12.7).https://news.12371.cn/2016/12/08/ARTI1481194922295483.shtml?from=groupmessage&isappinstalled=0

[3] 中国军事网.中国共产党第二十次全国代表大会在京开幕,习近平代表第十九届中央委员会向大会作报告[R/OL](2022.10.16)http://www.js7tv.cn/video/202210_289507.html

[4] 中国政府网.习近平看望参加政协会议的医药卫生界教育界委员[R/OL].(2021.3.6)https://www.gov.cn/xinwen/2021-03/06/content_5591047.htm

[5] 中国政府网.习近平主持召开学校思想政治理论课教师座谈会[R/OL].(2019.3.18)https://www.gov.cn/xinwen/2019-03/18/content_5374831.htm

[6] 中国青年报.教育的全面数字化转型已成必然趋势[R/OL].(2022.4.11)https://baijiahao.baidu.com/s?id=1729789458818466002&wfr=spider&for=pc

[7] 王学俭.新时代课程思政的内涵、特点、难点及应对策略[J].新疆师范大学学报(哲学社会科学版),2020(2):50-58.

[8] 张卫钢,曹丽娜.通信原理教程[M].北京:清华大学出版社,2016.

[9] 张卫钢.通信原理与通信技术(第四版)[M].西安:西安电子科技大学出版社,2018.

[10] 朱永新,薛晓源.大教育家[M].北京:商务印书馆,2021.

[11] 童启,陈芳勤.Access数据库技术及应用[M].北京:电子工业出版社,2019.

[12] 王海英,王凤梅.高级应用案例教程[M].北京:人民邮电出版社,2021.

[13] 沈玮,黄蔚,凌云.高级办公应用案例教程[M].北京:人民邮电出版社,2021.

[14] 张连永.10天精通Project项目管理[M].北京:电子工业出版社,2018.

[15] 方其桂.微课/慕课设计、制作与应用实例教程[M].北京:清华大学出版社,2018.

[16] 黄林国.计算机网络基础(微课版)[M].北京:清华大学出版社,2021.

[17] 何凯霖,陈轲.计算机网络基础[M].北京:人民邮电出版社,2018.

[18] 周轲,李昕昕.计算机网络技术基础[M].北京:人民邮电出版社,2017.

[19] 李达.矛盾论实践论解说[M].北京:人民出版社,2019.

[20] 陈云红.现代教育技术应用[M].北京:清华大学出版社,2021.

[21] 王润兰.现代教育技术应用[M].北京:北京师范大学出版社,2016.

[22] 叶娟,朱红亮,陈君梅.Office2016办公软件高级应用[M].北京:清华大学出版社,2021.

[23] 张娓娓,张卫钢,宫丽娜.大学生计算机应用基础(第2版)[M].北京:北京理工大学出版社,2018.

[24] 张娓娓,李彩红,赵金龙.大学生计算机应用基础(第3版)[M].北京:北京理工大学出版社,2020.

[25] 秋叶.和秋叶一起学Word[M].北京:人民邮电出版社,2020.

[26] 秋叶.和秋叶一起学Excel[M].北京:人民邮电出版社,2020.

[27] 徐文博,彭洪宇.浅谈课程教学大纲的编写[J].科教导刊·电子版,2019(7):102.

[28] 石振芳.浅析教案编写要点及种类[J].课程教育研究,2018(11):13.

[29] 刘振山.教研手册[M].北京:华夏出版社,2001.

[30] 钟玉海.高等教育学[M].安徽:合肥工业大学出版社,2005.

[31] 罗伯特.M.加涅等著.教学设计原理[M].王小明等译.上海:华东师范大学出版社,2007.

[32] 战德臣,王立松,王扬.Mooc＋SPOCs＋翻转课堂大学教育教学改革新模式[M].北京：高等教育出版社,2018.

[33] 钱慎一,王曼.PPT多媒体课件制作标准教程(全彩微课版)[M].北京：清华大学出版社,2021.

[34] 缪亮,范立京.精通PPT课件设计与制作(第二版)微课版[M].北京：清华大学出版社,2018.

[35] 孙方.PowerPoint! 让教学更精彩：PPT课件高效制作(第3版)[M].北京：电子工业出版社,2015.

[36] 金洁.微课设计与制作一本通[M].北京：清华大学出版社,2018.

[37] 缪亮,陈荣团.让课堂更精彩！精通微课设计与制作(第2版)[M].北京：清华大学出版社,2021.

[38] 张晓景.微课设计与制作专业教程[M].北京：清华大学出版社,2018.

[39] 陈洁.Access数据库与程序设计(第3版)微课版[M].北京：清华大学出版社,2021.

[40] 高裴裴,张健,程茜.数据库系统设计(Access2016版)[M].北京：清华大学出版社,2020.

[41] 宋翔.Visio图形设计从新手到高手(兼容版)[M].北京：清华大学出版社,2020.

[42] 王曼.Visio绘图软件标准教程[M].北京：清华大学出版社,2021.

[43] 顾艳林,杨静,付岩编.Photoshop CS6图像处理案例教程[M].北京：清华大学出版社,2017.

[44] 石喜富,郭建璞,董晓晓编著.Adobe Photoshop CC 2017图像处理教程[M].北京：人民邮电出版社,2017.

[45] 史创明,贾一丹,范臻颖等编著.Adobe Photoshop图像处理案例教学经典教程[M].北京：清华大学出版社,2018.

[46] 周建国.Photoshop CC 2019实例教程(全彩微课版)[M].北京：人民邮电出版社,2021.

[47] XMind团队著.XMind用好思维导图走上开挂人生[M].北京：电子工业出版社,2021.

图书资源支持

感谢您一直以来对清华版图书的支持和爱护。为了配合本书的使用,本书提供配套的资源,有需求的读者请扫描下方的"书圈"微信公众号二维码,在图书专区下载,也可以拨打电话或发送电子邮件咨询。

如果您在使用本书的过程中遇到了什么问题,或者有相关图书出版计划,也请您发邮件告诉我们,以便我们更好地为您服务。

我们的联系方式:

清华大学出版社计算机与信息分社网站:https://www.shuimushuhui.com/

地　　址:北京市海淀区双清路学研大厦 A 座 714

邮　　编:100084

电　　话:010-83470236　010-83470237

客服邮箱:2301891038@qq.com

QQ:2301891038(请写明您的单位和姓名)

资源下载: 关注公众号"书圈"下载配套资源。

资源下载、样书申请

书 圈

图书案例

清华计算机学堂

观看课程直播